新世纪学术新视野大系

厦门大学海洋政策与法律研究丛书

傅崐成 主编

半闭海的海洋区域合作：法律基础与合作机制

Regional Marine Cooperation
in Semi-enclosed Seas:
Legal Basis and Cooperation Regime

郑凡 著

厦门大学出版社 国家一级出版社
XIAMEN UNIVERSITY PRESS 全国百佳图书出版单位

目　录

引　言

　　1982年《联合国海洋法公约》(以下简称《公约》)第九部分(第122条至第123条)的规定承认了"闭海或半闭海"在海洋法中的特殊地位。基于第122条的定义,"为本公约的目的,'闭海或半闭海'是指两个或两个以上国家所环绕并由一个狭窄的出口连接到另一个海或洋,或全部或主要由两个或两个以上沿海国的领海和专属经济区构成的海湾、海盆或海域",世界上许多在海洋生态、海洋经济、海上交通线以及地缘政治上十分重要的海域均是法律意义上的闭海或半闭海(由于《公约》第122条的定义未区分闭海与半闭海,一般均笼统称为半闭海),包括波罗的海、地中海、波斯湾、墨西哥湾、加勒比海以及中国周边的东海与南海等。

　　在《公约》开放签署30余年后的今天,我们发现受到国际社会普遍关注的海洋热点问题往往出现在这些重要的半闭海内。究其原因,也正是促使《公约》对此类海域作出特殊规定的理由。在第三次联合国海洋法会议上关于"闭海与半闭海"议题的谈判中,为此类海域作出专章规定的理由一方面在于其地理特征:(1)由于此类海域面积较小且连接其他海域的条件差,因此海域内以及连接至其他海的出口中航行条件复杂;(2)由于此类海域面积小且与邻接海域的水体交换条件差,遭受各类污染的危险日益严重;(3)鉴于此类海域的自然条件与污染状况,在管理、养护、开发生物资源方面采取预防性措施的必要性。[①]另一方面也在于半闭海沿岸国适用海洋法一般规定可能产生的困难,在此类海域中如何适用关于专属经济区制度、划界规则以及航行制度的一般规定曾是谈判的主要内容。史蒂文森(John R. Stevenson)与奥克斯曼(Bernard H. Oxman)在1975年总结加拉加斯会期关于"闭海或半闭海"议题的谈判成果时评论道:"在某种意义上说,这部分文件是整个谈判的缩影。它实际上涉及了所有关于沿海国管辖权性质、范围和划分的问题,以及所有关于行使管辖

---

①　Budislav Vukas, The Mediterranean: An Enclosed or Semi-enclosed Sea? in Budislav Vukas eds., *The Law of the Sea: Selected Writings*, Martinus Nijhoff Publishers, 2004, p.282.

权的国际、区域合作问题。"①

最终成文的《公约》第 123 条"闭海或半闭海沿岸国的合作"设立了鼓励半闭海沿海国在海洋生物资源养护和管理、海洋环境保护以及海洋科学研究领域进行区域合作的框架性规定：

> 闭海或半闭海沿岸国在行使和履行本公约所规定的权利和义务时，应互相合作。为此目的，这些国家应尽力直接或通过适当区域组织：
>
> （a）协调海洋生物资源的管理、养护、勘探和开发；
>
> （b）协调行使和履行其在保护和保全海洋环境方面的权利和义务；
>
> （c）协调其科学研究政策，并在适当情形下在该地区进行联合的科学研究方案；
>
> （d）在适当情形下，邀请其他有关国家或国际组织与其合作以推行本条的规定。

总体而言，《公约》为海洋法搭建了两种路径：一是海域路径（zonal approach），即将包括海底在内的海洋空间划分为不同的法律地位。二是功能路径（functional approach），形成了关于各项海洋使用的法律规范。②《公约》第九部分的规定虽然只直接回应了半闭海因地理条件在功能路径上的特殊性，但功能性海洋区域合作本身的作用可在一定程度上缓和半闭海内海域路径上的固有困难及由此引发的海洋治理问题。

但是，《公约》第九部分的框架性规定如何适用成了一个问题。对于中国而言，这个问题尤其重要：中国海岸线邻接的黄海、东海、南海都是半闭海，甚至从更大的地理范围上来看，从新加坡海峡一直延伸至白令海的太平洋的亚洲外缘存在一系列半闭海。如曾任中国代表团团长出席第三次联合国海洋法会议的凌青先生在回忆录中所言，就地理条件而论，"我国是半闭海国家"③。为了以半闭海为视角探究中国在周边半闭海所面临的问题，特别是南海的区

---

① John R. Stevenson and Bernard H. Oxman, The Third United Nations Conference on the Law of the Sea: The 1974 Caracas Session, *The American Journal of International Law*, Vol.69, No.1, 1975, p.22.

② R. R. Churchill and A. V. Lowe, *The Law of the Sea*, 3rd Ed, Manchester University Press, 1999, p.1.

③ 凌青：《从延安到联合国：凌青外交生涯》，福建人民出版社 2008 年版，第 169 页。

域合作问题,本书作了四个方面的努力。

　　首先,第一章将"闭海或半闭海"这个海洋法新议题放在二战后海洋秩序变革的大脉络之中,以求揭示出半闭海的特殊性深刻地交织在缔造《公约》的三组张力之中,即海洋大国与沿海国之间的张力、发达国家与发展中国家之间的张力,以及特殊地理条件与全球性规范之间的张力。在此视角下,《公约》中半闭海条款的形成反映了"区域内"与"区域外"之间的张力:区域内国家主张依据半闭海的特殊地理条件制定特殊的规范,区域外国家则担心为闭海与半闭海作出特殊规定会造成新的"海洋闭锁"(mare clausum)。正是在这样一组张力之下,《公约》第123条的用语谨慎却模糊,就"半闭海沿岸国合作"的规定为鼓励或建议性质而非一些观点所认为的施加了强制性的合作义务。第123条为鼓励或建议性质并不否定《公约》第九部分作为海洋区合作法律基础的意义:虽然不具有强制性,但是《公约》为半闭海区域合作设立的框架具备了法律的稳定性与可预见性,特别是在与海洋法中其他区域合作条款相关联时。

　　其次,《公约》对海洋区域合作的框架性规定在实践中转化为具体的区域性海洋合作机制,第二章试图以"海洋区域主义"概括全球性海洋法中区域合作的法律基础与具体区域性海洋合作机制(涵括区域合作的基本文件、区域性国际组织或联络平台,以及在区域性平台上达成的针对特定海洋使用的原则、规范及措施等)这两个层面。并且,海洋区域主义具有特殊的发展机理:全球性法规推动区域合作机制的建立与发展,在另一个方向上,区域合作机制提出的区域性问题或采取的区域性措施也会推动全球性法规的发展;联合国专门机构则在这组互动关系中起到了枢纽作用。以海洋区域主义为视角,半闭海内海洋区域合作的总体特征可概括为:(1)在全球性法规中受到重点强调。(2)在发展历程中,联合国专门机构"自上而下"推动区域合作机制建立与发展的作用明显。(3)在具体区域合作机制层面,合作的优先领域与所采取的具体措施受半闭海自身自然特征的影响明显。

　　再次,第三章与第四章从地中海与波罗的海的自然特征与沿岸国的国家管辖海域实践出发,以时间顺序整理了这两个半闭海区域在海洋环境保护及渔业资源养护和管理两个领域区域合作的发展,以求展示这两个半闭海内区域性海洋合作机制的各自特点。在此基础之上,第五章一方面进一步比较了这两个半闭海的区域合作实践,其中重点关注何谓《公约》第123条(d)项中可邀请其他国家或国际组织参与合作的"适当情形"、如何理解1995年《鱼类种群协定》第15条"应考虑到有关闭海或半闭海的自然特征"的要求等问题;另一方面还从这两个被誉为典范的区域合作实践中,提取了可供推进中国周边半闭海区域合作实践参考的经验,其中尤为重要的一是以半闭海"本身"为合作机制的功能区域,二是发挥功能性区域合作在国际组织参与、相对独立于海域路径等方面的优势。

最后,基于以上认识,第六章思考了中国的海洋政策。一是,指出海洋法的三组内在张力仍旧存在,参考这些张力定位海洋政策是中国建设海洋强国过程中将面临的问题。二是,基于中国是"半闭海国家"的地理条件,应对周边海域的海洋问题可以"半闭海"为出发点。不单是《公约》第123条所列明的功能性区域合作问题,南海当前在海域路径上面临的问题、基于地理条件产生的航行安全与自由问题也可以半闭海为视角思考或应对。三是,在共建"一带一路"建设海上合作的背景下,结合南海既有的海洋区域合作实践、既有区域性海洋合作机制的现状与缺陷,对中国参与并推进南海的海洋环境保护、渔业资源养护和管理以及其他领域的区域合作提出了具体的建议。

第一章　海洋法律秩序的变革与"闭海或半闭海"条款的形成

　　1984 年,联合国新闻部一本评介 1982 年《联合国海洋法公约》(以下简称《公约》)的小册子将第三次联合国海洋法会议上的谈判与成果称作"一场静悄悄的革命,正在彻底地改变着人类利用和分享地球上无比丰富的海洋资源的方式"①。这场海洋法律秩序的变革始自人类利用海洋及其资源能力的突飞猛进、对海洋的认识随之转变,完成于二战后国际法律秩序重建的过程之中。沿海国扩展管辖海域是这场变革的主流,尤其体现为发展中国家提出的专属经济区主张。与此同时,在这场变革中由于地理条件的差异而形成的分野也越来越凸显,在第三次联合国海洋法会议的谈判中,陆上的国家分为沿海国集团、内陆国与地理不利国两个谈判集团,而海洋则分为开阔的大洋与受陆地封闭程度较高的闭海与半闭海。"闭海或半闭海"之所以在第三次联合国海洋法会议框架性议程的《联合国海底委员会海洋法项目和问题清单》中位列第 17 项,一方面,在于此类海域面积小、受陆地封闭程度高带来的航行条件复杂、易受污染等海洋使用问题;另一方面,则是适用海洋法一般规定(尤其是专属经济区制度)可能产生的困难,在谈判中该议题始终与国家管辖海域问题相关联。② 换言之,《公约》第九部分"闭海和半闭海"的形成内嵌于海洋法律秩序的变革之中。

---

　　①　联合国新闻部:《〈联合国海洋法公约〉评介》,高之国译,海洋出版社 1986 年版,第 1 页。

　　②　John R. Stevenson and Bernard H. Oxman, The Third United Nations Conference on the Law of the Sea: The 1974 Caracas Session, *The American Journal of International Law*, Vol.69, No.1, 1975, p.22.

第一节　传统海洋法律秩序在二战后的松动

一、传统的海洋认识与法律秩序

格劳秀斯对海洋自由的经典论述奠定了自 17 世纪以降对海洋的传统认识与法律观念。1608 年匿名发表的《海洋自由论》是对荷兰航行权利的辩护，也是对地理大发现以来葡萄牙与西班牙海外帝国的檄文。① 在《海洋自由论》的第五章中，格劳秀斯巧妙地通过论述财产权的产生（即先占）区分了陆地与海洋：只有能够亲自消费或亲自以某种形式加以改变的事物，人们才拥有真正的财产权，"动产之占有意味着获取，不动产之占有指房屋的建造，或指某些界线的确定，如设置栅栏等"②；海洋（与空气）则属于不会被人类活动影响的另一类物品，因而不可占有③。"空气因为两个原因属于这一类物品。第一，它不可以被占有；第二，它必然是所有人共同使用的。同理，海洋也是所有人共有的，因为它是那样的无边无际，以至于它不可能变为任何个人的占有物，因为无论我们是从航行还是从捕鱼的角度来考虑，它都适于所有人共同使用。"④就人类对海洋的使用方式而言，格劳秀斯在《海洋自由论》中只讨论了航行与捕鱼。⑤ 就航行而言，"一艘船在海上航行过后，除了激起一阵浪花，没有留下任何法律权利"⑥；就捕鱼而言，"海洋为众人之共产，鱼却是捕获之人

---

① 葡萄牙与西班牙这两个伊比利亚国家开拓海外帝国、垄断航行与贸易的历史，以及格劳秀斯撰写《捕获法》、匿名发表《海洋自由论》为荷兰东印度公司辩护的背景，见 R. P. Anand, *Origin and development of the Law of the Sea：History of International Law Revisited*, Martinus Nijhoff Publishers, 1983, pp.40-98.

② ［荷］格劳秀斯：《海洋自由论》，马忠法译，上海人民出版社 2005 年版，第 28 页。

③ 洛克在《政府论》中在格劳秀斯的基础上对财产权的产生这一问题作了进一步的论述，洛克的经典论述可视为对英国在美洲的殖民活动的辩护，参见［美］理查德·塔克：《战争与和平的权利：从格劳秀斯到康德的政治思想与国际秩序》，罗炯等译，译林出版社 2009 年版，第 206～212 页。强调这一点是为了指出，在以欧洲为中心的传统国际法秩序中，欧洲列强的海外扩张是一个重要的维度。

④ ［荷］格劳秀斯：《海洋自由论》，马忠法译，上海人民出版社 2005 年版，第 31 页。

⑤ 另外一个对海洋的传统使用是军事活动，迟至一战前后，海战法都是海洋法的主要组成部分。

⑥ ［荷］格劳秀斯：《海洋自由论》，马忠法译，上海人民出版社 2005 年版，第 42 页。

之私产",但对其他渔民而言,海洋中有足够的海产供他捕捞,对海洋的使用不会产生冲突。简而言之,格劳秀斯所奠定的对海洋的传统认识为:广袤无垠的海洋不可被占有,是欧洲通向世界的无障碍通道,而海洋中的渔业资源取之不竭。

英国获取海权优势之后放弃了对英格兰周边海域(即"不列颠海")的主张转向海洋自由政策,此举巩固了自 17 世纪以降的传统国际法中海陆对立的二元格局。在陆地上,欧洲国家间形成了威斯特伐利亚式的主权国家体系,民族国家的边界神圣不可侵犯;而欧洲以外的世界被欧洲列强以殖民地、保护地、势力范围等形式纳入帝国体制。"坚实的陆地被明确的线形边界划分为领土性的国家或者从属于国家宗主权的地区",海洋则与之形成鲜明的对照,自由的海洋"除了海岸没有边界",对贸易、捕鱼以及海战开放。①

在以欧洲扩张为核心的世界格局中,以地缘条件与军事力量划分的陆权国家与海权国家之间,其竞争体现在扩张方向,而不在于对海洋自由的认识。海权国家主张海洋自由的逻辑在于:通过放弃对自身周边海域的垄断,使商船队在全球范围内获得最大限度的便利。② 这一逻辑犹如李斯特对英国自由贸易政策之帝国主义底色的洞悉,英国转向海洋自由与在殖民地贸易政策上转向自由贸易也几乎同时发生。③ 在普法战争之后,法、德等欧洲的大陆国家展开了海外殖民竞争,海洋自由亦符合其利益。一方面,欧陆上的陆权国家"自身海岸线有限,几乎没有机会与理由为了自己对海洋提出领土主权的主张,另一方面却有意于沿海权国家广袤海岸线航行,因此通常不是传统意义上的海洋支配权的提出者,也不是海洋闭锁观念的支持者"④。领海在这个海陆二分

---

① Carl Schmitt, *The Nomos of the Earth in the International Law of the Jus Publicum Europaeum*, trans. by G. L. Ulmen, Telos Press, 2003, pp.172-173.

② Pitman B. Potter, *The Freedom of the Seas in History*, *Law*, *and Politics*, Longmans, Green and Co., 1924, pp.194-197.

③ [德]弗里德里希·李斯特:《政治经济学的国民体系》,陈万煦译,商务印书馆1961 年版,第 45～46 页、第 307～308 页。

④ Pitman B. Potter, *The Freedom of the Seas in History*, *Law*, *and Politics*, Longmans, Green and Co., pp.179-180.

的秩序中仅处于一种例外的地位,与战争法中的中立权密切相关。① 很长时间里,在"陆地统治海洋"原则下领海都没有一个明确的宽度,习惯法中领海的宽度一般为 1 里格或 3 海里。

在这样的国际格局中,与贸易相关联的自由航行是最受重视的使用海洋的方式。"海权对历史的影响"在于英国海权在维持欧洲均势格局的同时,征服了海外帝国;在于战时保障自身贸易的同时通过封锁摧垮敌国的贸易与储备;在于以海上通道与贸易为纽带维系海外帝国。② 海洋资源却没有得到一个明确的认识,要么被认为无穷无尽,要么被认为不值一提。前者如 18 世纪、19 世纪的国际法权威瓦尔特所言:"显然,对公海以航行和捕鱼为目的的使用本质上是无害的,并且是不会枯竭的。"③后者如马汉在 1900 年写道:"海洋本身是一个不毛之地;只有作为巨大的公共领地,作为商业贸易的高速公路,作为交通的场所,它才具有独一无二的属性和价值。"④在这样的海洋认识下,关乎航道的海峡与人工运河有其特殊性,甚至可从公海上通航至内陆的"国际河流"也在海洋法著作中有一席之地,⑤但地中海这样较封闭的海域与大西洋这样开阔的大洋并无区别。

二、对海洋的新认识以及"沿海国运动"的发轫

在 19 世纪后半叶,随着工业革命的完成,技术突飞猛进,人类利用海洋的能力大幅提升,使用方式更为多样,对海洋资源的认识也越来越明晰。对传统海洋认识的第一波挑战来自渔业问题。英国最先将蒸汽动力的拖网技术应用

---

① 如丹麦在 7 年战争中主张的 1 里格中立区。H. S. K. Kent, The Historical Origins of the Three-Mile Limit, *The American Journal of International Law*, Vol.48, No.4, 1954, pp.545-546. 又如美国在独立之初面对英法战争时,国务卿杰斐逊所提出的 3 海里领海。[美]杰拉尔德·丁·曼贡:《美国海洋政策》,张继光译,海洋出版社 1982 年版,第 38~39 页。

② [美]A. T.马汉:《海权对历史的影响》,安常容、成忠勤译,解放军出版社 2014 年版,第 203 页。

③ Quoted in Lawrence Juda, *International Law and Ocean Use Management: The Evolution of Ocean Governance*, Routledge, 1996, p.14.

④ [美]阿尔弗雷德·塞尔·马汉:《亚洲问题及其对国际政治的影响》,范祥涛译,上海三联书店 2007 年版,第 29 页。

⑤ [英]希金斯、哥伦伯斯:《海上国际法》,王强生译,法律出版社 1957 年版,第 143~178 页。

于捕鱼业,捕捞能力大幅提升。[①] 在捕捞量逐年攀升的同时,在同一海域作业而产生冲突以及过度捕捞导致海洋生物资源耗尽的问题出现在北海、白令海等海域内。由此产生的国际问题催生了 1882 年《北海捕鱼活动监管公约》(*Convention on the Policing of Fishing in the North Seas*)与 1911 年《海狗条约》(*Fur Seal Treaty*),其中采取的养护方式是捕鱼国之间就捕获方式达成一致。需要注意的是,虽然表现为区域性的捕鱼问题,但是这些国际问题的产生与国际条约的达成,其中的法律基础仍为公海自由。[②]

对传统海洋认识的进一步挑战来自对海底的使用。在对海洋的传统认识中,海底未被注意,只有在可以获得如贝类等定着生物资源的地方,才进入人们的视野。但随着科技的进步,对海底的新的使用开始出现。穿越大西洋的通信电缆于 1866 年建成。沿海采煤、钻探石油也相继出现,只是由于成本高昂尚未激发起"淘金热"。在军事方面则出现了潜水艇与海底固定水雷等武器,在一战中大显威力。[③] 如朱达(Lawrence Juda)所言,海洋空间从此呈现出三维的格局:上空、海域以及海床。[④] 沿海国扩大领海的主张随着海洋使用能力的提升、方式的增多而出现。国联于 1930 年召开的国际法编纂会议首次尝

---

① Lawrence Juda, *International Law and Ocean Use Management: The Evolution of Ocean Governance*, Routledge, 1996, p.19.

② 自 19 世纪 70 年代,英国的渔民开始与法国、比利时、荷兰的渔民在北海发生冲突,相互剪断拖网。1882 年《北海捕鱼活动监管公约》中规制公海捕鱼的方式是缔约国登记渔船,制定捕鱼的行为准则以及船旗国相应的处罚方法。但由于挪威、瑞典等北海捕鱼国未加入该公约,公约的执行受阻。而围绕白令海海狗遭到过度猎杀展开的谈判中,美国提出因"资源养护"需要应禁止在白令海的公海上捕猎海狗,在设立了一套复杂的分享陆上捕猎收益的规则后,该主张得到了英、俄、日等捕猎国的承认。Lawrence Juda, *International Law and Ocean Use Management: The Evolution of Ocean Governance*, Routledge, 1996, pp.20, 34-35.

③ [加拿大]巴里·布赞:《海底政治》,时富鑫译,生活·读书·新知三联书店 1981 年版,第 10~11 页。

④ Lawrence Juda, *International Law and Ocean Use Management The Evolution of Ocean Governance*, Routledge, 1996, p.53.

试以国际条约的形式明确领海宽度,但没有达成任何协议。①

　　1945 年 9 月 28 日,距离二战结束刚一个多月,哈里·杜鲁门总统发布了两份分别涉及大陆架资源与渔业资源的宣言。其中一者主张美国有权在邻接其海岸的公海区域划定渔业资源养护区,对于只有美国公民捕捞的渔场将采取单方面的行动,而对于外国渔民也使用的渔场,则寻求缔结协议。另一者则被特定称为"杜鲁门宣言",主张"处于公海下但毗连美国海岸的大陆架的底土和海床的自然资源属于美国,受美国管辖和控制"②。这两份宣言的制定可追溯至小罗斯福总统在任时期,有着战时背景:一是二战早期美国在美洲沿岸主张非常宽安全区,该主张虽遭到英国的反对,但英国无力进行挑战;二是盟军认识到了资源的战略意义,特别是石油的大量输出,刺激了美国石油利益集团对大陆架资源的兴趣。③

　　这两份宣言的三方面影响动摇了传统的海洋法。一是突显了海洋资源的重要性。传统的海洋秩序更多以战略视角看待海洋,而非经济与资源的角度。两份宣言试图将主张仅限于"资源",渔业宣言中对渔场的主张基于长期排他使用,寻求与其他使用国缔结协议的方式也类似于《北海捕鱼活动监管公约》和《海狗条约》的模式。但在美国已取代英国成为主导性海洋大国之际,其政策偏离了传统海权国家的行为方式,势必产生全球性影响。二是对大陆架的权利主张是一个概念上的突破,在法律上重新定义了海洋空间。宣言序言中指出大陆架是"沿海国陆地的延伸,因而当然归属沿海国",这使得地理上的邻接成为某种排他性权利的基础。领海宽度外大陆架的归属问题,使得传统海洋自由中公海为"无主物"还是"共有物"的理论问题立即成为一个迫切需厘清

---

　　①　在 1930 年至二战之间这段时期单方面主张 6 海里领海的有:乌拉圭(1930)、哥伦比亚(1930)、伊朗(1934)、古巴(1934)、希腊(1936)、意大利(1942);墨西哥(1944)宣布领海为 9 海里,危地马拉(1940)和委内瑞拉(1941)则宣布领海为 12 海里。参见[加拿大]巴里·布赞:《海底政治》,时富鑫译,生活·读书·新知三联书店 1981 年版,第 14 页。Also see Lewis M. Alexander, The Ocean Enclosure Movement: Inventory and Prospect, *San Diego Law Review*, Vol.20, No.3, 1983, p.565.

　　②　[美]杰拉尔德·丁·曼贡:《美国海洋政策》,张继光译,海洋出版社 1982 年版,第 45 页。

　　③　Ann L. Hollick, U.S. Oceans Policy: The Truman Proclamations, *Virginia Journal of International Law*, Vol.17, No.1, 1976, pp.27-30.

的现实问题。① 三是这种单边行为方式树立了可供效仿的先例,小约瑟夫·奈称之为打开了沿海国单边主张扩大管辖海域的"潘多拉盒子"。② 至 1950 年已有 30 个国家效法美国,对大陆架提出了主张。拉美国家则将大陆架与上覆水域联系起来,扩大对沿海渔业资源的管辖权。③ 其中智利是第一个提出 200 海里界限的国家,其主张显然更多关注沿海的生物资源,"200 海里"界限的提出则与二战背景下的 1939 年《巴拿马宣言》(Declaration of Panama)中所主张的安全区密切相关。④

沿海国追求扩展管辖海域的"沿海国运动"致使更多国家围绕着更多的海洋问题形成了"主张—反对主张"的政治互动模式。这种模式也许能促成习惯法的发展,但已使海洋法陷入混乱。例如,1952 年智利、厄瓜多尔和秘鲁三国发表的《圣地亚哥宣言》激进地提出了 200 海里"承袭海"(一般被理解为领海)主张,随后还以逮捕外国渔船的方式执行主张。该主张遭到了包括美、英等国的反对,并与美国产生了直接的外交摩擦。⑤ 1948 年至 1949 年间挪威对直线基线主张的执行与英国产生了直接的冲突。印度尼西亚于 1957 年提出的群岛主张则遭到了法国、美国、英国、澳大利亚、荷兰与日本等国的反对。⑥

三、缔造新法的"海洋政治"

20 世纪六七十年代,"海洋政治"(ocean politics)常被认为是国际政治中

---

① [美]路易斯·亨金:《国际法:政治与价值》,张乃根等译,中国政法大学出版社 2005 版,第 116 页。

② Joseph S. Nye, Jr., Political Lessons of the New Law of the Sea Regime, in Bernard H. Oxman, David D. Caron, and Charles L. O. Buderi eds., *Law of the Sea*: *U.S. Policy Dilemma*, ICS Press, 1983, p.114.

③ 关于拉美国家将大陆架与上覆水域相联系的观点,参见[萨尔瓦多]R. G. 波尔:《拉丁美洲国家在第三次海洋法会议上的作用和影响》,周忠海译,载《国外法学》1980 年第 3 期。

④ Ann L. Hollick, The Origins of 200-Mile Offshore Zones, *The American Journal of International Law*, Vol.71, No.3, 1977, pp.495-497.

⑤ Ernst K. Martens, Evolution of Coastal State Jurisdiction: A Conflict between Developed and Developing Nations, *Ecology Law Quarterly*, Vol.5, No.3, 1976, pp.534-535.

⑥ Charlotte Ku, The Archipelagic States Concept and Regional Stability in Southeast Asia, *Case Western Reserve Journal of International Law*, Vol.23, No.3, 1991, p.470.

的一个新议题，①其核心问题正是塑造新的海洋秩序——这是一个各国形成海洋政策，提出主张，并为缔造国际法进行碰撞与妥协的过程。首先，新的海洋问题在二战后接连出现，例如大陆架与海底资源的归属、海底的军事利用以及海洋污染等问题。其次，在应对这些新问题的国家实践中，单边行为的合法性模糊，传统海洋法发生动摇。最后，世界格局的变化使新的政治力量参与到海洋政治当中，并在联合国平台上参与到造法过程当中。②

　　如亨金（Louis Henkin）所指出的，"在国际体系中法律由以各国政府为主的政治角色缔造或再造"③。传统海洋自由实际上是"欧洲公法"的一部分，反映了以欧洲帝国主义为核心的国际体系。二战后，《联合国宪章》奠定了新的"国际体系"：去殖民化进程瓦解了欧洲帝国，主权平等向世界范围扩展，对使用威胁与武力的原则性禁止限制了主权国家的战争权。在海洋问题逐渐与传统海权中的开放贸易与海战问题相剥离，而成为一个独立领域的同时，海洋政治中的权势分布或者说缔造海洋法的角色也发生了改变。一是，国际社会中的成员增多，并且新独立的发展中国家大多没有远洋利益。二是，海上强国在塑造习惯法中的优势下降，传统的"炮船外交"面临巨大的政治风险，武力在缔造国际法中的作用下降。④ 三是，联合国所体现的主权平等原则使得小国在

---

　　① 这一时期对海洋政治的代表性研究对国际关系与国际法学科以及两者的交叉产生了深远的影响。在国际关系领域，小约瑟夫·奈的海洋政治研究融入了其与罗伯特·基欧汉合著的《权力与相互依赖》当中，二战以来海洋政治的变迁，成了"复合相互依赖"的例证之一。在国际法领域，路易斯·亨金对战后海洋法成文化发展历程的研究中认为："在国际体系中法律由以各国政府为主的政治角色缔造或再造"，这也成为哈佛学派"国际法律过程"的先声。Cf. J. S. Nye, Ocean Rule Making from a World Politics Perspective, *Ocean Development & International Law*, Vol.3, No.1, 1975; Louis Henkin, Politics and the Changing Law of the Sea, *Political Science Quarterly*, Vol.89, No.1, 1974.

　　② Cf. Jr. Edward Wenk, *The Politics of the Ocean*, University of Washington Press, 1972, pp.250-253.

　　③ Louis Henkin, Politics and the Changing Law of the Sea, *Political Science Quarterly*, Vol.89, No.1, p.47. Also see, Louis Henkin, *How Nations Behave: Law and Foreign Policy*, Columbia University Press, 1979, pp.23-27.

　　④ 厄瓜多尔和秘鲁在执行200海里主张而与美国产生的渔业纠纷中，美国选择了主动限制远洋捕鱼的范围。在与挪威的渔业纠纷中，英国使用了军舰，但未取得成效。罗伯特·基欧汉与小约瑟夫·奈认为在二战后的国际体系中，小国因使用武力的成本更低，故更倾向于使用武力。[美]罗伯特·基欧汉、约瑟夫·奈：《权力与相互依赖》，门洪华译，北京大学出版社2012年版，第98～100页。

国际事务上获得了以其他方式无法获得的影响力。

与国家实践中围绕单边行为形成主张—反对主张的模式相平行,随着海洋问题在联合国平台上受到普遍关注,在新力量与新问题的推动下,通过国际会议造法的方式最终确定。依据《联合国宪章》第 13 条第 1 款的规定,促进国际法成文化是联合国大会的任务之一,为此 1946 年联合国大会决议成立了国际法委员会。由于领海宽度在国家实践中出现了上述严重的不统一,对传统的习惯法构成了挑战,领海制度问题于 1949 年被列入国际法委员会的议程。[①] 经过国际法委员会的筹备,1958 年第一次联合国海洋法会议试图以成文法稳定海洋法。但是编纂习惯法还是订立新法,86 个参会国存在不同的意见,美英等西方阵营的海权国家企图以维护习惯法之名保持海军的"效率"与"自由",拉美国家及新独立国家这些海洋政治中的新势力则希望订立关于国家管辖海域的新法。会议达成了 4 份日内瓦公约,即《领海与毗连区公约》《公海公约》《捕鱼与养护公海生物资源公约》《大陆架公约》,虽然未对领海宽度形成明确的规定,但是直线基线、毗连区、大陆架等制度则体现了扩大沿海国管辖海域的趋势。在 1960 年第二次联合国海洋法会议上,加拿大与美国提出的 6 海里领海加 6 海里渔区的方案以一票之差未获得通过。在 20 世纪 60 年代末、70 年代初,以下几个方面既是海洋法秩序陷入不稳定的表现,也是召开第三次联合国海洋法会议的驱动力。

(一)冷战背景下的海底问题

苏联在 20 世纪 50 年代着手执行的一些计划大大提高了其远洋渔业与海洋科研能力,在 60 年代奠定了海洋大国地位。作为对苏联这些行动的反应,美国也致力于提高军事和商业方面的深水作业能力。用巴里·布赞的话讲,美苏之间在海底展开了一场规模只稍逊于太空空间竞赛的"海洋竞赛"。[②] 利用海底的新技术以及海底本质上的陆地性质对前文提到的"海洋不可占有"——海洋自由的基石之一——形成了挑战。[③] 1967 年 11 月 1 日马耳他大

---

① Cf. "Law of the sea: régime of the territorial sea", International Law Commission, https://legal.un.org/ilc/summaries/8_2.shtml,访问日期:2016-12-15.

② [加拿大]巴里·布赞:《海底政治》,时富鑫译,生活·读书·新知三联书店 1981 年版,第 71~73 页。

③ 科技的进步有:近海石油迅猛发展,1967 年美国近海油井的产量已占该国石油产量的 12%;对近海硬矿物的开采;在太平洋发现锰、钴、铜、镍含量可观的结核矿。[加拿大]巴里·布赞:《海底政治》,时富鑫译,生活·读书·新知三联书店 1981 年版,第 75~78 页。

使帕多(Arvid Pardo)在联合国大会上的著名演说提出了一个尖锐的问题:占地球陆地面积 3/4 的覆盖在海洋下的陆地,是将依照《大陆架公约》中的"可开发"原则,由具备技术优势的发达国家基于经济利益(开采大陆架石油以及深海洋底的锰结核等资源)和安全因素(武器竞赛)瓜分,还是作为"人类共同继承的财产",任何国家不得以任何方式将国家管辖范围以外的海床洋底占为己有,和平地为全人类利益而开发,并尤其顾及贫困国家的利益。[①]"人类共同继承财产"的方案一经提出就激起了发展中国家的热情。帕多提案直接推动联大成立了"海底委员会",由于发现各种海洋问题交织在一起,海底委员会继而成为第三次联合国海洋法会议的筹备委员会。

(二)沿海国运动进一步发展

沿海国继续以各种形式单方面提出扩大管辖海域的主张,如运用直线基线、扩大领海宽度,主张专属渔区。著名的案例是 1971 年冰岛宣布其"专属渔区"从直线基线向海延伸至 50 海里,随之导致的英国与冰岛之间的"鳕鱼战争"(Cod War)凸显了海上争端的严重性,又一次证明了"炮船外交"不再具有往昔的威力。[②] 以拉美国家为先锋的沿海国继续激进地提出 200 海里的主张,也正是在这一过程中,拉美国家形成了海洋法谈判中的第一个区域性集团。在 1970 年的《蒙得维的亚海洋法宣言》中,拉丁美洲国家宣布:"各签字国基于自己的特殊情况,已经扩大它们对邻接其海岸的海域、海床及其底土的主权或专属管辖权到距离领海基线两百里的地方。"[③]

(三)环境运动的兴起再一次改变了对海洋的认识

1972 年联合国人类环境会议在斯德哥尔摩的召开,以及作为联合国大会附属机构的联合国环境规划署成立,标志着环境问题成为世界性的政治与法律问题。海洋长久以来被当作倾废场所,而在这一时期,海洋污染问题日益凸显。1967 年"托雷·卡尼翁号"(Torrey Canyon)和 1978 年"阿莫科·卡迪兹号"(Amoco Cadiz)超级油轮发生严重事故,致使石油污染了整个英吉利海峡

---

① UN Doc. A/C. 1/PV. 1515.

② 英国与冰岛的渔业纠纷最终提交至国际法院。国际法院在渔业管辖权案(英国诉冰岛)中认为以下两点已成为习惯法:(a)沿海国可以主张专属渔业管辖权的渔业区;(b)在特别依赖渔业的情况下,沿海国在邻接水域享有优先捕鱼权。See Division for Ocean Affairs and the Law of the Sea Office of Legal Affairs, *Digest of International Cases on the Law of the Sea*, United Nations, 2006, pp.156-157.

③ 《蒙得维的亚海洋法宣言》,载北京大学法律系国际法教研室编:《海洋法资料汇编》,人民出版社 1974 年版,第 150~152 页。

及布列塔尼海岸,此事件唤起了世人对海洋污染的关注,也使人们认识到海洋污染的跨界性质,以 1973 年《防止船舶造成污染公约》为代表的海洋环境法规随之迅速发展。另外,加拿大 1970 年《北极水域污染防治法案》(*Arctic Waters Pollution Prevention Act*)以环境保护理由提出的 100 海里主张,则表明了另一种趋势,即沿海国为保护海洋环境而主张扩展管辖海域。①

第二节 塑造《公约》的三组张力

在海底委员会与第三次联合国海洋法会议上,海洋政治具化为谈判过程,新的权势分布在有超过 160 个国家参加的第三次联合国海洋法会议上具化为特定的谈判集团。② 联合国平台上此前就存在着区域集团与东西阵营,而第三次联合国海洋法会议程序则使结成谈判集团成为必然:协商一致的办法进行谈判和 2/3 多数的表决程序意味着不同主张之间妥协与相互寻求支持必不可少。第三次联合国海洋法会议上的许多集团只因在海洋问题中的共同利益而结成,反映了海洋政治越发具有独立性:如达与会国半数的沿海国集团,有 55 个成员的内陆国与地理不利国集团,以及包括法国、日本、英国、美国及苏联 5 国的超级海洋大国集团等。这些集团的构成跨越了区域,甚至是东西(阵营)、南北(问题),起到了形成共同立场、提出草案以及推选谈判代表的作用。③

在再造海洋法的政治过程中,所谓海洋法的"内在张力"有两个层面的表现:一是各个集团之间形成了对立的主张。二是对立的主张通过妥协与"交易"均体现在 1982 年《公约》当中。对此需理解《公约》的一揽子性质,从形式上讲,一揽子即缔约国不可对部分条款行使保留,需全盘接受;从实质上讲,这

---

① Cf. Bernard H. Oxman, The Territorial Temptation: A Siren Song at Sea, *The American Journal of International Law*, Vol.100, No.4, 2006, p.849.

② 因此,有西方学者将第三次联合国海洋法会议的谈判过程等同于"海洋政治"。Cf. Edward L. Miles, *Global Ocean Politics: The Decision Process at the Third United Nations Conference on the Law of the Sea*, 1973-1982, Martinus Nijhoff Publishers, 1998.

③ Tommy T. B. Koh and Shanmugam Jayakumar, The Negotiating Process of the Third United Nations Conference on the Law of the Sea, in Myron H. Nordquist eds., *United Nations Convention on the Law of the Sea 1982: A Commentary*, Volume I, Martinus Nijhoff Publishers, 2002, p.55.

是因为海洋问题彼此密切相关,海洋空间是这些问题的共同载体。因此在集团谈判的作用下,不同主张间所达成的妥协不是单方的让步,而更多的是一种"交易"。例如,海洋大国集团以接受 12 海里领海及专属经济区主张,换取沿海国集团接受过境通行权制度,以这种方式,不同主张同时内在于《公约》中。换言之,海洋法的内在张力即海洋政治主要张力的集中体现,而法律的功能又使之稳定。① 下文将通过谈判集团的主张以及谈判过程中的交易,概括《公约》中的三组主要张力的形成与表现。

一、沿海国与海洋大国之间的张力

一些西方学者认为沿海国与海洋大国之间的张力贯穿了整个海洋法史,表现为对海洋主张主权与海洋自由主张之间的竞争。② 其中奥康奈尔(D. P. O'Connell)进一步概括了其中的规律:当一两个强大的商业大国居于支配地位或彼此间形成了势力平衡时,海洋法实践中的重点即在于航行自由以及航运免于本地管辖;当大国衰落或不再能够将其意志强加于小国,或者当众多国家间形成势力平衡时,重点则在于保护与保全海洋资源,继而在于确立对海洋的管辖权。在他看来,二战后这组张力就处于后一种形势。③

然而,奥康奈尔的概括并未准确把握这组张力在战后,特别是在第三次联合国海洋法会议上的表现与原因。首先,在第三次联合国海洋法会议上,海洋大国亦是沿海国,扩展国家管辖海域已成为必然趋势。如前文已论及的,战后海洋政治中的权势分布发生了变化,但并非没有军事—贸易意义上的主导性海洋大国。小约瑟夫·奈将美国未凭借其海上优势延续英国在海洋法缔造中

---

① 对于海洋法对海洋政治的影响(或者说国际法对国际关系的影响),小约瑟夫·奈强调了法律规范的先例作用。路易斯·亨金则强调法律有助于国际交往与秩序的稳定。J. S. Nye, Ocean Rule Making from a World Politics Perspective, *Ocean Development & International Law*, Vol.3, No.1, 1975, p.31. Louis Henkin, *How Nations Behave: Law and Foreign Policy*, Columbia University Press, 1979, p.29.

② 虽然对这组张力的表述有所不同,如麦克杜格尔与伯克称为"包容性主张"与"独占性主张"间的张力。Myres S. McDougal and William T. Burke, *The Public Order of the Oceans*, Yale University Press, 1961, viii-ix. Cf. Bernard H. Oxman, The Territorial Temptation: A Siren Song at Sea, *The American Journal of International Law*, Vol.100, No.4, 2006.

③ D. P. O'Connell, *The International Law of the Sea*, Vol.I, Oxford University Press, 1989, p.1.

的垄断方式解释为政策延迟,并对之表示惋惜。[①] 但更关键的原因是,在海洋空间被重新定义,资源的视角至少与战略视角同等重要的背景下,包括美国在内的海洋大国对自身利益的认识发生了变化。如后任美国副国务卿的内格罗蓬特(John D. Negroponte)于 1986 年在题为"谁来捍卫海洋自由"的演讲中指出的,"没有哪个国际集团,海洋自由是其在海洋法中唯一的利益,所有海洋大国也同样是沿海国"[②]。基于有利的地理条件,海洋大国集团可主张的专属经济区面积实际居于前列。[③]

其次,沿海国与海洋大国各自的主张均发生了变化。在沿海国方面,以专属经济区主张为代表,保障对沿岸海域内海洋资源的专属权利确实是扩展国家管辖海域的主要推动力,但也出现了其他因素。例如群岛国为维护领土完整而提出的群岛原则,此外下文中我们可以看到,对于沿海国集团中的发展中国家而言主张扩展管辖海域还出于意识形态因素。在海洋大国方面,其主张已不在于抑制沿海国扩展管辖海域,而是寻求对于航行自由的制度保障。由此形成的妥协是:国家管辖海域(包括"用于国际航行的海峡")呈现出层级化,即沿海国在不同海域内享有限制他国活动的不同权利,外国在相应海域内享有自由程度不一的通行及其他海洋使用权利。这组张力也继续存在于这些制度的适用过程中。[④]

二、发展中国家与发达国家之间的张力

从集团谈判的角度来看,发展中国家(77 国集团)与发达国家间的张力集中在国际海底区域问题上。1970 年联合国大会通过的《管理国家管辖范围以外海床洋底及其底土原则宣言》已标志着发展中国家所推动的"人类共同继承财产"原则得到广泛支持。但在制度设计上,发展中国家与发达国家在第三次联合国海洋法会议上持不同立场:发达国家反对建立强大的国际机构,主张施行执照许可制度,由私人公司自由参与深海开发;发展中国家则主张建立国际

---

① J. S. Nye, Ocean Rule Making from a World Politics Perspective, *Ocean Development* & *International Law*, Vol.3, No.1, 1975, p.41.

② John D. Negroponte, Who Will Protect Freedom of the Seas? *Department of State Bulletin* Vol.86, No.2115, 1986, p.42.

③ 海洋大国集团五国(法国、日本、英国、美国及苏联)的专属经济区面积均居于世界前十位,其中英国与法国的专属经济区面积因散布各大洋的海外领地而十分广袤。

④ 郑凡:《海洋法中的张力与美国的海洋政策——评〈海洋大国与海洋法:世界政治中的远征行动〉》,载《太平洋学报》2015 年第 12 期。

机构管制国际海底的一切活动。最后达成的妥协即"平行开发"制度。里根政府在谈判最后阶段对国际海底管理局的决策制度以及技术转让等规定的质疑，拖延了《公约》生效，也是美国至今未加入《公约》的直接原因。① 从"国际经济新秩序"的角度，这组张力对海洋法的塑造还有更广泛而深刻的影响。

　　20 世纪 60 年代末、70 年代初去殖民化浪潮迎来尾声，包括新独立国家在内的发展中国家在联合国的平台上发出自己的声音。77 国集团在 1964 年召开的联合国首届贸易和发展会议的背景下产生，并迅速成为发展中国家调动起共同利益的工具，其威力在于在国际会议上拥有巨大的表决票数。在发展中国家摆脱与前殖民主义国家间的联系，加强彼此间的地区性联系的趋势下，77 国集团肩负起了协调发展中国家不同利益的重任。而"国际经济新秩序"的提出为发展中国家提供了解释"旧"国际秩序的意识形态。② 包含在《建立新的国际经济秩序宣言》（1974 年 5 月 1 日）、《建立新的国际经济秩序的行动纲领》（1974 年 5 月 1 日）、《各国经济权利和义务宪章》（1974 年 12 月 12 日）这些文件中的原则，不仅是经济性的，更是政治性的。首先，国际经济新秩序提供了对国际秩序起源的解释。发达国家与发展中国家之间的鸿沟是不平等、不公正的，"占世界人口百分之七十的发展中国家只享有世界收入的百分之三十"。这种不均衡的原因在于大多数发展中国家所遭受的殖民统治，"这种制度是在大多数发展中国家甚至还没有作为独立国家存在的时候建立的，而且它使不平等状况长久保持下去"③。其次，当时的国际经济秩序被认为与国际政治经济的发展相冲突。发展中国家作为能源与原料供应国扮演着越来

---

①　陈德恭：《现代国际海洋法》，海洋出版社 2009 年版，第 417～424 页。

②　与"国际经济新秩序"相联系的是不结盟运动。在冷战背景下，东、西方两大集团争端对第三世界的影响力是第三世界的激进主张在国际上形成极大影响力的原因之一。发展中国家的主要需求及在国际法领域的"法律战略"，参见［意］安东尼奥·卡塞斯：《国际法》，蔡从燕等译，法律出版社 2009 年版，第 674～677 页。概括而言，国际经济新秩序的诉求包括如下几点："A. 主权平等：1. 各国选择经济制度的权利；2. 对陆地与海洋自然资源享有永久主权；3. 发展中国家在平等的基础上参与国际经济关系。B. 各国之间紧密合作的义务：1. 发展中国家的优惠待遇；2. 稳定发展中国家的出口收入；3. 获得技术转让的权利；4. 发展中国家获得发展援助的权利；5. 人类共同继承遗产。"［荷兰］尼科·斯赫雷弗：《可持续发展在国际法中的演进：起源、涵义及地位》，汪习根、黄海滨译，社会科学文献出版社 2010 年版，第 33～34 页。

③　《建立新的国际经济秩序宣言》，收录于王铁崖、田如萱编：《国际法资料选编》，法律出版社 1982 年版，第 769 页。

越重要的作用,如在全球能源危机的背景下,石油输出国组织所形成的影响力。在关系到整个国际社会的问题上,发展中国家认为自身应起到更大、更合理的作用。最后,国际经济新秩序的核心是追求国际社会中的"实质正义",如博切克(Boleslaw Adam Boczek)所指出的:"国际经济新秩序的策略是重新解读传统的'平等'原则,使之不仅意味着法律上的平等,还包括经济机会与人之尊严上的平等。"①

上述关于国际经济新秩序的文件均不具有法律约束力,《建立新的国际经济秩序宣言》是作为一个政治宣言未经表决而通过的,《各国经济权利和义务宪章》则由联合国大会决议通过。在 20 世纪六七十年代,发展中国家对"国际经济新秩序"的诉求实际上与第三次联合国海洋法会议的筹备与进行同时展开。于 1974 年 6 月召开的第三次联合国海洋法会议成了争取国际经济新秩序的第一块国际法"战场",新海洋法被认为是建立国际经济新秩序的途径。②例如,在非洲国家中,不少于 40 个是在 1958 年与 1960 年两次海洋法会议之后独立的,因此认为自身没有在 1958 年公约的制定中发挥作用。这些强调海洋自由的公约被非洲国家视为海洋大国用以保证它们的海军和渔船在沿海国近海不受限制行动而设立的一种制度。因此,第三次联合国海洋法会议伊始就被看作是建立一种新的海洋法,使之符合新独立的发展中国家利益的机会。③对于国际经济新秩序与第三次联合国海洋法会议这两个同时在联合国平台上展开的活动,时任联合国秘书长的瓦尔德海姆(Kurt Waldheim)在第三次联合国海洋法会议的第四期会议上说道:"如果对海洋的利用未能服务于对所有人有利的有序发展,如果海洋法未能对更为公平的全球经济体系有所贡献,那么我们将错过一个独一无二的机遇⋯⋯你们的工作将会对建立和实

---

① Boleslaw Adam Boczek, Ideology and the Law of the Sea: The Challenge of the New International Economic Order, *Boston College International & Comparative Law Review*, Vol.7, No.1, 1984, pp.5-6.

② 有超过 160 个国家参与了在第三次联合国海洋法会议历时 9 年的谈判,其中 77 国集团的成员国达到了接近 120 个。国际经济新秩序的诉求也反映在《公约》的序言里,"考虑到达成这些目标将有助于实现公正公平的国际经济秩序,这种秩序将照顾到全人类的利益和需要,特别是发展中国家的特殊利益和需要,不论其为沿海国或内陆国"。

③ 〔美〕P. S. 菲芮拉:《非洲国家在第三次联合国海洋法会议上对海洋法发展的作用》,罗详文译,载《国外法学》1980 年第 3 期。

践国际经济新秩序产生重要的影响。"①

　　在争取国际经济新秩序的背景下，发展中国家与发达国家之间的张力影响了第三次联合国海洋法会议的方方面面。第一期纽约会议的议题是制定会议程序，"协商一致"的办法是发达国家与77国集团碰撞与妥协的结果。77国集团主张坚持联合国大会程序，每一项目表决一次，以多数票通过。而美国、苏联、日本和欧共体国家则意识到发展中国家在数量上占压倒性多数，坚持以协商一致的办法进行谈判，和2/3多数的表决程序。② 在议题方面，国际经济新秩序运动的影响首先在于将第三次联合国海洋法会议的主要目标指向确保各国公平地分享海洋中的自然资源。资源归属具化为近海的专属经济区与大陆架以及深海的国际海底区域制度；"公平"则表现为对发展中国家的特别顾及，最终通过的《公约》中超过50次提及了"发展中国家的特殊利益与需求"。其次，"国际经济新秩序"对"旧"秩序的阐释，加强了沿海国扩展国家管辖海域的立场。"对自然资源的永久主权"是国际经济新秩序这一意识形态中最先被提炼出来的原则。《联合国宪章》中的"民族自决"原则是去殖民化的法理依据，"对自然资源的永久主权"或者称"经济自决权"也由"民族自决"原则引申而来，在20世纪50年代初就随着第一次去殖民化浪潮出现在联合国经济发展和人权两个领域的文件中。③ 在国际经济新秩序的视角下，海洋自由被发展中国家认为是旧秩序的体现，由强权的、技术优越的海洋大国所确立，1958年的四项公约所体现的原则仅对发达国家有利，使得发达国家能够通过

---

　　① Quoted in Elisabeth Mann Borgese, The New International Economic Order and the Law of the Sea, *San Diego Law Review*, Vol.14, No.3, 1977, p.585.

　　② ［美］P. S. 菲芮拉：《非洲国家在第三次联合国海洋法会议上对海洋法发展的作用》，罗详文译，载《国外法学》1980年第3期。

　　③ 在经济方面，1952年12月21日联大第七届会议上通过了一项决议，承认"各民族自由利用与开发自然财富与资源的权利是主权所固有的，并且是与《联合国宪章》的宗旨和原则相一致的"。在人权方面，应联大的要求，联合国人权委员会将"所有民族得为本身之目的，自由处置其天然财富及资源"纳入了《公民及政治权利国际盟约》第1条。见［南斯拉夫］米兰·布拉伊奇：《国际发展法原则——有关国际经济新秩序的国际法原则的逐渐发展》，陶德海等译，中国对外翻译出版公司1989年版，第262～266页。这一原则在新独立国家对境内跨国公司的资产进行国有化时被屡屡引用，在这一时期进行大规模国有化行动的发展中国家有：智利（1971年）、伊拉克（1972年）、秘鲁（1974年）、利比亚（1971年和1973年）、委内瑞拉（1976年）。Nico Schrijver, *Sovereignty over Natural Resources: Balancing Rights and Duties*, Cambridge University Press, 1997, p.93.

海上力量施展影响力,通过远洋渔船队无节制地开发发展中国家沿海的海洋资源。[①] 对于第三次联合国海洋法会议上的发展中国家而言,扩展国家管辖海域、保护近海的海洋资源是国际经济新秩序中"对自然资源的永久主权"的逻辑结果,上升到了对新秩序的诉求。依循相同的逻辑,发展中国家主张专属经济区内科学研究、环境保护的管辖权,意图限制发达国家在前者近海意图模糊的海上活动。[②] 对于第三次联合国海洋法会议与前两次的不同,加拿大代表莱加尔特(Leonard Legault)敏锐地指出,第三次联合国海洋法会议旨在"对海洋法去殖民化"[③]。

将国家管辖范围外的洋底资源作为"人类共同遗产"是国际经济新秩序的另一项诉求,以求不具备技术与资本条件的发展中国家公平地分享对非生物自然资源的开发收益。然而,发展中国家的两项主要主张,即扩展沿海国管辖海域与"人类共同继承财产"原则之间存在矛盾,因为沿海国管辖海域截止之处正是国际海底区域开始之处。考虑到海上油气资源多分布在近海大陆架上,将专属经济区扩展至200海里意味着国际海底区域内的非生物资源锐减。对于发展中国家内部的分歧,如巴里·布赞的评论,由于发展中的沿海国(特别是拉美集团)把沿海国的整体立场与发达国家掠夺发展中国家近海资源的论点联系起来,因而能够在77国集团内部得到巨大的支持。[④] 换言之,在围绕专属经济区的谈判中,发展中国家与发达国家间的张力与沿海国与海洋大国间的张力相交汇。

《公约》中的专属经济区制度体现了沿海国对自然资源的主权权利与其他国家的海洋使用之间的妥协,如肯尼亚代表的解释:"专属经济区概念是为了

---

① 1972年,发达国家的渔业捕获量占全球的60%,远洋渔业活动几乎全部由发达国家进行。Boleslaw Adam Boczek, Ideology and the Law of the Sea: The Challenge of the New International Economic Order, *Boston College International & Comparative Law Review*, Vol.7, No.1, 1984, p.11.

② J. C. Phillips, The Exclusive Economic Zone as a Concept in International Law, *The International and Comparative Law Quarterly*, Vol.26, No.3, 1977, pp.590-591, 594-596.

③ Quoted in Clyde Sanger, *Ordering the Ocean: The Making of the Law of the Sea*, University of Toronto Press, 1987, p.40.

④ [美]巴里·布赞:《海底政治》,时富鑫译,生活·读书·新知三联书店1981年版,第216~217页。在20世纪70年代,国有化是许多发展中国家当时最重要的经济问题,对自然资源的主权则是更为紧要的原则。

缔造一个解决发达国家与发展中国家在海洋使用上利益冲突的框架,试图建立一个新的管辖权基础,以确保在沿海国在邻接海域中与其他使用国之间形成公平的平衡。"①微妙的是,所有海洋大国也是沿海国:"它们的国内捕鱼利益想使沿海国有广阔的捕鱼区,而它们的远洋捕鱼利益则要求沿海国只拥有一个狭窄的捕鱼区。海洋国家的军事力量要求沿海国不论出于何种目的仅拥有狭窄的领海区域以便海军有更大的航行自由;但是,石油和天然气利益的需求则使它们希望自己拥有更为广阔的区域来开发。"②这种"分裂的性格"的背后是坚持将海洋视作通道的传统认识,还是将之视为自然资源的蕴藏地。③

虽然发展中国家在海洋政治中的这组张力上取得了优势,"国际经济新秩序"对新海洋法产生了重要的影响,但是由于欠缺对海洋资源分布及新制度是否真正实现公平分享海洋资源的科学认识,发展中国家当中得益于幸运的地理条件而能充分主张广袤专属经济区的只是极少数,如印度尼西亚、巴西。④位列专属经济区面积前列的是美国、法国、澳大利亚、新西兰、英国等发达国家。

三、特殊地理条件与全球性规范之间的张力

传统的海洋自由以及 1958 年日内瓦公约均一般性地适用于世界的各个海域,其中没有对特殊的地理、历史或经济条件作出特殊的规定。第一次联合国海洋法会议没有考虑那时 86 个独立的沿海国与内陆国不同的海洋利益与海上能力。主导那次会议的海洋大国主要目的是最大限度地维持海洋自由。⑤ 在第三次联合国海洋法大会上,对公平的要求除来自发展程度的差异

---

① Quote in R. P. Anand, *Origin and Development of the Law of the Sea：History of International Law Revisited*, Martinus Nijhoff Publishers, 1983, p.199.

② [美]路易斯·亨金:《国际法:政治与价值》,张乃根等译,中国政法大学出版社 2005 年版,第 120～121 页。

③ John D. Negroponte, Who Will Protect Freedom of the Seas? *Department of State Bulletin* Vol.86, No.2115, 1986, pp.41-43.

④ 一是在当时对开采海底资源的前景过于乐观,二是有材料指出迟至会议最后阶段才在由加拿大在各代表团提供的材料基础上形成了较为准确的海洋边界数据。Clyde Sanger, *Ordering the Ocean：The Making of the Law of the Sea*, University of Toronto Press, 1987, pp.64-66.

⑤ Lewis M. Alexander, Regionalism and the Law of the Sea：The Case of Semi-enclosed Seas, *Ocean Development and International Law*, Vol.2, No.2, 1974, p.152.

外,还产生自各国不同的地理条件,依地理条件形成了许多谈判集团,如群岛国集团、宽大陆架国集团,这两个集团通常被视为附属于沿海国集团,海峡国集团则反对"过境通行"概念。而几乎无法从专属经济区制度中获益的内陆国与地理不利国集团则与沿海国集团相对立,两者间的张力曾是谈判中的一个关键问题。

　　1974 年 5 月,即第三次联合国海洋法会议召开 3 个月之前,均为发展中国家的 19 个内陆国和地理不利国在乌干达的坎帕拉举行会议,并发表了《坎帕拉宣言》(*Kampala Declaration*),内容包括关于内陆国和地理条件不利国的权利的 9 项原则,除内陆国进入海洋的权利外,还要求维持内陆国与地理不利国既有的对领海以外的海洋资源的权利,并主张无论海洋法会议对领海以外的区域设立怎样的新管辖权制度,这些国家应享有平等的权利。[①]《公约》第十部分"内陆国出入海洋的权利和过境自由"是国际法中早已存在的议题。[②] 然而,作为全球性规则的 200 海里界限的提出并没有更多地考虑地理因素,"所有的界限都是专断的"[③]。一些沿海国或因受地理条件限制,或因相邻或相对国家所主张的专属经济区,而成为"地理不利国"[④]。内陆国与地理不利国集团在 1976 年提出的非正式文件中的"地理不利国"定义明确体现了地理不利的主张是对专属经济区的反应:

　　　　为本公约的目的,"地理不利国"是指以下沿海国家:
　　　　(a)由于地理原因,不能主张经济区;
　　　　(b)如果它们能够扩展其经济区到本公约所允许的最大宽度,其经

---

　　①　A/CONF.62/63, *Official Records of the Third United Nations Conference on the Law of the Sea*, Volume. III, p.3.

　　②　如 GATT 第 5 条,1958 年《公海公约》第 3 条,以及 1965 年《内陆国家过境贸易公约》(Convention on Transit Trade of Landlocked States)。Cf. Thomas M. Franck, Mohamed El Baradei, George Aron, The New Poor: Land-Locked, Shelf-Locked and Other Geographically Disadvantaged States, *N. Y. U. Journal of International Law and Politics*, Vol.7, No.1, 1974, pp.50-57.

　　③　Clyde Sanger, *Ordering the Ocean: The Making of the Law of the Sea*, University of Toronto Press, 1987, p.58.

　　④　James E. Bailey, The Unanticipated Effects of Boundaries: the Exclusive Economic Zone and Geographically Disadvantaged States Under UNCLOSIII, *IBRU Boundary and Security Bulletin*, 1997, Spring, p.87.

济区面积小于其可主张面积的 30%;

　　(c)由于生物学或生态学的原因,独有的自然特点,使之专属经济区的生物资源的开发没有实质性的经济优势,以及由于其他国家建立专属经济区,其进入自己专属经济区获取生物资源受到不利影响。①

　　在第三次联合国海洋法会议上,内陆国与地理不利国集团在接纳成员上采取了宽松的标准,既包括发达国家也包括发展中国家,既包括东方集团的社会主义国家也包括资本主义国家,只要一国将几乎无法从专属经济区制度中获益,就可以被接纳进入内陆国与地理不利国集团。② 该集团的成员国数量达到了 55 个,其中 29 个为内陆国,26 个为地理不利国。③ 虽然会议采用协商一致的谈判方式,但是表决通过需要 2/3 多数,这使得内陆国与地理不利国集团具备了阻止《公约》草案通过的力量。换言之,第三次联合国海洋法会议上的集团谈判存在着三组主要张力:一是沿海国和海洋大国之间,二是发展中国家与发达国家之间,这两组张力形成了合流,第三组特殊地理条件与全球性规

---

① 〔斐济〕萨切雅·南丹、〔以〕沙卜泰·罗森主编:《1982 年〈联合国海洋法公约〉评注》第 2 卷,吕文正、毛彬译,海洋出版社 2014 年版,第 674 页。《公约》第 70 条第 2 款对地理不利国的定义为:"为本部分的目的,'地理不利国'是指其地理条件使其依赖于开发同一分区域或区域的其他国家专属经济区内的生物资源,以供应足够的鱼类来满足其人民或部分人民的营养需要的沿海国,包括闭海或半闭海沿岸国在内,以及不能主张有自己的专属经济区的沿海国。"这一定义实质上结合了营养标准与地理标准,两种标准间的关系并不明确,并且营养标准中的"依赖于"这一高要求,使得发达国家能否主张"地理不利"成为问题。因此有学者认为在地理不利国的认定上,上述非正式文件中的定义更为可取。Barbara Kwiatkowska, *The 200 Mile Exclusive Economic Zone in the New Law of the Sea*, Martnus Nijhoff Publishers, 1989, pp.24-25.

② S. C. Vasciannie, *Land-locked and Geographically Disadvantaged States in the International Law of the Sea*, Oxford University Press, 1990, p.9.

③ 内陆国包括:阿富汗、奥地利、不丹、玻利维亚、博茨瓦纳、布隆迪、白俄罗斯、中非共和国、乍得、捷克斯洛伐克、匈牙利、老挝、莱索托、列支敦士登、卢森堡、马拉维、马里、蒙古、尼泊尔、尼日尔、巴拉圭、卢旺达、圣马力诺、斯威士兰、瑞士、乌干达、上沃尔塔、赞比亚、津巴布韦;地理不利国包括:阿尔及利亚、巴林、比利时、保加利亚、埃塞俄比亚、芬兰、冈比亚、民主德国、联邦德国、希腊、伊拉克、牙买加、约旦、科威特、荷兰、波兰、塔卡尔、罗马尼亚、新加坡、苏丹、瑞典、叙利亚、土耳其、阿联酋、喀麦隆、扎伊尔。Tommy T. B. Koh and Shanmugam Jayakumar, The Negotiating Process of the Third United Nations Conference on the Law of the Sea, in *United Nations Convention on the Law of the Sea* 1982: *A Commentary*, Volume I, Martinus Nijhoff Publishers, 2002, pp.72-73.

范之间的张力则集团性地表现为内陆国和地理不利国与沿海国之间。在这种局面下,存在着地理不利国集团与海洋大国携手对抗沿海国扩展管辖海域主张的可能。

但是,如前文所述,在对航行自由予以制度保障的前提下,扩展国家管辖海域对海洋大国同样是有利的。待沿海国与海洋大国之间就领海、专属经济区、用于国际航行的海峡等制度形成妥协,地理不利国与内陆国集团已难有作为。如芬兰代表所言,"随着美苏在加拉加斯就普遍性的 200 海里界限达成一致以及随后美国率先主张 200 海里渔区",内陆国与地理不利国希望较窄的国家管辖海域的主张也告破灭。① 在第三次联合国海洋法会议上,内陆国与地理不利国集团实际上已放弃界限问题转而争取在邻国专属经济区的权利。内陆国与地理不利国集团对所在区域内非生物资源的主张也没能得到支持,在《公约》中最后形成的妥协是内陆国与地理不利国集团获得的权利为:"在公平的基础上参与开发同一分区域或区域的沿海国专属经济区的生物资源的适当剩余部分。"②

"地理不利国"议题与"闭海与半闭海"议题有着内在的联系,两者均是特殊地理条件与全球性规范之间张力的表现。《公约》第 70 条第 2 款对地理不利国的定义特别强调"闭海或半闭海沿岸国",这也是《公约》中除第九部分外唯一一个论及闭海或半闭海的条款。首先,从地理条件来看,闭海或半闭海沿岸国是潜在的地理不利国。③ 两者关系如泰国代表所主张的:"所有位于闭海或半闭海地区的国家都面临进入开阔海洋的问题,它们当中的大多数都不具备将管辖区域延伸至拟议中的 200 海里界限的条件。因此它们地理不利,国际海洋法中应给予它们特殊的待遇。"④但内陆国与地理不利国集团于 1974年 7 月 31 日提出的"关于领海的草案"开篇的释注(explanatory note)指出:

---

① Clyde Sanger, *Ordering the Ocean：The Making of the Law of the Sea*, University of Toronto Press, 1987, p.145.

② 1982 年《联合国海洋法公约》第 69 条、第 70 条。

③ 从架锁(shelf-locked)的角度来看,如波罗的海沿海国当中,只有俄罗斯不是架锁国,红海、波斯湾及泰国湾的情况同样如此。Lewis M. Alexander and Robert D. Hodgson, The Role of the Geographically-Disadvantaged States in the Law of the Sea, *San Diego Law Review*, Vol.13, No.3, 1976, p.577.

④ A/CONF.62/C 2/SR.38, *Official Records of the Third United Nations Conference on the Law of the Sea*, Volume II, p.276. 在下文中我们可以看到,积极支持该议题的几乎都是内陆国与地理不利国集团的成员。

"本草案没有涉及半闭海问题；但草案的提交者希望表示他们愿意考虑任何相关的处理方式。"①这表明内陆国与地理不利国集团并未就半闭海议题形成集团立场。其次，两者都是对沿海国扩展管辖海域主张的反应，是特殊地理条件与全球性规范之间张力的表现形式之一。在下一节中我们将看到，第三次联合国海洋法会议上对半闭海议题的谈判首先围绕专属经济区制度是否适用于半闭海展开。最后，《公约》对两者特殊性的处理均采取了区域合作的路径。内陆国与地理不利"参与开发"海洋生物资源的权利通过双边或区域合作的方式落实，即"这种参与的条款与方式应由有关国家通过双边、分区域或区域协议加以制订"②。在第三次联合国海洋法会议上，内陆国与地理不利国集团还曾在不同阶段提出"区域专属经济区"或"区域渔区"的方案。如 1974 年 21 个内陆国与地理不利国提交的关于领海外资源的草案第 6 条为："同一区域或次区域内的沿海国及内陆国与其他地理不利国可以达成任何关于建立区域或次区域……[当时专属经济区的名称尚未确定故文件中以省略号表示——引者注]区的安排，以在共同的基础上使第 2 条与第 3 条的规定[即关于内陆国与地理不利国在平等且非歧视的基础上参与开发专属经济区内生物与非生物资源的规定——引者注]生效。"③有学者评论道，对于许多实际架锁（shelf-locked）或区锁（zone-locked）的国家，"区域协议或许为这些不利国家提供了最好的替代选择"④，并认为欧盟共同渔业政策表明分享渔业资源的区域合作设想并非不能实现。⑤

---

① A/CONF. 62/C. 2/L. 33，*Official Records of the Third United Nations Conference on the Law of the Sea*，Volume III，p.212.

② 1982 年《联合国海洋法公约》第 69 条第 2 款、第 70 条第 3 款。

③ A/CONF. 62/C. 2/L. 39，*Official Records of the Third United Nations Conference on the Law of the Sea*，Volume III，p.217.

④ Lewis M. Alexander and Robert D. Hodgson, The Impact of the 200-Mile Economic Zone on the Law of the Sea, *San Diego Law Review*，Vol.12，No.3，1975，p.579.

⑤ S. C. Vasciannie, *Land-locked and Geographically Disadvantaged States in the International Law of the Sea*，Oxford University Press，1990，pp.65-66. 下文第四章在对波罗的海渔业区域合作的语境中将进一步论及欧盟共同渔业政策的发展。

第三节　《公约》第九部分"闭海或半闭海"的形成

在作为第三次联合国海洋法会议框架性议程的 1972 年《联合国海底委员会海洋法项目和问题清单》当中，"闭海和半闭海"被列为第 17 项议题。同时，在第 2 项"领海"条目下的领海界限问题上"开放海洋"与"半闭海和闭海"被分列为两类，在第 6 项"领海以外的专属经济区"的次议题包括"在闭海和半闭海内沿海国渔业的保护"。① 从该文件就可以看出，"闭海或半闭海"作为海洋法的新议题出现在第三次联合国海洋法会议上首先是由于随着 12 海里领海与 200 海里专属经济区的提出，更突显了开阔的大洋与闭海或半闭海在地理条件上的差异；其次是半闭海内养护渔业资源等功能性需求。在第三次联合国海洋法会议上波斯湾、地中海及波罗的海沿岸国是"半闭海和闭海"议题的主要推动者，但关于半闭海内适用专属经济区、航行、划界等问题的讨论与草案并未获得多数支持，也未进入《公约》。究其原因，很大程度上在于特殊地理条件与全球性规范之间的张力在半闭海议题上具化为"区域内"与"区域外"之间的张力。区域外的国家担心对此类海域的特殊规定会影响《公约》其他部分的规定，甚至影响到自身作为区域外国家在该区域内的权益，特别是海洋大国作为船旗国的权益。这种担心首先表现在 1975 年《非正式单一协商案文》第 135 条："本部分的规定不影响沿海国或其他国家按照本公约其他规定所应有的权利和义务，并应以符合这些规定的方式予以适用。"再有，第二委员会主席在一次非正式会议中透露，一些国家建议，"如果条文超出第 123 条所体现的合作原则"，整个第九部分可能会被删去。② 概括而言，围绕"闭海和半闭海"议题的谈判所体现出的特殊地理条件与全球性规范之间的张力表现为：区域内国家主张依据半闭海的特殊地理条件制定特殊的规范，区域外国家则担心

---

① 《联合国海底委员会海洋法项目和问题清单》，载北京大学法律系国际法教研室编：《海洋法资料汇编》，人民出版社 1974 年版，第 139 页。

② Satya N. Nandan and Shabtai Rosenne eds., *United Nations Convention on the Law of the Sea* 1982: *A Commentary*, Volume III, Martinus Nijhoff Publishers, 1995, p.364.

为闭海与半闭海作出特殊规定会造成新的"海洋闭锁"①。

一、闭海与半闭海的定义

所谓"半闭海和闭海"，海底委员会与第三次联合国海洋法会议上的谈判者所指的绝非苏联法学家曾提出的旨在限制外国军舰航行的"封闭海"（closed sea）概念。② 美国海洋地理学家亚历山大（Lewis. M. Alexander）在1974年一项以第三次联合国海洋法会议为语境对闭海与半闭海的研究及时地明确了半闭海的地理概念。亚历山大提出，界定半闭海的4项地理标准为：（1）不小于50000平方海里；（2）是一个主要的海，而非更大半闭海之次区域；（3）海的周长50%以上被陆地封闭，且与开阔大洋的连接处小于总周长的20%；（4）由2个以上的国家所环绕。③ 依此可界定出25个半闭海，包括：亚丁湾、安达曼海、巴芬湾—戴维斯海峡、波罗的海、白令海、俾斯麦海、黑海、加勒比海、西里伯斯海、东（中国）海—黄海、休斯顿湾、日本海、爪哇海—弗洛勒斯海—班达海、喀拉海、地中海、墨西哥湾、北海、鄂霍次克海、波斯湾、红海、圣劳伦斯湾、所罗门海、南（中国）海、苏禄海、帝汶—阿拉弗拉海。

在1974年第二委员会第38次会议对"闭海和半闭海"议题的集中讨论中，苏联代表反对在《公约》中对闭海或半闭海作出特殊规定的理由在于认为

① A/CONF.62/C 2/SR.38, *Official Records of the Third United Nations Conference on the Law of the Sea*, Volume II, p.277. 法国虽为地中海沿岸国，但基于其海外领地与远洋利益，属于海洋大国集团。

② 这一概念主张非沿岸国的军舰无权进入与航行特定的大陆边缘海（包括里海、黑海、日本海等）。Cf. Joseph J. Darby, The Soviet Doctrine of the Closed Sea, *San Diego Law Review*, Vol.23, No.3, 1986. 在第一次联合国海洋法会议上，乌克兰曾据此概念建议在《公海公约草案》第1条添入："为了历史原因或根据国际协议对某些海域可制定特别的航行制度。"该建议遭到反对而未付诸表决。陈德恭：《现代国际海洋法》，海洋出版社2009年版，第383页。

③ 在这一定义下，白海、爱尔兰海、阿曼湾与加利福尼亚湾因面积小于50000平方海里而被排除在外，菲律宾海、挪威海及珊瑚海因受陆地包围的周长低于50%而被排除在外，阿拉伯海与孟加拉湾因连接印度洋的出口非常宽而被排除在外。Lewis M. Alexander, Regionalism and the Law of the Sea: The Case of Semi-enclosed Seas, *Ocean Development and International Law*, Vol.2, No.2, 1974, p.155. 其他学者提出的地理学定义可参见 Terry Healy and Kenichi Harada, Editorial: Enclosed and Semi-Enclosed Coastal Seas, *Journal of Coastal Research*, Vol.7, No.1, 1991, pp.i-ii.

"闭海和半闭海"是一个全新的概念,且缺少准确的定义。[①]　这使得明确"闭海"与"半闭海"的法律定义成为谈判重点之一。

在闭海与半闭海的定义的形成过程中,首先是地理描述,并排除了像里海与死海这样的咸水湖或者内陆海。伊朗1974年的草案载入了《主要趋势汇辑》的第221条:"(a)'闭海'一词指由两个或两个以上国家所围绕的一小片内陆水域,由一个狭窄的出口连接开阔海;(b)'半闭海'一词指位于主要海洋盆地的边缘,由两个或两个以上国家的领陆所围绕的海洋盆地。"[②]在对这些概念的解释中,伊朗代表强调了"闭海"(enclosed sea)不同于里海或咸海这样完全封闭的、没有出口通往开阔大洋的内陆海(closed sea);半闭海则可涵盖较大的海域,并排除了如圣劳伦斯湾、卡拉海等只有一个沿岸国的海域,具体可包括:加勒比海、安达曼海、鄂霍次克海、东(中国)海、南(中国)海、地中海、西里伯斯海、波斯湾、红海以及波罗的海。[③]　此后第三次联合国海洋法会议上关于闭海与半闭海定义最重要的变化有两个方面:一是在定义中反映了此类海域适用专属经济区制度的困难;二是不将"闭海"与"半闭海"分列为两款。

1975年第3期会议第二委员会对闭海与半闭海定义的讨论中,突尼斯、土耳其和巴林认为闭海或半闭海沿岸国一般均属于地理不利国,在当前讨论扩大领海与经济区的背景下,为保证这些国家的利益应对闭海与半闭海形成特别规定。由此闭海与半闭海的定义与适用专属经济区制度的特殊性联系在了一起。巴林、伊拉克、阿联酋等国认为闭海与半闭海很难区分,主张不应保留闭海概念。1975年一份非正式文件将"半闭海"定义为:"两个或两个以上国家所围绕的一个海域,其范围和特征使本公约所订有关海洋空间的一般规定中的一项或数项无法完全充分适用,且该海域需通过惯常用于国际航行的

---

① A/CONF.62/C.2/SR.38, *Official Records of the Third United Nations Conference on the Law of the Sea*, Volume II, p.275.

② A/CONF.62/L.8/Rev1, *Official Records of the Third United Nations Conference on the Law of the Sea*, Volume III, p.138. 中译引自陈德恭:《现代国际海洋法》,海洋出版社2009年版,第390页。

③ A/CONF.62/C.2/SR.43, *Official Records of the Third United Nations Conference on the Law of the Sea*, Volume II, p.296. 需注意的是我国周边的东海与南海均是典型的半闭海,"中国是一个半闭海国家"将是笔者在最后一章讨论的前提。

海峡或狭窄海道才能通达其他的海或洋。"①这里的"本公约所订的海洋空间"即 12 海里领海、12 海里毗连区以及 200 海里专属经济区。该提案试图以海域的法律地位定义半闭海，反映了闭海或半闭海的特殊性首先在于由沿海国扩展管辖海域造成的困难。这种考虑也保留在了后续拟议的定义中。1975 年《非正式单一协商案文》中的定义已与《公约》中的定义出入不大，重要的差异只在于引入语为"为本部分的目的"②。《公约》中第 122 条"定义"为：

> 为本公约的目的，"闭海或半闭海"是指两个或两个以上国家所环绕并由一个狭窄的出口连接到另一个海或洋，或全部或主要由两个或两个以上沿海国的领海和专属经济区构成的海湾、海盆或海域。

这一定义未区分闭海与半闭海（因此一般均笼统称为半闭海），并结合了地理描述与海域的法律地位（"主要由两个或两个以上沿海国的领海和专属经济区构成"），两者间为并列关系（"或"）。"闭海或半闭海"的法律定义还有如下几点值得注意：(1)对概念的第一个限定是"两个或两个以上"国家所环绕，由此排除了休斯顿湾、加利福尼亚湾等。(2)"一个狭窄的出口连接到另一个海或洋"描述了海域受陆地封闭程度高的特征。"出口"(outlet)这一宽泛的表述包括了自然形成的海峡以及苏伊士运河这样的人工运河，同时，这一宽泛的表述也使适用于"狭窄出口"的通行制度视具体情况而定。(3)定义中对"海湾、海盆或海"的强调同时限定了地理描述与海域法律地位界定。需要指出的是，《公约》的中文本将第 122 条中与海湾(gulf)、海盆(basin)并列的"sea(海)"译为"海域"不妥，"海"在此显然是一种地理描述，而非宽泛的，甚至可以包括"海湾"与"海盆"的"海域"(sea areas)。海湾、海盆、"sea(海)"分别有着

---

① Satya N. Nandan and Shabtai Rosenne eds. *United Nations Convention on the Law of the Sea 1982: A Commentary*, Volume III, Martinus Nijhoff Publishers, 1995, p.348. 中译参见陈德恭：《现代国际海洋法》，海洋出版社 2009 年版，第 389～390 页。

② 《非正式单一协商案文》中的定义如下，下画线部分是与《公约》第 122 条有所出入的地方："For the purposes of this part, the term 'enclosed or semi-enclosed sea' means a gulf, basin or sea surrounded by two or more States and connected to the open seas by a narrow outlet or consisting entirely or primarily of the territorial seas and exclusive economic zones of two or more coastal States." A/CONF.62/WP.8/Part II, *Official Records of the Third United Nations Conference on the Law of the Sea*, Volume IV, p.171.

与"大洋"相区别的海洋地理学定义。[①] 武卡斯（Budislav Vukas）认为在考虑到区分出"闭海或半闭海"的动机（亦即此类海域的自然特征）以及《公约》第122条定义在海域法律地位路径上的宽泛性，北冰洋"看起来有理由被视作一个闭海或半闭海"[②]。这一理解完全偏离了《公约》第122条的字词中对"海湾、海盆或海"的强调。即便可以"半闭海"为视角讨论北冰洋的治理问题，但北冰洋并不具备"闭海或半闭海"的法律地位。（4）由于专属经济区不同于沿海国所固有的大陆架，需由沿海国提出主张，那么"全部或主要由两个或两个以上沿海国的领海和专属经济区构成"这一表述中的专属经济区是潜在的、可主张的范围还是实际主张的？从起草史可以看到，考虑以"专属经济区"界定"闭海或半闭海"正是为了反映此类海域沿岸国主张200海里界限的困难，没有理由以造成未主张专属经济区的实际困难而否定"闭海或半闭海"的这一特殊性。因此普遍认为第122条定义所指的是可主张的专属经济区。[③]（5）海域法律地位的定义在很大程度上突破了受陆地封闭程度高的地理描述，挪威—巴伦支海、比斯开湾、格陵兰海等不被亚历山大或伊朗草案认为属于半闭海的海域因"全部或主要由两个或两个以上沿海国的领海和专属经济区构成"而属于法定半闭海。

二、半闭海适用一般海洋法规定的特殊性

除定义本身成为谈判重点之外，应为闭海和半闭海制定怎样的法律制度自然是谈判的核心内容。虽然《公约》第九部分"闭海或半闭海"的规定更多体现出了半闭海在功能路径上的合作需求，即第123条所罗列的海洋生物资源的养护和管理、海洋环境的保护和保全以及科学研究问题，但是半闭海适用海洋法一般规定的困难是第三次联合国海洋法会议上相关谈判的语境。伊朗于

---

① Cf. Satya N. Nandan and Shabtai Rosenne eds. *United Nations Convention on the Law of the Sea 1982：A Commentary*，Volume III，Martinus Nijhoff Publishers，1995，pp.352-353.

② Budislav Vukas，United Nations Convention on the Law of the Sea and the Polar Marine Enviroment，in Davor VIdas eds.，*Protecting the Polar Marine Environment：Law and Policy for Pollution Prevention*，Cambridge University Press，2000，p.40. 另参见 Joshua Owens:《闭海和半闭海制度——北冰洋是半闭海吗?》，载《中国海洋法学评论》2013年第2期。

③ Mitja Grbec，*Extension of Coastal State Jurisdiction in Enclosed and Semi-enclosed Seas：A Mediterranean and Adriatic Perspective*，Routledge，2014，pp.25-30.

1974年曾提案："本公约所规定的一般规则,应以符合这种海洋的特性和其沿岸国的需求和利益的方式适用于闭海或半闭海。"①与之相似的还有芬兰在1976年的非正式提案。② 上述提案中的"一般规则"又具体指涉关于专属经济区、国家管辖海域划界以及航行的一般规则。虽然相关的提案未获得多数支持,但是这些问题仍普遍存在于世界上主要的闭海或半闭海中,甚至可以说是闭海或半闭海的内在问题。

（一）专属经济区制度的适用方式问题

1974年第二委员会第38期会议集中讨论了"闭海和半闭海"议题,许多半闭海沿岸国对半闭海特殊性的认识均基于专属经济区的适用问题。如波罗的海沿海国丹麦的代表指出：

> 他的代表团同情发展中国家对振兴经济的渴望,并理解他们渴望获得机会以利用邻接其领海的广阔区域内的海洋资源。为此,本委员会的许多成员支持建立200海里经济区的建议,沿海国将拥有开发那些资源的专属权利。
>
> 在沿海国面朝大洋空间的地区,200海里经济区或许是合理且可接受的办法。然而,必须认识到各个区域的地理条件不同,若不考虑到特殊的地理条件,以一般的国际规则赋予沿海国在广袤海域以专属权利可能导致十分难以接受的结果。③

半闭海沿岸国扩展管辖海域带来的问题有：首先,"破坏长期以来运行令人满意的历史性捕鱼模式"(丹麦)；其次,重叠主张造成划界困难(以色列),并且各国地理条件的不均衡更为凸显,以等距离方法划界无法达成公平(泰国)。此外,对航行自由构成潜在的影响,特别是在连接至其他海或洋的出口处(伊拉克、以色列)。在如何解决这些困难上,地中海沿岸国土耳其与以色列曾分别极端地主张专属经济区不(自动)适用于闭海或半闭海内。退一步主张的是

---

① A/CONF. 62/C. 2/L. 72，*Official Records of the Third United Nations Conference on the Law of the Sea*，Volume III，p.237.

② "本公约的规定应以符合闭海或半闭海的特征及沿海国的需要与利益的方式,适用于闭海或半闭海。"陈德恭：《现代国际海洋法》,海洋出版社2009年版,第391页。

③ A/CONF.62/C.2/SR.38, *Official Records of the Third United Nations Conference on the Law of the Sea*，Volume II，pp.274-275.

形成区域性的适用办法,如瑞典、伊拉克以及阿尔及利亚代表赞同将"闭海和半闭海"作为一般规定的例外纳入《公约》,并由区域内国家达成区域性办法。① 土耳其于 1974 年提出的一项提案寻求在适用专属经济区之前达成区域共识或协调适用:

> 本公约第……章(关于领海与经济区的章)中设立的一般规则在闭海与半闭海中应以符合公平的方式适用。
>
> 为了本条的目的,闭海与半闭海沿岸国之间可以进行磋商,决定符合该区域的适用方式与方法。②

与土耳其提案相类似,伊朗在 1974 年提案第 2 条提出:"本公约设立的一般规则适用于闭海或半闭海时,应以与这些海域特殊条件及其沿海国需求与利益相符的方式。"③这些提案的核心显然在于半闭海的"特殊条件"以及"一般规则"之间的张力。1974 年《主要趋势汇辑》第 223 项反映了土耳其的提案,但 1975 年《非正式单一协商案文》删去了该项,其中关于半闭海的两个条款为:④

第 134 条

闭海或半闭海沿岸国在行使和履行本公约所规定的权利和义务时,应(shall)互相合作。为此目的,这些国家应(shall)直接或通过适当区域组织:

(a)协调海洋生物资源的管理、养护、勘探和开发;

(b)协调行使和履行其在保护和保全海洋环境方面的权利和义务;

(c)协调其科学研究政策,并在适当情形下在该地区进行联合的科学研究方案;

---

① A/CONF.62/C.2/SR.38, *Official Records of the Third United Nations Conference on the Law of the Sea*, Volume II, pp.273-277.

② A/CONF. 62/C. 2/L. 56, *Official Records of the Third United Nations Conference on the Law of the Sea*, Volume III, p.230.

③ A/CONF. 62/C. 2/L. 72, *Official Records of the Third United Nations Conference on the Law of the Sea*, Volume III, p.237.

④ A/CONF.62/WP.8/Part II, *Official Records of the Third United Nations Conference on the Law of the Sea*, Volume IV, p.171.

(d)在适当情形下,邀请其他有关国家或国际组织与其合作以推行本条的规定。

第 135 条

本部分的规定不应影响本公约其他规定下沿海国或其他国家的权利和义务,并应以符合这些规定的方式适用。

《非正式单一协商案文》第 135 条改变了"特殊条件"以及"一般规则"之间张力的表现,从区域内国家依据半闭海的特殊性主张特殊规则转变为区域外国家寻求依据一般规则享有的权利和义务不受半闭海的特殊性影响。该条在随后的谈判中被删去,《公约》也未形成对半闭海适用专属经济区制度的方式形成特别的规定。《非正式单一协商案文》关于半闭海沿岸国合作的第 134 条在调整用语后被接纳为《公约》第 123 条,用语调整的法律意义后文详述。若将《公约》第 123 条首句"闭海或半闭海沿岸国在行使和履行本公约所规定的权利和义务时,应(should)互相合作"与后句割裂开,则相当宽泛与模糊。在《公约》通过并生效之后的特定争端中,这种宽泛与模糊受到了当事一方的援用与解释,主张其中涵括了对半闭海内沿岸国主张国家管辖海域方式的规定。

克罗地亚于 2003 年以专属经济区制度为基础在亚得里亚海主张的生态与渔业保护区之后,意大利在 2004 年的照会以半闭海的特殊性为语境提出反对,指出《公约》第 123 条旨在通过功能性区域合作维护相关沿岸国的种种利益,认为《公约》第 123 条还设立了"合作划定功能性国家管辖海域界线的特殊义务",因此主张相关沿岸国"协调划定功能性国家管辖海域是不可或缺的"。[①] 具体而言,意大利曾在克罗地亚提出主张前的磋商阶段提出"联合渔区"方案。[②] 意大利认为"合作"或"协调"划定功能性国家管辖海域是法律义务的立场类似于土耳其在第三次联合国海洋法会议上关于半闭海内适用专属经济区的立场,但在法理上未被国际社会接受。如斯科瓦齐的评论:"意大利照会的含义不是十分清楚","如果它意味着闭海或半闭海沿岸国在未与邻国

---

① Note by Italy Concerning the Declaration of an Ecological and Fisheries Protection Zone in the Adriatic Sea by the Republic of Croatia of 3 October 2003, 16 April 2004, in United Nations, Division for Ocean Affairs and the Law of the Sea, *Law of the Sea Bulletin*, No.54, 2004, p.129.

② Davor Vidas, The UN Convention on the law of the Sea, the European Union and the Rule of the Law: What is going on in the Adriatic Sea?, *The International Journal of Marine and Coastal Law*, Vol.24, No.1, 2009, p.12.

达成协议的情况下不可以着手建立自己的专属经济区(或其他自成一类的区域),那么这是错误的",因为这与《公约》第 123 条的目的相违背,也与沿海国主张专属经济区等国家管辖海域的法律权利相违背。[①] 并且,意大利于 2006 年主张、2011 年实施领海外的生态保护区时也并未遵循其 2004 年照会中提出的"协调划定"路径。

　　另一尚处于发展中的案例是土耳其与塞浦路斯之间牵涉北塞浦路斯法律地位的"东地中海海洋划界争端",或者更确切地称之为"东地中海海域管辖权争端"。[②] 虽然土耳其尚未加入《公约》,但是在塞浦路斯于 2004 年与埃及达成专属经济划界协议之后,土耳其反复在反对塞浦路斯专属经济区实践的外交照会中强调地中海的半闭海性质,并认为《公约》第 123 条首句对半闭海沿岸国主张国家管辖海域的方式具有法律约束力。在 2005 年的一份致联合国秘书长的照会中,土耳其称:"海域划界对所有国家创设义务。并且,依据国际法的一般原则,如地中海这样的半闭海沿岸国有义务在行使权利和履行义务时相互合作。"[③]塞浦路斯方面则在同意土耳其这一表述的同时,将土耳其的论点从海域主张转化为划界谈判:"期待土耳其参与建设性的双边磋商从而与合法的塞浦路斯共和国政府达成类似的划界协议。"[④]

　　虽然《公约》也未对专属经济区在半闭海的适用上作出特殊的规定,但是《公约》中的半闭海条款与专属经济区制度之间存在着实际关联。首先,如前文所述,《公约》"闭海或半闭海"的定义包含了专属经济区因素。其次,《公约》

　　① 　Tullio Scovazzi, Recent Developments as regards Maritime Delimitation in the A-driatic Sea, in Rainer Lagoni and Daniel Vignes eds., *Maritime Delimitation*, Martinus Nijhoff Publishers, 2006, pp.195-196.

　　② 　cf. Eric R. Eissler and Gözde Arasil, Maritime Bounary Delimitation in the Eastern Mediterranean, *The RUSI Journal*, Vol.159, No.2, 2014.

　　③ 　Communication dated 4 October 2005 from the Government of Turkey concerning the Statement of Position by the Greek Cypriot Authorities with respect to the Information Note by Turkey, concerning Turkey's objection to the Agreement between the Greek Cypriot Authorities and the Arab Republic of Egypt on the Delimitation of the Exclusive Economic Zone of 17 February 2003 , *Law of the Sea Bulletin* No.59, 2005,p.34. 类似的主张还可见 UN. Doc. A/61/1011; S/2007/456.

　　④ 　Note verbale dated 19 October 2006 from the Permanent Mission Republic of Cyprus to the United Nations addressed to the Secretary-General of the United Nations concerning the communication dated 4 October 2005 from Turkey, Law of the Sea Bulletin No.62, p.164.

第 123 条鼓励沿岸国进行区域合作的三个功能领域（生物资源养护和管理、海洋环境保护以及海洋科学研究）与沿岸国在专属经济区内的权利与义务有一定的重合。《公约》第 123 条的规定既是出于半闭海特殊地理条件下在功能路径上的需要，也意在以功能性区域合作缓解沿岸国在适用专属经济区上的困难。

值得注意的是在《公约》达成之后，专属经济区在各半闭海的适用情况。朱达于 1988 年对当时全球范围内专属经济区适用情况的考察发现，未主张专属经济区的国家集中于地中海、东（中国）海、红海、波斯湾、波罗的海以及北海等半闭海内。[①] 这个特殊时期虽然《公约》尚未生效，但是突尼斯—利比亚大陆架划界案（1982 年）中阿雷夏加（Jimenez de Arechaga）以及小田滋（Shigeru Oda）法官的意见标志着专属经济区制度已成为国际习惯法的一部分。这再次印证了半闭海适用专属经济区制度的固有困难。此外，在欧共体的协调下，在北海这一半闭海内沿岸国的实践体现了第三次联合国海洋法会议上的"协调主张"思路。1976 年 11 月，欧共体通过了"海牙决议"（该决议排除了地中海），"自 1977 年 1 月 1 日起，成员国应通过具体行动的方式沿北海与大西洋海岸将其渔区界限扩展至 200 海里"，其中 200 海里界限的主张明确基于"第三次联合国海洋法会议上正在形成的指南"。[②] 据此北海的 7 个欧盟沿岸国先后主张了 200 海里的专属渔区。20 世纪 90 年代北海沿岸国再次以区域协调的方式使专属渔区过渡为专属经济区。[③]

（二）特殊地理条件下的航行自由问题

在像黑海、波罗的海这样的海域，由于只有一个自然形成的出口，通过出口的航行自由一直是该海域的使用国所关心的问题。虽然《公约》第三部分对用于国际航行的海峡设立了过境通行制度，但是有些半闭海的出口并不适用

---

① 当时 66 个未主张专属经济区的国家中有 48 个是半闭海沿岸国。在北海与波罗的海，沿岸国在未主张专属经济区的同时，主张了 200 海里专属渔区（exclusive fishery zones），并在 20 世纪 90 年代逐步主张专属经济区。Lawrence Juda, The Exclusive Economic Zone: No-Claimant States, *Ocean Development and International Law*, Vol.19, No.6, 1988, pp.432-437. 地中海区域的国家管辖海域实践将在第三章中详述。

② Council Resolution of 3 November 1976 on Certain External Aspects of the Creation of a 200-mile Fishing Zone in the Community.

③ 1992 年 9 月 8 个北海沿岸国和欧共体通过了《协调扩展北海管辖权宣言》，一致同意建立专属经济区。David Freestone, The North Sea, *International Journal of Marine and Coastal Law*, Vol.8, No.1, 1993, pp.172-175.

该制度。一是《公约》第 36 条规定，"如果穿过某一用于国际航行的海峡有在航行和水文特征方面同样方便的一条穿过公海或穿过专属经济区的航道"，过境通行权不适用于该海峡，如连接巴芬湾与大西洋的戴维斯(Davis Strait)海峡、连接地中海两个半封闭次区域亚得里亚海与爱奥尼亚海的奥特朗托海峡(Strait of Otranto)。二是《公约》第 35 条(c)款排除了其通过制度"已全部或部分地规定在长期存在、现行有效的专门关于这种海峡的国际公约中"，如连接黑海与地中海的黑海海峡、连接波罗的海与大西洋的丹麦海峡。对此，阿尔及利亚 1974 年曾提出草案，要求驶向或驶自半闭海沿海国的商船与为商业目的作业的政府船舶在不构成国际海峡的出口享有过境自由，而军舰与政府船舶享有无害通过权。①

而随着半闭海沿岸国管辖海域的扩展，相对狭窄的海域内公海面积锐减，航行自由会受到一定的影响。由于专属经济区制度的设立，沿海国在专属经济区内包括建设人工岛屿在内的种种权利可能影响航行自由。因此伊拉克在 1974 年曾提出草案，除要求保障出口的航行自由外，还要求在半闭海中此前为公海而由于 12 海里领海的设立成为领海的水域内保留航行自由。②

上述关于航行自由问题的草案占了 1974 年《主要趋势汇辑》中"闭海或半闭海"条目下的大部分篇幅，但这些提案均未进入后续的讨论文案。虽然芬兰在 1976 年第 4 期会议上的非正式提案中提出闭海或半闭海沿岸国在行使其在专属经济区内的权利时，"应考虑到该海域的特殊条件并特别考虑到国际航行的利益"③；阿尔及利亚、利比亚、罗马尼亚、芬兰及南斯拉夫 5 国在第 6 期会议上相继提出关于闭海或半闭海内航行自由的提案，但均未获得多数支持。④《公约》也没有对闭海与半闭海内的航行问题作出规定。

(三)适用一般划界方法的困难

在 1958 年《大陆架公约》肯定了大陆架制度后，如北海、波罗的海这样的

---

①　A/CONF. 62/C. 2/L. 20，*Official Records of the Third United Nations Conference on the Law of the Sea*，Volume III，pp.198-199.

②　A/CONF.62/C.2/L.71 and Add.1-2，*Official Records of the Third United Nations Conference on the Law of the Sea*，Volume III，p.236.

③　Satya N. Nandan and Shabtai Rosenne eds.，*United Nations Convention on the Law of the Sea 1982：A Commentary*，Volume III，Martinus Nijhoff Publishers，1995，p.360.

④　Budislav Vukas，Enclosed and Semi-enclosed Sea，in Budislav Vukas eds.，*The Law of the Sea：Selected Writings*，Martinus Nijhoff Publishers，2004，p.275.

闭海和半闭海是第一批进行大陆架划界的海域。而专属经济区制度的引入,使得闭海与半闭海这类相对狭窄的海域面临着新的海域划界问题。闭海或半闭海内往往散落有岛屿,岛屿制度使得此类海域的划界更为复杂。因此,半闭海内存在着适用 1958 年《大陆架公约》第 6 条中等距离划界在当时所代表的一般划界方法的困难。

在第三次联合国海洋法会议上,对此类海域划界问题的关注主要是要求适用"衡平划界",考虑到海域内的特殊因素。[①] 如伊朗代表在 1974 年的谈判中提出,此类海域中各种海洋区域的划界应在公正、衡平及等距离的原则上进行。泰国代表也在发言中强调衡平原则,要求考虑特殊因素,反对可能会导致不公正结果的等距离方法。[②] 虽然《公约》中未对闭海或半闭海的划界问题作出进一步的规定,但是在实践与案例中,在地中海与波罗的海这样的半闭海中,衡平划界得到了运用与发展。在地中海已完成的大陆架划界中,以《公约》于 1982 年通过为分界线,可分为两个阶段。在后一个阶段中,衡平划界的方法得到了更多的运用,即在等距离线或中间线的基础上,考虑到岛屿、海岸线的长度等因素进行修正。[③] 如 1985 年利比亚—马耳他大陆架划界案中,国际法院在论证适用衡平原则时应考虑地理因素之后,指出:"在像地中海这样的半闭海中,考虑到周边相邻的国家尤其恰当,如下文所表明的,整个地理环境中海岸的关系(coastal relationships)将予以考虑和尊重。"在后文中法院具体指出进行衡平的理由有:"首先,马耳他各岛在整个地理环境中是半闭海中相对较小的地形;其次,两国相关海岸的长度存在严重差距。"[④]最终,法院的裁定是两国的衡平界线应为"暂时中线"向北移 18′(纬度)。再有,在 1982 年突

---

① 1969 年北海大陆架划界案中,国际法院认为等距离线不是一个必须执行的划界方法,同时肯定了衡平划界方法,考虑海岸的一般形状、大陆架的物理和地质结构以及海岸线长度等。Cf. Division for Ocean Affairs and the Law of the Sea Office of Legal Affairs, *Digest of International Cases on the Law of the Sea*, United Nations, 2006, pp.44-45.

② A/CONF.62/C.2/SR.38, *Official Records of the Third United Nations Conference on the Law of the Sea*, Volume II, p.273, 275.

③ Umberto Leanza, The Delimitation of the Continental Shelf of the Mediterranean Sea, *The International Journal of Marine and Coastal Law*, Vol.8, No.3, 1993, p.385.

④ ICJ Reports of Judgments, Advisory Opinions and Orders, Case Concerning the Continental Shelf, 3 June 1985, para. 47, 53, 73.

尼斯—利比亚大陆架划界案中,法院提及了历史性权利在公平划界中的价值。①

三、功能性区域合作的需求

地中海沿岸国南斯拉夫的代表在 1976 年第 4 期会议上总结如下因地理因素产生的功能性问题:一是由于此类海面积小且与邻接海域的水体交换条件差,遭受各类污染的危险日益严重;二是鉴于此类海域的自然条件与污染状况,在管理、养护、开发生物资源方面采取预警措施的必要性。② 由于这些问题本身的区域性质以及各区域的差异性,区域层级的措施较之单个国家或者全球性的措施更为合理、有效。"区域安排"也被单独列为《联合国海底委员会海洋法项目和问题清单》的第 15 项议题。值得强调的是,20 世纪 70 年代波罗的海与地中海的相关区域合作实践影响了《公约》第 123 条的制定。在第三次联合国海洋法会议上关于闭海或半闭海的讨论中,各国代表注意到了这些实践以及国际组织在其中所发挥的作用。例如,在集中讨论闭海或半闭海议题的 1974 年第二委员会第 38 次会议上,以色列与民主德国代表特别论及了波罗的海区域在海洋环境保护与渔业资源养护领域的合作实践,而 1974 年《保护波罗的海区域海洋环境公约》也曾作为会议文件进行传阅。③ 伊拉克 1974 年关于半闭海的草案特别论及了国际组织在区域合作中的作用:

第二条

在半闭海内管理、养护、勘探及利用领海外的海洋生物资源应由此类海域的沿岸国通过区域安排进行,并考虑到国际组织在这些领域的活动。

第三条

在这些海域,海洋环境的保全以及对污染控制应由沿岸国联合管理。为此目的的规则、规章和标准应基于国际议定的标准。应适当考虑到主

---

① ICJ Reports of Judgments, Advisory Opinions and Orders, Case Concerning the Continental Shelf (Tunisia/Libyan Arab Jamahiriya), 24 February 1982, para. 105, 106.

② Budislav Vukas, The Mediterranean: An Enclosed or Semi-enclosed Sea? in Budislav Vukas eds., *The Law of the Sea: Selected Writings*, Martinus Nijhoff Publishers, 2004, p.282.

③ A/CONF.62/C.2/SR.38, *Official Records of the Third United Nations Conference on the Law of the Sea*, Volume II, pp.274, 276.

管国际组织在这方面的工作。①

闭海或半闭海沿岸国需在养护、开发生物资源与保护海洋环境等领域进行合作，这在第三次联合国海洋法会议上得到了广泛的共识，1975 年便被纳入了《非正式单一协商案文》第 134 条，进而成为《公约》第 123 条。《公约》第 123 条"闭海或半闭海沿岸国的合作"确立了鼓励闭海或半闭海沿海国在生物资源养护和管理、海洋环境保护以及科学研究方面进行区域合作的框架性规定：

> 闭海或半闭海沿岸国在行使和履行本公约所规定的权利和义务时，应互相合作(should co-operate)。为此目的，这些国家应尽力(shall endeavor)直接或通过适当区域组织：
> (a)协调(to co-ordinate)海洋生物资源的管理、养护、勘探和开发；
> (b)协调行使和履行其在保护和保全海洋环境方面的权利和义务；
> (c)协调其科学研究政策，并在适当情形下在该地区进行联合的科学研究方案；
> (d)在适当情形下，邀请其他有关国家或国际组织与其合作以推行本条的规定。

《公约》虽然没有定义"协调"，但是"为此目的"这一表述显然表明"协调"是合作的一种途径。② 然而，在《公约》的解释与适用中，一个存在争论的问题是第 123 条是否对半闭海沿岸国施加了强制性的"合作义务"。在对《公约》条文的研究与评注中，学者倾向于认为《公约》第 123 条的性质为鼓励或建议，主要依据是从该条款的起草史中可以清楚地看到，起草者有意减轻了其约束性。③ 1975 年《非正式单一协商案文》中关于合作的用语更为强制性，首句中为"shall cooperate with each other"，后句由"they shall, directly or through an appropriate

---

① A/CONF.62/C.2/L.71 and Add.1 and 2, *Official Records of the Third United Nations Conference on the Law of the Sea*, Volume II, p.236.

② 后文我们可以看到"协调政策"作为一类区域合作机制的职能类型。

③ Satya N. Nandan and Shabtai Rosenne eds. *United Nations Convention on the Law of the Sea 1982: A Commentary*, Volume III, Martinus Nijhoff Publishers, 1995, p. 362. Cf. Mitja Grbec, *Extension of Coastal State Jurisdiction in Enclosed and Semi-enclosed Seas: A Mediterranean and Adriatic Perspective*, Routledge, 2014, pp.37-38.

regional organization"引导。1976年《修订的单一协商案文》中首句"shall"改为"should",后句"shall cooperate"改为"shall endeavour"——"shall"表述法律义务,与之相对,"should"是最常用的劝诫性用语之一。第二委员会主席还就文案的修改作出了解释:"关于闭海和半闭海议题,我通过减弱协调此类海域内活动的强制性,以回应针对单一协商案文的不满。相应的,我决定不使此类海域的定义更为严格。"①这一修订也保留在了《公约》第123条中,但《公约》中文本因将"shall"与"should"均译作"应"而未反映出这一变化。

混合氧化物核燃料厂案(爱尔兰诉英国)中爱尔兰立场试图对第123条字词作另一种解释。② 在该案中,爱尔兰强调了爱尔兰海作为半闭海的特殊地理因素,并在诉讼理由中提出英国违反了《公约》中"与作为半封闭的爱尔兰海的共享方爱尔兰合作采取必要的措施保护、维护该海域海洋环境的义务"。在引证条款时,除了第197条"在全球性或区域性的基础上的合作",还特别引证了第123条。在对第123条所设立的合作义务的阐述中,爱尔兰区分了第123条首句中"should co-operate"与各项中"shall endeavour... to co-ordinate"。首先认为"shall endeavour...to co-ordinate"的用语就养护和管理海洋生物资源与保护海洋环境施加了强制性的"协调义务":"第123条或许没有向沿海国施加一种在每个个案中实现协调的义务,比如就措施或政策达成

---

① A/CONF.62/WP.8/Rev.1/Part Ⅱ, Revised single negotiating text (part Ⅱ), *Official Records of the Third United Nations Conference on the Law of the Sea*, Volume Ⅴ, p.53.

② 由于认为英国位于爱尔兰海沿岸的谢菲尔德核燃料厂的混合氧化物核燃料项目(回收氧化铈和氧化铀以生产新型核燃料混合氧化物)的运行以及核燃料在爱尔兰海的运输会污染爱尔兰海,并认为英国未充分披露该项目经济可行性评估的信息,爱尔兰政府于2001年6月15日依《保护东北大西洋海洋环境公约》第32条提出仲裁,并于2001年11月9日要求国际海洋法法庭依据《公约》附件七成立的仲裁法庭组成之前采取临时措施。在依据《保护东北大西洋海洋环境公约》提起的仲裁中,爱尔兰主张英国违反了该公约第9条关于提供信息的义务,2003年7月,仲裁庭作出了有利于英国的裁决。在依据《公约》提起的仲裁进行过程中,欧共体委员会认为爱尔兰单方面启动《公约》下的仲裁程序违反了《欧共体条约》第292条和《欧洲原子能共同体条约》第193条,即违反了欧洲法院在欧共体法的解释与适用方面的专属管辖权,进而于2003年10月向欧洲法院提起诉讼。整个案情的发展见 Maki Tanaka, Lessons from the Protracted Mox Plant Dispute: A Proposed Protocol on Marine Environmental Impact Assessment to the United Nations Convention on the Law of the Sea, *Michigan Journal of International Law*, 2003, Vol.25, No.2, pp.358-398.程保志:《从MOX核燃料厂争端审视欧洲法院专属管辖权之扩张》,载《武大国际法评论》2008年第2期。

协议:但是该条使沿海国有义务善意地为达成协议作出努力。"在这一解释中,爱尔兰未作论证地将"shall endeavour"等同于通常用于表述义务的"shall"。其次,在承认第 123 条首句中"should co-operate"在用语上属于建议性质,但认为施加了"更为宽泛的"义务。爱尔兰认为,相互合作"行使和履行本公约所规定的权利和义务"这一规定虽为建议性的用语但同样具有强制性的法律效力,原因如下:一是可以作为解释《公约》其他义务的一个因素;二是依据"善意原则",该条款所表明的"意愿"具有法律效力;三是《公约》第 300 条的规定:"缔约国应诚意履行根据本公约承担的义务并应不以致构成滥用权利的方法,行使本公约所承认的权利、管辖权和自由",同样适用于《公约》中包括第 123 条首句在内的建议性用语条款。① 爱尔兰认为第 123 条可与善意原则以及《公约》其他条款相关联的思路具有一定的说服力,但是第 123 条由此在适用中获得的法律效力实际上并不来自第 123 条本身。与之相对,英国的立场重点依据起草史反映出的变化与意图,认为除《修订的单一协商案文》的修订与第二委员会主席的说明之外,后续有国家提出恢复义务性用语的提案未被采纳也证明了第 123 条仅为劝导性质。②

由于该案最终以撤诉收场,仲裁庭没有对爱尔兰的诉求或第 123 条的性质予以界定。但是,值得一提的是,在庭审阶段爱尔兰法律顾问劳恩(Vaughan Lowe)教授在依上述论点对第 123 条进行详细解读时,仲裁庭成员克劳福德(James Crawford)教授评论道:"should and shall"是国际法律师最热衷的游戏。③ 在《公约》的起草过程中,实际有着对用词的细致考虑,起草委员会指出:"在一般倾向于表示必须履行的职责和义务时,不论是积极的还是消极的,均应包含'shall'一词。"④这一说明也与第二委员会主席对 1976 年《修订的单一协商案文》中将"shall"改为"should"的目的阐释相一致。

另一个涉及《公约》半闭海条款的案例是围海造地案(马来西亚诉新加坡)。在该案中,马来西亚向国际海洋法法庭请求临时措施的理由有:认为新加坡在柔佛海峡的围海造地行为侵犯其领海,并违反了《公约》第十二部分保

---

① Mox Plant Case, Memorial of Ireland, 26 July 2002, paras. 1.3, 8.18-39.

② Mox Plant Case, Counter-Memorial of the United Kingdom, 09 January 2003, paras 6.11-6.13.

③ The Mox Plant Case, Proceedings, Day 5,17 June 2003, p.23, para. 36.

④ Satya N. Nandan and Shabtai Rosenne eds. *United Nations Convention on the Law of the Sea* 1982: *A Commentary*, Volume III, Martinus Nijhoff Publishers, 1995, p.xliii.

护与保全海洋环境的义务以及《公约》第九部分的"合作义务"。在庭审阶段对半闭海条款的援引中,马来西亚[律师劳特派特教授(Sir Elihu Lauterpacht)的发言]认为柔佛海峡符合《公约》对半闭海的定义"不证自明","第 123 条反映了如下地理现实,半闭海沿岸国有着被增强的合作义务",新加坡因此有义务就围海造地项目同马来西亚进行事先通知与磋商。① 马来西亚[律师斯赫雷弗教授(Nico Schrijver)的发言]对第 123 条的解释并未从文意出发,而是一味地强调所谓的"立法目的":"第 123 条显然承认半闭海内的一国所实施的活动对同一海域其他沿岸国的权利、义务与利益有直接影响";甚至激进地认为"半闭海及邻接的沿岸水域应被视作共有的自然资源","各国对共有的自然资源并不享有不受限制的主权"。② 新加坡在答辩中未对第 123 条的性质作重点回应,国际海洋法法庭驳回马来西亚临时措施请求的判决也未直接论及这一问题。③

　　爱尔兰与马来西亚的论点可理解在具体案例或语境中为合作寻找法律基础,在类似目的的学术研究中,不乏学者认为《公约》第 123 条具有法律约束力,但这些观点要么是论断性的,未承担起"举证责任";④要么则表现为一种折中,认为第 123 条设立了一种"自成一类"的法律义务,虽然义务所要求的行

---

　　① Land Reclamation Case，Oral Proceedings，25 September 2003，ITLOS/PV.03/01, pp.21-22.

　　② Land Reclamation Case，Oral Proceedings，25 September 2003，ITLOS/PV.03/02/Corr.1，pp.15-18.

　　③ 新加坡未直接回应第 123 条性质的原因可能在于代表新加坡的劳恩教授此前在混合氧化物核燃料厂案(爱尔兰诉英国)中为爱尔兰的辩护同样主张第 123 条具有法律约束力,但如前文所述,其观点在论证上不同于马来西亚。拉克奇(Anthony A. Lucky)法官在围海造地案的独立意见中论及了第 123 条,但同样未讨论其法律性质,而是宽泛地指出:"第 123 条涉及闭海或半闭海沿岸国合作,并规定直接或通过适当区域组织合作。" Land Reclamation Case，Order of 8 October 2003，Separate opinion of Judge Lucky，para. 15.

　　④ Nien-Tsu Alfred Hu，Semi-enclosed Troubled Waters：A New Thinking on the Application of the 1982 UNCLOS Article 123 to the South China Sea，*Ocean Development & International Law*，Vol.41，No.3，2010，p.304.；Alberto a. Encomienda，Marine Environmental Protection in the South China Sea：an UNCLOS Paradigm，in Myron Nordquist，John Norton Moore and Kuen-Chen Fu eds.，*Recent Developments in the Law of the Sea and China*，Martinus Nijhoff Publishers，2006，pp.173-174.

动并不明确,但是如果拒绝就合作进行谈判则构成对义务的违反。① 因循后一种思路,有学者为《公约》中的合作义务建立起等级,以约束力递减分别为"shall cooperate"(应合作)、"shall promote international cooperation"(应促进国际合作,如第 143 条)以及"may cooperate"(可合作,如第 129 条),并认为第 123 条中"shall endeavour...to co-ordinate"的表述在法律约束力上低于有约束力的"shall cooperate"(应合作)但高于允许被违反的"may cooperate"(可合作)。② 这种解释的缺陷在于将第 123 条拆分为两个部分,从而使第 123 条中指向具体三项合作领域的"shall endeavour...to co-ordinate"脱离了 1969 年《维也纳条约法公约》第 31 条首先强调"上下文"的解释通则。第 123 条中首句"should cooperate"与后句"shall endeavour...to co-ordinate"通过"为此目的"联系,两者不可拆分,后者从属于前者。由"shall endeavour...to co-ordinate"引导出的 4 项,明确了"闭海或半闭海沿岸国在行使和履行本公约所规定的权利和义务时",互相合作的范围与方式。

概括而言,认为《公约》第 123 条向半闭海沿岸国施加了强制性法律义务的观点均属于扩大解释。第 123 条不宜被扩大解释的原因正在于其宽泛性。首先,第 123 条首句中"行使和履行本公约所规定的权利和义务"几乎覆盖了一国的所有涉海活动,甚至包括了在主权范围内而应当"单边"行使的权利。忽视第 123 条首句的建议与劝导性质,其逻辑结果就是马来西亚所认为的半闭海构成"共有自然资源",这种观点显然得不到《公约》的支持。相反,依据第122 条的定义,半闭海全部或主要由"沿海国的领海和专属经济区构成",这承认了沿岸国在领海的主权以及在专属经济区内的主权权利。其次,正是因为第 123 条首句过于宽泛,需要由后句引导出的各项明确合作的范围与方式。但是第 123 条各项同样相对宽泛,如有学者指出的,关于海洋生物资源的(a)项涉及"管理、养护、勘探和开发",这与第 56 条关于沿海国在专属经济区内主权权利的表述相对应,而(c)项"协调其科学研究政策"甚至超出了《公约》第十

---

① Budislav Vukas, The Mediterranean: An Enclosed or Semi-enclosed Sea?, in Budislav Vukas eds., *The Law of the Sea: Selected Writings*, Martinus Nijhoff Publishers, 2004, p.286.

② Erik Franckx, Maco Benatar, The "Duty" to Co-Operate for States Bordering Enclosed or Semi-Enclosed Seas, *Chinese (Taiwan) Yearbook of International Law and Affairs*, Vol.31, 2013, p.73.

三部分所规定的"海洋科学研究"。^① 如果按第 123 条可拆分且"shall endeavour...to co-ordinate"为强制性义务的思路,那么单单第 123 条(c)项再结合《公约》第十五部分建立的争端解决机制就成为各半闭海沿岸国之间涉及各学科、各领域科学研究的国际条约,这种后果显然有违《公约》的范围与目的。

承认《公约》第 123 条为鼓励与建议性质而非强制义务性质,并不等同于否定《公约》第九部分半闭海条款作为海洋区合作法律基础的意义。《公约》为半闭海功能性区域合作搭建的框架如下:(1)界定了合作区域。第 122 条的定义不仅承认了"闭海或半闭海"在全球性海洋法中的特殊地位,同时也明确了区域合作的空间范围,并且这一空间范围又由地理上的半闭海概念所支撑。(2)规定了合作主体,并保证了合作的开放性。第 123 条以"闭海或半闭海沿岸国"为合作主体,因此区域内所有沿海国均是参与区域合作的法定主体。同时,"在适当情形下"参与面进一步扩大,可"邀请其他有关国家或国际组织"参与合作。(3)制度化的合作程序。第 123 条要求沿岸国"应尽力直接或通过适当区域组织"展开协调与合作。区域组织不仅是合作的参与方,更是合作的程序载体。区域性国际组织有其基本文件、组织机构与职能范围,通过这些要素《公约》中的框架性规定将在实践中转化为区域性海洋合作机制。(4)明确了合作领域。第 123 条第(a)项至第(c)项罗列了半闭海内海洋区域合作的具体领域,即海洋生物资源的养护和管理、海洋环境的保护和保全以及科学研究,这使得这三大功能领域的相关法规也被纳入了半闭海的海洋区域合作框架之下。

《公约》中的半闭海条款使由地理条件产生的合作需求具有法律意义,虽然不具有强制性,但是使半闭海沿岸国区域合作的上述框架具备了法律的稳定性与可预见性。如果说强制性质与建议性质的区别在于后者可以被违背且不可诉,那么当《公约》第 123 条与《公约》中其他条款相叠加或相关联时,显然会加强半闭海内海洋区域合作的法律基础。例如,如关于海洋环境保护合作的第 197 条与第 123 条之间可形成体系性的关联,第 197 条重点在制定规则、

---

① Satya N. Nandan and Shabtai Rosenne eds. *United Nations Convention on the Law of the Sea* 1982: *A Commentary*, Volume III, Martinus Nijhoff Publishers, 1995, pp. 367-368.

标准和程序时的合作义务,而第 123 条重在执行阶段的合作与协调。① 并且,无论是强制性的合作义务还是对合作的劝导与建议都指向的是同一种动态过程,即"善意地为追求共同目标而采取行动,并考虑到其他相关国家的需求"②,在海洋区域合作的实践中表现为在构建合作的阶段"善意谈判",在合作已建立之后"善意执行"。③

　　在海洋区域合作是一个动态过程的视角下,《公约》中半闭海条款的基础性作用在于承认了半闭海的特殊性,并让沿岸国重视因半闭海的特殊性而产生的在海洋生物资源的养护和管理、海洋环境的保护和保全以及科学研究等领域开展区域性合作的需求。④《公约》中的半闭海条款在适用时需结合其他的国际法渊源,既包括《公约》的其他条款,也包括《公约》之外的习惯国际法、国际条约及软法,并考虑到该半闭海的自然特征,更重要的是,《公约》中的框架性规定将转化为具体的区域合作机制。下一章将以"海洋区域主义"归纳并分析海洋区域合作动态发展的内在机理,并由此出发探讨半闭海内海洋区域合作的总体特征。

---

① Cf. Nilufer Oral, *Regional Co-operation and Protection of the Marine Environment Under International Law: the Black Sea*, Martinus Nijhoff Publishers, 2013, pp.43-44.

② Tullio Scovazzi, *The Evolution of International Law of the Sea: New Issues, New Challenges*, Martinus Nijhoff, 2000, p.132. Mitja Grbec, *Extension of Coastal State Jurisdiction in Enclosed and Semi-enclosed Seas: A Mediterranean and Adriatic Perspective*, Routledge, 2014, p.38.

③ BudislavVukas, United Nations Convention on the Law of the Sea and the Polar Marine Environment, in Davor Vidas eds., *Protecting the Polar Marine Environment: Law and Policy for Pollution Prevention*, Cambridge University Press, 2000, p.42.

④ Ian Townsend-Gault, Marime Cooperation in a Functional Perspective, in Clive Schofied eds., *Maritime Energy Resources in Asia: Lagal Regimes and Cooperation*, NBR Special Report No.37, 2012, p.11.

第二章　海洋区域合作的内在机理

自二战结束，"区域主义"已成为越来越重要的国际现象。[①] 对于以欧盟为代表的政治—经济区域一体化及其对世界秩序的影响，在欧洲研究与国际关系学界已有很多讨论；至于以北美自由贸易区为代表的经济区域合作及其与全球化之间的关系，经济学与国际政治经济学视角的研究也已汗牛充栋。国际法学界虽较少直接讨论区域化现象，但区域化（以及与之并举的全球化现象）的发展实质上涉及国际法秩序的变化，尤其是在武力使用方面的变化。

在传统的国际法中，随着实证主义主导的国际法与欧洲均势体制的确立，战争的权利是主权国家完全独立、平等的逻辑结果。"对国际社会来说，理由是否正义成为法律上无关紧要的事（不过在政治上当然很重要），基本的问题是，事实上是否存在战争状态"，战争成为一种法律状态，在这种状态下允许使用武力，法律上的"完美战争"就是在这一状态中遵守特定的行为形式：宣战、尊重中立、遵守作战规则、以灭亡或和约结束战争。均势则成为遏制战争的一种手段。[②] 在这样的国际法格局下，"一般常识"认为地理上的接近是国家之间发生冲突的原因之一，如联邦党人在论证北美各州应以联邦制进行联合时称："周围或接近的国家是天然的敌人"[③]。

就经济的区域合作而言，更具历史感的学者会注意到在 19 世纪后半叶的欧洲已出现由国家间双边贸易协定构成的网络，而一战后高度壁垒性的区域

---

① 一般认为区域化的发展有两个阶段，第一个阶段是 20 世纪 50 年代末至 70 年代，第二个阶段是 20 世纪 80 年代末以来，并且后一阶段往往与"全球化"问题联系起来讨论。

② ［英］马尔科姆·N.肖：《国际法》（下），白桂梅等译，北京大学出版社 2011 年第 6 版，第 889～890 页。Also see Robert Y. Jennings, An international Lawyer Takes Stock, *The International and Comparative Law Quarterly*, Vol.39, No.3, 1990, p.515.

③ ［美］汉密尔顿、杰伊、麦迪逊：《联邦党人文集》，程逢如、在汉、舒逊译，商务印书馆 2012 年版，第 28 页。

协议通常与以邻为壑政策相联系。① 这种经济的区域合作实质上是欧洲均势格局下各政治集团的对应物。

《联合国宪章》作为战后国际秩序重建的基础于 1945 年签订,开启了国际法史上的一个新时代。②《联合国宪章》中的原则成了新的国际法基础,尤其是对自卫以外的单边使用武力一律禁止。只有在一个侵略战争完全非法的国际法条件下,区域概念才能成为化解邻近国家间的安全困境的逻辑结果,就欧盟的一体化而言,"用一个词概括欧洲一体化的目的,那就是'和平'"③。"区域安排"也被纳入了《联合国宪章》第八章,作为集体安全体制的一环。④ 虽然

---

① Edward D. Mansfield and Helen V. Milner, The New Wave of Regionalism, *International Organization*, Vol.53, No.3, 1999, pp.595-596. 同样,全球化现象也曾在 19 世纪末出现,如将全球化作为《国家主权与 WTO:变化中的国际法基础》一书基础的杰克逊教授所提及的,"有些学者曾经指出,如果全球化意味的是人员、货物、资金、服务以及观念可以更加自由地跨越国界和距离在世界范围内流动,那么今天的全球化与历史上的其他阶段相比较,例如从 19 世纪末到 20 世纪初,并没有扩大多少"。对此,杰克逊教授仅从全球化的"深度"和"广度"存在着巨大的差异进行回应,让人难免有些失望。[美]约翰·H.杰克逊:《国家主权与 WTO:变化中的国际法基础》,赵龙跃、左海聪、盛建明译,社会科学文献出版社 2009 年版,第 11 页。这种全球化现象的实质是欧洲的扩张将世界纳入沃勒斯坦意义上的世界体系。欧洲的扩张也与传统的国际法基础密切关联,如卡尔·施密特所指出的,国际法史上有一条"全球线"(global lines):"欧洲以这条'线'结束,'新世界'以这条'线'开始。无论如何,欧洲法即'欧洲国际公法'在这里结束……在这条线之外是一片'海外'地带,在这里由于对战争没有限制,只适用强者的法律……'在这条线之外'发生的一切都在线这一侧所公认的法律价值、道德价值与政治价值之外。"在欧洲,"主权国家"的意义是抗拒霸权、维持均势,而在海外,其效果与其称之为"扩张",不如称之为"征服"。Carl Suchmitt, *The Nomos of the Earth: in the International Law of the Jus Publicum Europaeum*, trans. by G. L. Ulmen, Telos Press, 2003, pp.93-94.

② Wilhelm G. Grewe, *History of the Law of Nations: World War I to World War II*, in R. Bernhardt eds., *Encyclopedia of Public International Law*, Instalment 7, Elsevier Science Publishers B.V., 1984, pp.251-253.

③ [比利时]尤利·德沃伊斯特、[中]门镜:《欧洲一体化进程——欧盟的决策与对外关系》,门镜译,中国人民大学出版社 2007 年版,前言。

④ "区域协商"曾被纳入《国际联盟盟约》第 20 条,尤指"门罗主义",这实际上反映的是美国在一战后的孤立主义情绪。Christian Walter, "Chapter VIII Regional Arrangements" in B Simma, DE Khan, G Nolte, and A Paulus eds. *The Chart of the United Nations: A Commentary*, third edition, Oxford University Press, 2013, pp.1434-1438.

在《联合国宪章》中，"区域安排"专指第八章中的制度设计，[①]在安全的基础上，发展是《联合国宪章》及联合国的另一个主要目标。作为联合国的主要机关，经济与社会理事会"认识到许多经济问题在区域一级处理最适宜，而设立了五个区域委员会，即欧洲、亚洲及太平洋、拉丁美洲、非洲和西亚的区域委员会。各委员会的工作要提高本区域经济活动的水平，以及在区域内外维持和加强国家间的经济关系"[②]。尤其重要的是，联合国粮农组织、联合国环境规划署等专门机构也将区域层级纳入其职能，在海洋治理中发挥了重要作用。[③]海洋治理与其他许多重要的国际问题一样，呈现出国家—区域—全球三个层面。

第一节 作为分析框架的"海洋区域主义"

海洋区域合作有其独特的内在机理。在 1982 年《联合国海洋法公约》（以下简称《公约》）尚处于谈判阶段的 20 世纪 70 年代，国际学术界便提出了"海洋区域主义"（Marine Regionalism）议题以探究海洋法中的区域合作，其中关注的问题逐渐从是否需要在全球性公约中形成对区域性问题的规定，过渡到研究各个区域的合作实践及经验。[④] 这表明在《公约》生效后的二十余年里随着海洋区域合作的发展，区域层级已内嵌于海洋法律秩序当中。在学术研究中，面对海洋区域合作实践的差异性，"海洋区域主义"是对之的归纳也是分析框架。

---

① Joachim Wolf，Regional Arrangements and the UN Charter，in *Encyclopedia of Public International Law*，Instalment 6，Elsevier Science Publishers B.V.，1983，p.289.

② 联合国新闻部编：《联合国手册》，中国对外翻译出版公司第二编译室译，中国对外翻译出版公司 1981 年第 9 版，第 231 页。

③ 下文将分别论及这些机构在促进海洋区域合作上的贡献。

④ 从两本论文集可以看出这一发展，一是 1977 年海洋法研究所（Law of the Sea Institute）第 11 次年会会议论文集（Douglas M. Johnston eds.，*Regionalization of the Law of the sea*，Ballinger Publishing Company，1978）；二是美国学者 Mark J. Valencia 有意回应前者在二十余年前所提出的议题而主编的论文集（Mark J. Valencia eds.，*Maritime Regime Building：Lessons Learned and Their Relevance for Northeast Asia*，Martinus Nijhoff Publishers，2001）。

一、海洋区域主义的两个层面

福西特（Louis Fawcett）在回顾国家间经济政治区域主义的发展历程时指出，《联合国宪章》第八章"区域安排"较为间接地为战后的区域主义发展提供了合法性基础。① 较之"陆上"的经济与政治区域主义，海洋区域主义的突出特征便是以《公约》为主体的全球性海洋法明确设立了各国开展海洋区域合作的义务。《公约》正文部分中有超过 20 个条文包含有对区域合作的不同表述，在多项海洋使用上设立了沿岸国之间或沿岸国与使用国之间直接或通过国际组织开展区域合作的义务。② 与之相应的是，当前全球除欧盟超国家体制下在"欧盟海"的海洋政策一体化之外，其他典型的海洋合作机制均围绕特定的海洋使用或者说海洋法的功能领域展开。因此，海洋区域主义可定义为：沿岸国（在一些情况下还包括海域使用国以及相关国际组织）依据海洋法规定的合作义务，在特定海洋区域围绕特定功能领域开展制度化合作的过程，以及由此产生的合作机制、规范与措施等。③ 在这一定义之下，海洋区域主义涵括全球性海洋法中区域合作的法律基础与具体区域性海洋合作机制两个层面。

（一）《公约》对海洋区域合作的框架性规定

如第一章已提及的，在传统的以海洋自由为原则、3 海里领海为例外的海洋法秩序中，各海洋区域并没有其特殊性。在二战后以沿海国扩大管辖海域为主线的海洋法变革中，海洋法成文化的基本方向也是制定普遍适用的全球

---

① Louis Fawcett，Exploring Regional Domains：a Comparative History of Regionalism，*International Affairs*，Vol.80，No.3，2004，p.436.

② 《公约》不仅依循海域路径（Zonal Approach）将海洋空间划分为不同的法律地位，还在功能路径（functional approach）上形成了关于各项海洋使用的法律规范。围绕特定海洋使用亦即海洋法中特定功能领域的区域合作也被称为"功能性区域合作"。Cf. R.R. Churchill and A.V. Lowe，*The Law of the Sea*，3rd Ed.，Manchester University Press，1999，p.1.

③ 类似于国际关系学界的区域主义研究，海洋法研究中对"（海洋）区域主义"的使用远远多于作出定义。而从对该术语的使用中可以归纳出：(1)海洋区域合作是海洋区域主义所归纳或研究的对象；(2)法规伴随着海洋区域合作的整个过程，既是构建合作的基础，也是合作过程中的产出物（如区域性公约或软法）。Cf. Lewis M. Alexander，New Trends in Marine Regionalism，*Ocean Yearbook*，Vol.11，1994. Alan Boyle，Globalism and Regionalism in the Protection of the Marine Environment，in Davor Vidas eds.，*Protecting the Polar Marine Environment：Law and Policy for Pollution Prevention*，Cambridge University Press，2000.

性规则。1958 年四个日内瓦公约的性质是普遍性的或者说是全球性的,没有对各个海洋区域的特殊性予以考量,也没有特别强调区域合作。① 但正是在这一过程中,区域的特殊性以及为此形成特殊规范的需求突显出来。1972 年海底委员会《海洋法项目和问题清单》中,"区域安排"被列为第 15 项议题,从而进入了第三次联合国海洋法会议的议程。《公约》中则形成了"闭海或半闭海"条款以及要求各国在生物资源养护和管理、海洋环境保护、海洋科学研究与技术转让等功能领域开展制度化区域合作的框架性规定。②

从法史的角度,全球性海洋法公约中出现对区域特别规定的驱动力有三。一是区域集团对海洋法发展的影响。区域集团是联合国外交中的一个显著特点,在第三次联合国海洋法会议上有如下几个区域集团:拉丁美洲集团、非洲集团、亚洲集团、阿拉伯集团、东欧集团以及西欧及其他集团。③ 区域集团的作用是化解分歧,达成区域性的海洋法主张,并在谈判中形成影响力,其中最成功的是拉丁美洲集团。拉丁美洲集团在第三次联合国海洋法会议召开之前

---

　　①　在 1958 年的四份公约中只有两处提及"区域"(region 或 regional),一处是《领海与毗连区公约》第 4 条第 4 款,另外一处是《公海公约》关于搜救的第 12 条第 2 款。《捕鱼与养护公海生物资源公约》中关于生物资源养护的合作,采取的是捕鱼国之间达成协议的传统方式,没有强调区域概念。

　　②　需要说明的是,虽然《公约》将"海洋科学研究"(第十三部分)与"海洋技术的发展和转让"(第十四部分)分立开来,但是从第三次联合国海洋法会议上的谈判过程以及《第三次联合国海洋法会议最后文件》附件六"关于发展各国海洋科学、技术和海洋服务基层机构的决议"来看,两者属于同一功能领域,或者说海洋技术转让从属于海洋科学研究。另外,虽然《公约》第十三部分中并未明确论及"区域"(regional)或"区域合作",但是"第二节　国际合作"即第 242 条至第 244 条明确规定了合作义务并且"主管国际组织"是合作的参与方(依据第 247 条也是科学研究项目的发起者),又联系第十四部分"第二节　国际合作"即第 270 条至第 272 条,《公约》显然考虑到了海洋科学研究中依附于或独立于"主管国际组织"的区域性方案。在实践中,区域性合作与项目也是海洋科学研究国际合作开展的主要方式。Cf. R.R. Churchill and A.V. Lowe, *The Law of the Sea*, 3rd Ed., Manchester University Press, 1999, pp.415-418. Division for Ocean Affairs and the Law of the Sea Office of Legal Affairs, *Marine Scientific Research: A Revised Guide to The Implementation of the Relevant Provisions of the United Nations Convention on the Law of the Sea*, United Nations Publication, 2010, pp.7-8, 19-21, 27-28.

　　③　Tommy T. B. Koh and Shanmugam Jayakumar, The Negotiating Process of the Third United Nations Conference on the Law of the Sea, in *United Nations Convention on the Law of the Sea* 1982: *A Commentary*, Volume I, Martinus Nijhoff Publishers, 2002, pp.82-83.

的一系列区域性 200 海里主张奠定了第三次联合国海洋法会议的基调。[①] 在第三次联合国海洋法会议期间,始终存在着会议失败的可能性,一旦如此,可能产生的海洋秩序图景之一就是基于区域性主张,形成区域海洋法。[②] 应该注意到,区域集团的形成与自 50 年代起的区域化进程息息相关,在欧共体取得成功的刺激下,发展中国家也纷纷尝试建立区域性组织,区域经济合作也是国际经济新秩序的诉求之一。[③] 如亚历山大的评论:"在一个区域化正成为越来越重要的政治现象的世界里,承认海洋的特殊区域性利益不仅是合理的,也是确保未来就海洋制度达成全球性协议的唯一可行的办法。"[④]

　　二是海洋使用的密集使得地理上的特定海域环境与资源的脆弱性突显。作为对"托雷·卡尼翁号"触礁原油溢出事故的反应,1973 年《防止船舶造成污染公约》针对船源污染形成了全球性的规定,但也通过"特殊区域"制度承认了特定区域的特殊性。[⑤] 与此同时,波罗的海与地中海沿海国为应对海洋环境污染与渔业资源枯竭展开的区域合作实践,也对第三次联合国海洋法会议

---

　　① 加勒比海沿海的拉美国家在支持 200 海里主张的同时,也注意到了加勒比海作为半闭海的特殊问题。1972 年,加勒比国家通过的《圣多明哥宣言》进一步提出了承袭海(patrimonial sea)的主张,即沿海国在 200 海里的范围内对可再生及不可再生的自然资源享有主权,同时值得注意的是这份文件也强调了区域合作:"[本区域各国]承认有必要联合起来进行努力,对加勒比海的特殊问题,主要是关于科学研究、海洋环境污染、海洋资源的保全、勘探、保护和开发等问题,采取共同政策。"北京大学法律系国际法教研室编:《海洋法资料汇编》,人民出版社 1974 年版,第 169～172 页。

　　② Mark W. Janis, The Role of Regional Law of the Sea, *San Diego Law Review*, Vol.12, No.3, 1974, pp.553-554.

　　③ Barbara Johnson, Regionalism and the Law of the Sea: New Aspects of Dominance and Dependency, in Douglas M. Johnston eds, *Regionalization of the Law of the sea*, Ballinger Publishing Company, 1978, pp.111-115.

　　④ Lewis M. Alexander, Regionalism and the Law of the Sea: The Case of Semi-enclosed Seas, *Ocean Development and International Law*, Vol.2, No.2, 1974, p.153.

　　⑤ 特殊区域是指某些海域由于其海洋生态以及船舶交通运输的特殊性,需要采取特殊强制措施,防止船舶排放造成污染。首批由政府间海事协商组织指定的特殊区域均为半闭海,即地中海、波罗的海、黑海、红海和"海湾"区域。

上各国普遍接受区域的特殊性以及区域合作义务产生了直接影响。① 如博切克所指出的,虽然海洋污染问题被认为是全球问题,需要全球性的最低防污标准,如国际海事组织所制定的规则或指南,但是不同海域的易受污染的程度因地理条件、水深、气温、盐度及洋流而不同,尤其是各个闭海或半闭海有其独特性。并且,海洋环境进一步受沿海区域的经济与政治发展影响。在各类海洋污染当中,"一般而言,陆源及倾废污染以及闭海及半闭海的环境保护是主要的区域问题,而船源造成的石油及某些持续性有毒物质污染是全球性问题"。概括而言,在海洋环境保护领域,区域路径作为管理工具的优势在于:(1)对于陆源等特定类型的污染,由于其性质,区域路径较之全球性措施更为适当;(2)海洋的差异性要求考虑到区域性差异;(3)在紧急情况下区域性的防污机制更容易发挥作用;(4)区域路径鼓励区域内国家的参与,尤其是欠发达国家可得到更高的投入回报;(5)区域性安排或组织可作为推动进一步合作的平台。②

　　三是国家管辖海域的扩展改变了海域的法律地位,进而改变了原有的海洋使用格局。特别是在相对狭窄而沿海国无法充分主张 200 海里界限的海域,海岸相对的国家转而变成"海洋边界"相接的邻国,这种情况还往往涉及两个以上国家,容易产生海洋使用与管辖权冲突。例如在专属经济区制度下,边界的划定并不能完全解决养护和管理跨界种群与高度洄游种群的需求,反而形成一种相互争夺的趋势。就此,"直接或通过适当的分区域或区域组织,设法就必要措施达成协议"(《公约》第 63 条)成了合乎理性的应对方式。时任第三次联合国海洋法会议起草委员会秘书的尼尔逊(L.D.M. Nelson)在分析作为阶段性谈判成果的《非正式综合谈判文案》中所体现的区域主义时指出,区

---

① 地中海沿海国对"地中海海洋污染及其对生物资源及捕鱼的影响"的关注始于 1970 年,并于 1975 年在联合国环境规划署的支持下建立"地中海行动计划"。波罗的海沿海国于 1973 年签订了《波罗的海及贝尔特海峡捕鱼及生物资源养护公约》,1974 年签订了《保护波罗的海区域海洋环境公约》。这两个区域的实践对第三次联合国海洋法会议谈判的影响参见 1974 年第二委员会第 38 次会议记录。A/CONF.62/C.2/SR.38, *Official Records of the Third United Nations Conference on the Law of the Sea*,Volume II,p.274,276.

② Boleslaw Adam Boczek, Global and Regional Approaches to the Protection and Preservation of the Marine Environment,*Case Western Reserve University's Journal of International Law*,Vol.16,No.1,1984,pp.52-53.

域合作条款的意义也在于缓和由沿海国扩展管辖海域引发的矛盾。① 以区域合作克服这组矛盾的逻辑最为清晰地表现在第三次联合国海洋法会议上曾出现的以"区域专属经济区"方案解决划界与资源分配问题。一如学者们对"陆上"区域主义的观察，海洋区域主义也是对沿海国扩展管辖海域这种"国家主义"表现的反应。②

从海域法律地位的角度，半闭海"全部或主要由两个或两个以上沿海国的领海和专属经济区构成"，但《公约》中关于区域合作的规定实际上以功能路径跨越了国家管辖海域与公海。《公约》关于海洋环境区域合作（第 197 条、第 199 条以及第 200 条）、海洋科学技术发展与转让区域合作的规定（第 268 条、第 270 条、第 272 条、第 276 条至第 277 条）不以海域的法律地位为限，关于海洋生物资源养护和管理区域合作的规定则包括专属经济区（第 63 条至第 64 条）与公海（第 118 条至第 119 条）两个部分。综合这些条款，《公约》为海洋区域合作搭建的法律框架如下：（1）划分合作区域。除"闭海或半闭海"得到明确界定以外，《公约》关于公海的区域合作规定使得公海可以被划分，在法律上不再必然被视为一个整体。（2）区域合作的义务。《公约》规定的合作义务一般理解为采取行动的义务，即"善意地为追求共同目标而采取行动，并考虑到其他相关国家的需求"③。《公约》第 118 条、第 197 条等条款中的"应合作"（shall co-operate）所要求的行为是在区域基础上"善意谈判"并在合作建立后"善意执行"。（3）明确合作领域。《公约》不仅明确了在海洋生物资源的养护和管理、海洋环境的保护和保全以及海洋科学研究与技术转让这三大功能领域展开区域合作的义务，《公约》奠定的功能性路径还有两个方面的影响。一是在《公约》通过之后区域合作向海上安全领域扩展时，虽然《公约》并无明确的规定，但是同样沿循既有的功能性路径形成合作，如依据《公约》第 100 条"合作制止海盗行为的义务"为基础形成的区域性打击海盗合作。二是在很大程度上将海洋使用问题与其他的政治与经济问题剥离开，使海洋区域合作具有相对独立性。（4）合作的开放性。首先，《公约》将合作主体表述为"闭海或

①　L.D.M. Nelson, The Function of Regionalism in the Emerging Law of the Sea as Reflected in the Informal Composite Negotiating Text, in Douglas M. Johnston eds., *Regionalization of the Law of the sea*, Ballinger Publishing Company, 1978, p.25.

②　洪门华：《地区秩序建构的逻辑》，载《世界经济与政治》2014 年第 7 期。

③　Tullio Scovazzi, *The Evolution of International Law of the Sea：New Issues, New Challenges*, Martinus Nijhoff, 2000, p.132.

半闭海沿岸国"(第 123 条)、"各国"(第 197 条、第 276 条),因此区域内所有沿海国均是参与区域合作的法定主体。其次,"在适当情形下"参与面进一步扩大,如《公约》第 123 条中"邀请其他有关国家或国际组织"、第 118 条中所指的远洋捕鱼国、第 276 条所提及的"各主管国际组织"等。(5)合作制度化。半闭海条款以及《公约》中其他区域合作条款均论及了"建立"或"通过"国际组织或安排展开合作。考虑到实践中国际组织或安排的差异性,可概括为区域合作机制构成海洋区域合作的程序载体。

(二)海洋区域合作基本文件中的机制设计

参考克拉斯纳(Stephen D. Krasner)对国际机制的经典定义,[1]区域性海洋合作机制(以下在适当的地方简称"区域合作机制")涵括区域合作的基本文件、区域性国际组织或联络平台,以及在区域性平台上达成的针对特定功能领域的原则、规范及措施等。当前全球有超过 20 个区域海洋环境项目以及约 50 个区域渔业组织,差异性无疑是区域性海洋合作机制的显著特点。不过,透过区域性海洋合作的基本文件,即建立合作机制的区域性条约或表现为"行动计划""宣言"等形式的软法文件来看,以下机制设计要素不可或缺。换言之,区域性海洋合作机制在结构上具有以下共性。

1.确定功能区域与成员资格。所谓"功能区域",指面临共同问题且由国际条约或安排覆盖的海域。[2] "陆上"的区域主义实际上以参与国家划定"区域"的地理范围,因此呈现出"纳入受欢迎的国家,拒不受欢迎的国家在外"的特征。[3] 除少数例外[4],区域性海洋合作机制以由地理描述或地理坐标明确划

---

① "一组原则、规范、规则和决策程序,行为主体在特定问题领域的预期以此聚拢。"Stephen D. Krasner, Structural Causes and Regime Consequences: Regimes as Intervening Variables, in Stephen D. Krasner eds., *International Regimes*, Cornell University Press, 1995, p.2.

② Lewis M. Alexander, New Trends in Marine Regionalism, *Ocean Yearbook*, Vol. 11, 1994, p.3.

③ Louis Fawcett, Exploring Regional Domains: a Comparative History of Regionalism, *International Affairs*, Vol.80, No.3, 2004, p.432.

④ 如 1981 年印度尼西亚、马来西亚、菲律宾、新加坡及泰国五国在联合国环境规划署的支持下通过的《东亚海区域海洋环境和沿海区域保护及发展行动计划》(*An Action Plan for the Protection and Development of Marine Environment and Coastal Areas of the East Asian Seas Region*)第 2 条将适用范围界定为参加国的"海洋环境以及沿海区域"。

定的海域为功能区域，①该区域的沿岸国均可参与合作。关于功能区域的另一个重要问题是一项区域合作机制覆盖水域的法律地位问题。以在第三章还将详细论及的 1976 年《保护地中海免受污染公约》为例，其中第 1 条第 1 款界定的"地理覆盖范围"与地理区域意义上的半闭海地中海相符，第 2 款则规定："除本公约议定书可以规定的例外以外，地中海区域不应包括缔约方的内水。"换言之，功能区域的法律地位原则上包括地中海内的公海、缔约方的专属经济区、领海，而在有特殊规定的情况下，可扩展至缔约方的内水。分析功能区域与地理区域是否相符，功能区域所覆盖水域的法律地位，可以对该项区域合作的紧密程度形成初步的直观认识。比如，陆源污染才是海洋污染的主要来源，对陆源污染的有效控制需要涉及缔约方或成员国的领海与内水。

在区域外国家的成员资格方面，不同功能领域呈现出不同的特征。海洋环境保护领域的区域合作成员国原则上局限于沿岸国，同时一些区域合作机制以观察员国制度向区域外国家开放。② 在功能区域存在公海的情况下，渔业资源养护和管理是区域外国家（远洋捕鱼国）参与的重点领域，但除少数例外，区域机制成员资格实际是有限开放的。③ 多数区域渔业管理组织对接纳新成员作出了一定的限制，如需缔约方邀请、需在功能区域有渔获史等。④ 同时，一些区域渔业管理组织适用了"配合的非缔约方"制度。⑤

2.确定机制职能。《公约》第 277 条以及 1995 年《鱼类种群协定》第 10 条分别就区域性海洋科学和技术研究中心与区域渔业管理组织的职能进行了枚举，但其更多的是起一种建议与指导的作用，在实践中各区域海洋合作机制即

---

① 地理描述者如 1976 年《保护地中海免受污染公约》第 1 条第 1 款，划定地理坐标者如 2004 年《中西部太平洋高度洄游鱼类种群养护和管理公约》第 3 条。

② 例如 1995 年经修订的《地中海海洋环境和海岸区域保护公约》（又称《巴塞罗那公约》）第 20 条增设了"观察员"制度，缔约方可决定非缔约方或国际组织作为观察员参加其会议。

③ 例如大西洋金枪鱼养护国际委员会成员资格完全开放。

④ Hyun Jung Kim, The Return to a Mare Clausum Through Regional Fisheries Management Organizations?, *Ocean Development and International Law*, Vol.44, No.3, 2013, pp.207-208.

⑤ 例如 2014 年经修订的《建立地中海渔业总委员会协定》第 17 条规定的"配合的非缔约方"指遵守委员会所制定的渔业资源养护和管理措施的非缔约方。其特殊地位需向委员会申请，而其享有的权利主要体现在《地中海渔业总委员会程序规则》第 4 条、第 15 条、第 17 条规定的信息交流以及应对非法、未报告和未加管制捕捞的相关措施上。

使属于同一功能领域也表现出很强的差异性。结合既有研究①，区域性海洋合作机制的职能大体可分为四个类型。一是，海洋科学研究职能。认知海洋的科学研究及开发海洋的科技能力是海洋使用的基础，也是海洋治理的基础。在当前，除独立的区域性海洋科学组织之外②，海洋环境保护与海洋生物资源养护和管理领域的区域合作机制多兼具发起相关海洋科学研究项目并分享科学信息的职能。二是，提出建议与协调政策职能。此类机制在科学研究基础上提出的管理建议不具有强制力，目的在于促进各国相关政策的协调。依据《联合国粮农组织章程》第 6 条建立区域渔业组织均属于此类③。三是，制订共同措施与立法职能。严格说来，区域性平台上达成的区域性条约或共同措施只对机制的成员国有约束力，但区域渔业管理组织制订的养护措施通过对准入的限制实际对非成员国具有效力。还值得注意的一点是，共同措施的约束力并不完全取决于建立机制的区域性公约中的明确规定，还取决于遵约制度的完善性。例如 1974 年《保护波罗的海区域海洋环境公约》（又称《赫尔辛基公约》）建立的赫尔辛基委员会就海洋环境保护制定的建议虽就法律效力而言不具有约束力，但自 1985 年引入了要求缔约方报告这些建议执行情况的制度之后，没有缔约方以无法律约束力为理由拒绝执行这些经一致通过的建议。④ 1992 年经修订的《保护波罗的海区域海洋环境公约》在第 16 条中正式规定了报告制度进而加强其约束力。四是，信息分享与能力建设职能。此类机制集中于海上安全功能领域，如 2004 年《亚洲地区反海盗及武装劫船合作协定》以及 2009 年《关于制止在西印度洋和亚丁湾对船舶的海盗和武装抢劫的行为守则》。此类机制旨在提升成员国履行既有国际法义务的能力，除在基本研究件中明确成员国可采取的国内措施外，机制中的合作要素体现为通过

---

① Cf. Are K. Sydnes，Regional Fishery Organizations：How and Why Organizational Diversity Matters，*Ocean Development and International Law*，Vol.32，No.4，2001.

② 例如 1992 年成立的北太平洋海洋科学组织（The North Pacific Marine Science Organization）。

③ 依据《联合国粮农组织章程》第 6 条的规定，由粮农组织大会或理事会设立委员会，"在制订和执行政策方面提供意见及协调政策的执行"。依此设立的区域渔业组织是粮农组织的附属机构，包括东中大西洋渔业委员会、中西大西洋渔业委员会以及西南印度洋渔业委员会。

④ Peter Ehlers，The Helsinki Convention，1992 Improving the Baltic Sea Environment，*The International Journal of Marine and Coastal Law*，Vol.8，No.2，1993，pp. 192-193.

信息分享中心提供事件信息以实现快速响应，以及向成员国提供技术与能力培训。

3.设立机构安排。经由较早设立的区域性海洋合作机制的示范效应以及下文还将进一步论及的联合国专门机构的推动与指导，当前区域机制在机构安排上趋同，主要包括三个部分。一是政府间会议作为决策机构，审查合作的执行情况，批准新的活动以及必要的预算。二是常设机构，即设立一个区域性国际组织作为秘书处，同时依据职能范围与类型下设专门委员会。需要注意的是，在联合国环境规划署发起的"区域海洋项目"模式下，常设机构呈现出分散性。除秘书处之外，分别位于各成员国的区域活动中心是机构安排的核心，负责推动相关议定书或合作项目的执行。[1] 三是用于支持机制运转的区域性信托基金。成员国缴纳的财政支持以及其他国家或国际组织提供的赞助通常汇入由秘书处管理的信托基金。在发展中区域，区域外发达国家以及国际组织的赞助往往构成了基金的主要来源。

二、海洋区域主义的发展机理

如前文论及的，海洋区域合作的兴起几乎与第三次联合国海洋法会议平行，而《公约》承认区域特殊性进而规定区域合作义务在赋予海洋区域合作以合法性基础的同时，也使海洋区域主义处于全球主义的语境当中。在《公约》通过之后，海洋区域主义的两个层面之间的互动机理更加明晰。概括而言，海洋区域主义发展机理表现为全球性法规推动区域合作机制的建立与发展，在另一个方向上区域合作机制提出的区域性问题或采取的区域性措施也会推动全球性法规的发展。而联合国专门机构则在这一组互动关系中起到了衔接两个层面的枢纽作用：一是，"由上而下"发起并推动海洋区域合作的作用；二是，作为区域合作机制主张其特殊性的造法平台，"由下而上"推动全球性海洋法发展的作用。

（一）全球性法规推动区域合作机制的建立与发展

全球性海洋法公约对区域合作的框架性规定不仅提供了实践的合法性基础，其中的义务性或鼓励性的规定还直接推动了区域合作机制的建立以及法律框架的更新。在半闭海的特殊性得到《公约》承认之后，各半闭海区域或自

---

① Elizabeth Maruma Mrema, Regional Seas Programme: the Role Played by UNEP in its Development and Governance, in Malgosia Fitzmaurice, et al. eds., *The IMLI Manual on International Maritime Law*, Vol.III, Oxford University Press, 2016, pp.367-368.

主地或在联合国环境规划署"区域海洋项目"框架下建立了区域海洋环境合作,虽然在机制的运转与收效上发展并不均衡。许多全球性公约也推动了相应功能领域区域合作的发展,例如,全球性公约推动了地中海行动计划下新议定书的拟定,包括 1992 年《生物多样性公约》之于 1995 年《地中海特别保护区和生物多样性议定书》等。又如在海上联合搜救领域,1998 年对《国际搜寻救助公约》的修订重点强调了海上搜救中的区域协调之后,在国际海事组织的支持下建立了"西非海上搜救区域"等区域海上救助协调中心。在这一互动方向,1992 年里约环境与发展会议通过的《21 世纪议程》与 1995 年《鱼类种群协定》甚至起到了改变海洋区域合作路径的作用。

1.《21 世纪议程》中的新路径

1992 年里约环境与发展会议报告中承认《公约》为海洋、海岸及其资源的保护和可持续发展提供了国际法基础。会议通过的《21 世纪议程》是一项面向 21 世纪的综合行动计划,其中第 17 章专门针对海洋问题。虽不具有约束力,但《21 世纪议程》中所创设的一些《公约》中没有的因素对海洋环境保护方面的区域合作实践产生了影响。[①]《21 世纪议程》第 17.1 段指出:"海洋环境——包括大洋和各种海洋以及邻接的沿海区域——是一个整体(an integrated whole),是全球生命支持系统的一个基本组成部分,也是一种有助于实现可持续发展的宝贵财富……这需要在国家、次区域、区域和全球各级对海洋和沿海区域的管理和开发采取新的路径(new approaches)。这些路径的内容要综合化(are integrated in content),范围包括预警(precautionary)和预测。"[②]如朱达所言,这段文字体现了对海洋认识的进一步发展,"不再将海洋单纯视为资源的蕴藏地,而是一个由相互联系、相互依存的部分构成的自然系

---

① 《21 世纪议程》重要性还在于联合国系统对其实施的推进。"联合国大会支持里约会议的各种'最终成果',并根据《21 世纪议程》的计划,请求联合国经济及社会理事会新设立联合国可持续发展委员会(于 1993 年设立)。由 53 位委员组成的可持续发展委员会的使命是监督《21 世纪议程》的执行,讨论执行《21 世纪议程》的国内报告,评估向发展中国家提供资助以及转让无害环境的技术的可行性,推荐实现可持续发展的合作新形式。"〔荷兰〕尼科·斯赫雷弗:《可持续发展在国际法中的演进:起源、涵义及地位》,汪习根、黄海滨译,社会科学文献出版社 2010 年版,第 48 页。

② 《21 世纪议程》,2000 年 4 月 18 日,http://www.un.org/chinese/events/wssd/chap17.htm。译文根据本书的语境稍作修改。

统"①。《21世纪议程》所要求的新路径被总结为"综合管理路径"（integrated management approach），有国际法学者从三个层面上探讨其内涵：在生态层面，其内涵是管理海洋生物资源与海洋环境需以生态为基础，重视同一及相邻区域内所有海洋物种与物理环境中生态条件之间的相互关系，并与预警原则和可持续发展原则相联系；在规范层面，规制不同海洋问题的规范之间应彼此和谐；在执行层面，通过国际组织以及国际组织间的协作是确保综合管理路径下相关规则得到落实的重要方式。②

在区域层级实施"综合管理路径"有着广泛而深刻的影响，后两章对地中海与波罗的海海洋区域合作实践的考察将论及具体表现，在此则将概述其对"区域外"与"区域内"这组张力的影响。在海洋区域主义的发展历程中，"区域内"与"区域外"之间的张力始终存在。在第三次联合国海洋法会议上关于半闭海条款的谈判中，反对为此类海域制定特殊规定的意见即在于担心特殊化走向新的"海洋闭锁"。同样，从1995年《鱼类种群协定》谈判过程可以看到，加强区域渔业组织的职能要平衡的是同样的一组张力：将鱼类种群视为一个生态单位的同时，如何平衡区域内沿岸国主张的"特殊利益"、远洋捕鱼国分享生物资源以及参与养护和管理决策的权利。③ "基于生态系统的综合性路径"逐步在区域层级实施则成为加剧这组张力的又一因素。首先，在基于生态系统的海洋管理方法下，区域机制的职能会变得更加"综合"。2003年赫尔辛基委员会部长级会议通过的《不莱梅宣言》明确将"生态系统方法"作为指导原则。由于生态系统方法强调海洋环境与海洋资源间的关联性，赫尔辛基委员会的职能从保护波罗的海环境向养护和管理渔业资源扩展。④ 有学者以"由

---

① Lawrence Juda, Rio Plus Ten: The Evolution of International Marine Fisheries Governance, *Ocean Development and International Law*, Vol.33, No.2, 2002, p.112.

② Cf. Yoshifumi Tanaka, Zonal and Integrated Management Approaches to Ocean Governance: Reflections on a Dual Approach in International Law of the Sea, *The International Journal of Marine and Coastal Law*, Vol.19, No.4, 2004. 预警原则的基本含义是：一旦风险被查明，缺少关于原因和影响的科学证据不应被用作不采取环境保护措施的理由。

③ Cf. Lawrence Juda, *International Law and Ocean Use Management: The Evolution of Ocean Governance*, Routledge, 1996, pp.276-285.

④ 为此，赫尔辛基委员会于2008年成立了波罗的海渔业与环境论坛，此后又于2014年成立了以生态系统为基础的可持续渔业工作组。

功能性路径向综合路径发展"概括这一发展趋势。① 而在区域机制职能加强的同时,区域内国家对区域性规范的认同中又催生了身份认同。如时任赫尔辛基委员会执行秘书的布鲁森多尔夫(Anne Christine Brusendorff)在评述赫尔辛基委员会的发展时所言,由于具有综合性的政策制定职能,赫尔辛基委员会已成为"波罗的海的发言人"②。其次,关注人类活动的生态影响是生态系统方法的核心,区域内沿岸国会对其他国家在本海域造成的生态影响更加敏感。由此,赫尔辛基委员一方面针对陆源污染,依托专项行动计划(而非开放成员资格)向"流域"的空间范围扩展,另一方面针对陆源污染寻求对区域外国家的海事活动实施更加严格的监控。③ 再次,如 2011 年《北极理事会部长努克宣言》建立的"北极基于生态系统管理专家组"在报告中指出的,基于生态系统管理方法又是"以空间区域为基础的管理"(area-based management)。④ 作为一个整体的生态系统具有空间属性,海洋保护区作为一种工具因而有着向整个区域扩展的趋势。如《北极航运评估报告》,其立论基础之一就是认为整个北冰洋"在生态与文化上具有高度重要性"⑤。最后,对于区域外国家而言,将海洋视为一个生态整体的认识并不能取代将海洋视作交通通道的传统认识。区域外国家会警惕区域性"海洋闭锁"的可能,即使在不受区域性规范约束的情况下,区域外国家对海洋使用行为的规范性预期也会发生变化。

2. 1995 年《鱼类种群协定》对区域渔业管理组织的加强

一般而言,在 20 世纪上半叶建立的各个区域渔业组织在渔业管理问题上采取的是一种渐进且自愿的方式。建立渔业组织的初衷是合作收集并分析数

① Cf. Ellen Hey, The International Regime for the Protection of the North Sea: From Functional Approaches to a More Integrated Approach, *International Journal of Marine and Coastal Law*, Vol.17, No.3, 2002.

② Anne Christine Brusendorff, Case Study: The Success of Regional Solutions in the Baltic, *Sustainable Development Law & Policy*, Vol.7, No.1, 2006, pp.65-66.

③ 1992 年对《赫尔辛基公约》的修订明确规定对陆源污染的控制扩展至"波罗的海流域(catchment)"。2007 年"波罗的海行动计划"提出"环境友好型海事活动"的目标,并将对加强海事活动的监督与预警作为重点。

④ 该报告将基于生态系统管理定义为:"基于可获得关于生态系统及其变化的科学与传统知识,对人类活动进行综合性与整体性管理,以便查明生态系统健康的关键影响因素并采取措施,从而实现可持续利用生态系统提供的产品与服务并维持生态系统完整。" *Arctic Council: Ecosystem-Based Management in the Arctic*, Report submitted to Senior Arctic Officials by the Expert Group on Ecosystem-Based Management, 2013, p.4, 16.

⑤ Arctic Council, *The Arctic Marine Shipping Assessment* 2009 *Report*, 2009, p.7.

据,为科学订立养护措施奠定基础。待此类数据库建立之后,才出现通过此类组织共同采取管理措施的努力,包括在网眼大小、休渔期、休渔海域等基本的养护措施以及随后可捕量限制与国家配额等较为复杂的管理措施。① 由于此类合作的基础是公海捕鱼自由原则,基本文件中往往规定有选择退出条款,在实践中收效有限。

《21 世纪议程》第 17 章第 50 段建议"各国应尽快在联合国主持下召开一个政府间会议,要考虑到分区域、区域和全球各级的有关活动,以促进有效实施《联合国海洋法公约》关于跨区鱼群和高度洄游鱼群的规定"②。联合国关于跨界鱼类种群和高度洄游鱼类种群渔业会议于 1993 年召开,经过 6 期会议的谈判,1995 年 8 月 4 日以 110 票一致通过了《鱼类种群协定》,该协定于 2001 年 12 月 11 日生效。《鱼类种群协定》采取的形式是"执行"《公约》尤其是关于跨界鱼类种群和高度洄游鱼类种群第 63 条和第 64 条的方式,但实质上依据《21 世纪议程》中以生态为基础的原则,在公海捕鱼问题上较《公约》有了突破③。有学者认为《鱼类种群协定》提出了三条关于合作的实质原则,即预警方法[第 5 条(c)项,第 6 条]、保护海洋生物多样性[第 5 条(g)项]、公海养护措施与沿海国养护措施互不抵触(第 7 条)。加强区域渔业组织的职能则构成了合作的程序原则。④

《鱼类种群协定》第 8 条第 3 款至第 5 款的规定则实质上使得加入区域渔业组织(或安排),或至少遵守组织(或安排)制定的养护和管理措施成为公海捕鱼的准入条件,并要求在尚未建立渔业组织(或安排)的公海海域,"有关沿海国和在分区域或区域公海捕捞此一种群的国家即应合作设立这种组织或达成其他适当安排"。加强区域渔业管理组织的职能是《鱼类种群协定》的重点,

---

① Bob Applebaum and Amos Donohue, The Role of Regional Fisheries Management Organizations, in Ellen Hey eds., *Developments in International Fisheries Law*, Kluwer Law International, 1999, p.223.

② 鱼类种群协定的序言也回应了《21 世纪议程》,协定的目标包括"处理特别是联合国环境与发展会议通过的《21 世纪议程》第 17 章方案领域 C 指出的各种问题"。

③ 《鱼类种群协定》的序言强调了"海洋生态系统的完整",即"避免对海洋造成的不利影响,保存生物多样性,维持海洋生态系统的完整,并尽量减少捕鱼作业可能产生长期或不可逆转影响的危险"。

④ Tore Henriksen, Geir Hønneland, Are Sydnes, *Law and Politics in Ocean Governance: The UN Fish Stocks Agreement and Regional Fisheries Management Regimes*, Martinus Nijhoff Publishers, 2006, pp.22-40.

区域渔业管理组织构成了合作的程序载体。依据《鱼类种群协定》第 10 条的规定,区域渔业管理组织职能包括:(1)议定和遵守养护和管理措施;(2)酌情议定各种参与权利,如可捕量的分配或渔获努力量水平;(3)制定和适用一切普遍建议的关于负责任进行捕鱼作业的最低国际标准;(4)促进并进行对种群及非目标和相关或依附物种的科学评估;(5)获得并评价科学咨询意见;(6)收集与交换渔业数据和各项标准;(7)建立监测、管制、监督和执法机制。这些规定直接推动了一些区域渔业管理组织的改组与建立。①

（二）区域合作机制推动全球性法规的发展

虽然全球性公约承认了区域层级在管理各项海洋使用上的作用,但是全球性法律往往只提供最低标准或者框架性规定,当特定区域采取更高标准或是应对新问题时,则可能以两种形式推动全球性法规的发展。一是区域内国家通过区域合作机制先行达成共识进而以集体方式寻求通过将议题引入联合国系统为主的全球性造法平台,通过全球性法规肯定其特殊性。例如,针对北冰洋航道的前景浮现这一新问题,在国际海事组织制定强制性《极地航行规章》的过程中,前文提及的《北极航运评估报告》起到了提出议题、促成共识的作用,随后北极理事会的多份部长级宣言均将"与国际海事组织合作制定降低航运对北极水域环境影响相关措施"作为行动指南。② 二是区域性措施可转变为全球性规则与标准。欧盟的一些区域性港口国措施是这种形式的例证,特别是 2003 年禁止单壳油轮进入欧盟国家港口的措施与全球性规则产生了冲突,而欧盟的单边实践加速了《国际防止船舶造成污染公约》的修订。有学者指出,"区域单边主义"与单个国家的单边主义之间的区别只在于前者有着更大分量与规模故而会形成更大的影响,而作出达成全球性规则的努力本身也有助于单边行为获得合法性。③

在全球性规范与区域合作机制两个层面的互动关系下,区域主义已成为

---

① 转向区域渔业管理组织的有地中海渔业总委员,新建立的区域渔业管理组织有中西太平洋渔业委员会、东南大西洋渔业组织等。联合国粮农组织在这一过程中发挥了重要作用。

② "The Polar Code", The Protection of the Arctic Marine Environment Working Group （PAME）, https://pame. is/projects/arctic-marine-shipping/the-arctic-shipping-best-practices-information-forum/the-polar-code, last accessed: Mar. 29, 2020.

③ Henrik Ringbom, The European Union and International Maritime Law – Lessons for the Asia-Pacific Region?, *Australian and New Zealand Maritime Law Journal*, Vol.30 , No.1, 2016, pp.73, 76.

海洋法发展的主要形式。在《公约》生效后的二十余年里,海洋法的发展主要因循功能路径。其一是应对《公约》"未解决的问题",如 2001 年《水下文化遗产保护公约》解决的是《公约》未处理的毗连区外水下文化遗产的保护制度问题。其二则是应对区域性问题,《公约》中相关规定的框架性为循此发展奠定了基础。从海洋中的区域主义具有两个层面的角度,此类发展则不仅包括各个区域合作机制下形成的适用于机制成员国的区域性法规,还包括 1995 年《鱼类种群协定》这样适用于各个公海区域的全球性公约以及《极地航行规章》这样适用于特定区域但对各国有约束力的全球性规则。一些学者在探讨海洋法中区域主义与全球性公约所体现的全球主义之间的关系时,往往只注意了区域性法规这一类;并认为在全球性规则只提供最低标准或者只提出了问题但未制定具体标准与措施的情况下,区域性法规是海洋法发展的方式之一,但由此也伴随着海洋法秩序碎片化的潜在风险。① 从海洋区域主义两个层面的互动来看,较之"碎片化","体系化"或许是对海洋法因循区域主义发展更恰当的描述,即形成框架性全球公约加区域性法规的体系。公海保护区制度由南极洲海洋生物保护委员会、《保护东北大西洋海洋环境公约》部长级会议等区域机制率先实践,而当前已进入全球性法规制定程序正是这一趋势的印证。

(三)联合国专门机构的"由上而下"枢纽作用

联合国环境规划署、联合国粮农组织、国际海事组织、联合国教科文组织(政府间海洋学委员会为其下属机构)等联合国专门机构是《公约》对海洋区域合作框架性规定中论及的"主管国际组织"(第 61 条、第 119 条、第 197 条至第 201 条)或"有关国际组织"(第 123 条),是海洋区域合作的参与主体之一。在实践中,这些机构尤其重要地起到了"由上而下"发起区域合作机制的作用。在对区域性海洋合作机制的认识中,直观的分类方法即依据是否由联合国专门机构建立。联合国环境规划署 1974 年启动了"区域海洋项目"以及粮农组织则自 20 世纪 50 年代起依据《联合国粮农组织章程》第 6 条与第 14 条先后建立了 11 个区域渔业组织,这些举措直接推动了海洋区域合作在全球的铺开。进入 21 世纪之后,国际海事组织也越来越多地起到了这种"由上而下"的作用。此外,在世界银行于 1990 年建立全球环境基金项目之后,该基金也为区域性海洋合作机制提供了资金支持。

---

① Alan Boyle, Further Development of the Law of the Sea Convention: Mechanisms for Change, *International and Comparative Law Quarterly*, Vol.54, No.3, 2005, pp. 573-575.

1. 联合国环境规划署区域海洋项目

在 1972 年联合国人类环境会议召开后,联合国大会决议成立了联合国环境规划署,"作为联合国系统中环境行动与协调的联络点"。1974 年,环境规划署发起了"区域海洋项目",并于 1977 年成立了区域海洋项目活动中心(Regional Seas Programme Activity Centre)。环境规划署通过区域海洋项目在区域层级作出的努力,成为自 70 年代以来最突出的应对海洋污染的国际性努力。至今,已有超过 143 个国家参加了由环境规划署发起并赞助的 13 个区域海洋项目,覆盖了:黑海、泛加勒比海、东亚海、东非、南亚海、ROPME 海洋区域(覆盖水域为阿拉伯海)、地中海、东北太平洋、西北太平洋、红海及亚丁湾、东南太平洋、太平洋,以及西非。其中 7 个仍由环境规划署直接管理,即泛加勒比海区域、东亚海、东非区域、地中海区域、西北太平区域以及西中非区域[①]。在上述区域项目中,地中海行动计划作为首个项目,成功地为其他区域的实践提供了模板与经验[②]。

虽然在设立区域海洋项目的具体程序依区域内国家的邀请启动,但是联合国环境规划署起到了调查现状、起草行动计划、提供资金以及督促项目执行的始创性作用。联合国环境规划署设立区域行动计划的方式的典型方式如下。在收到区域内沿海国的邀请后,环境规划署派出一支跨部门的代表团到该区域评估当地的科学能力、该区域的污染来源,找出区域内各国政府之间主要联系点,包括政府承诺以及相关立法,从而形成一系列的背景文件。环境规划署还通过举办区域内科学家会议,就区域面临的环境威胁及优先的研究与监测对象促成共识。在上述工作的基础上,环境规划署制订行动计划交由各

---

① 2007 年,覆盖里海区域的《德黑兰公约》缔约方大会第一次会议要求环境规划署临时履行公约秘书处的职能,直至该公约常设秘书处落实到位。因此,当前联合国环境规划署直接管理的区域海洋项目共有 7 个。"Regional seas programmes",UNEP https://www. unenvironment. org/explore-topics/oceans-seas/what-we-do/working-regional-seas/regional-seas-programmes,last accessed:Mar.29,2020.

② 一般认为地中海及东非项目最为成功,而红海及亚丁湾项目以及 ROPME 海洋区域项目收效较差。究其原因,除区域内的政治局势、各国给予的政治与财政支持外,哈斯(Peter M. Haas)通过比较研究还指出区域内各国的科技能力也是关乎行动计划取得成效的重要因素。Peter M. Hass,Save the Seas:UNEP's Regional Seas Programme and the Coordination of Regional Pollution Control Efforts,*Ocean Yearbook*,Vol.9,No.1,1991,p.198.

政府批准。① 这一准备程序使得环境规划署在形成区域项目的过程中保留相当大的主动权，向政府建议项目并在政府批准后督促执行。并且，许多政府十分依赖环境规划署提供的关于海洋环境状况的信息。

　　绝大多数区域海洋项目以"行动计划"为基本文件，行动计划构成了保护海洋环境及推动可持续发展的综合性战略及框架。区域海洋项目框架下的一些区域合作机制仅通过了行动计划，而没有达成区域性公约，如东亚海与南亚海，但其中大多数项目已发展成由区域性公约、议定书及行动计划构成的复杂体系，并有相应的机构安排。各区域的"行动计划"一般包括如下几个部分：②
(1)环境评估。区域海洋项目会对海洋污染的状况、污染源、污染趋势以及污染对人类健康、海洋生态以及景观的影响进行评估。这些工作包括大量的基线研究、监控以及其他研究活动。环境规划署制定了一系列标准化技术指标进行数据收集与分析。(2)环境管理。环境规划署寻求通过就下述活动组织区域性培训、协调环境管理工作，包括环境影响评估、沿岸礁湖、河口管理、红树林生态系统、濒危物种保护、工业、农业及生活污水控制，并为应对污染事故制订应急计划。(3)环境法律。区域海洋项目会推动制定关于控制海洋污染以及保护和管理海洋与海岸资源的国际与区域条约、规则以及政策。通常包括一个框架性的条约罗列出要进行管理的问题，以及一系列应对不同污染源的具体协定。(4)机构安排。区域海洋项目将设立一个区域组织作为行动计划的常设或临时性的秘书处，通过举行政府间会议审查项目的实行情况，批准新的活动以及必要的预算支持。环境规划署通常在区域组织建立之前承担临时秘书处的工作。(5)财政安排。环境规划署联合其他的国际组织在区域海洋项目的始创阶段提供资金。随着项目建立、运转，环境规划署希望区域内各国政府全面承担起项目的财政且项目能够自身维持，而环境规划署将继续在专家、后勤方面予以支持。(6)教育与支持活动。环境规划署还寻求通过教育、媒体等途径唤起公众的兴趣与意识。

---

　　① Peter M. Haas, Save the Seas: UNEP's Regional Seas Programme and the Coordination of Regional Pollution Control Efforts, *Ocean Yearbook*, Vol. 9, No. 1, 1991, p.194.

　　② UNEP, *Guidelines and Principles for the Preparation and Implementation of Comprehensive Action Plans for the Protection and Development of Marine and Coastal Areas of the Regional Seas*, Regional Seas Reports and Studies No.15, 1982. Also see Peter M. Hass, Save the Seas: UNEP's Regional Seas Programme and the Coordination of Regional Pollution Control Efforts, *Ocean Yearbook*, Vol.9, No.1, 1991, p.194.

2. 联合国粮农组织框架下的区域渔业组织

联合国粮农组织是最重要的关注渔业问题的国际组织。《联合国粮农组织章程》(*Constitution of the United Nations Food and Agriculture Organization*)第1条第1款规定,粮农组织的职能包括:"本组织将收集、分析、阐明和传播关于营养、粮食和农业的情况。本章程中所用'农业'一词及其衍生词包括渔业、海洋产品、林业和林业初级产品。"虽然粮农组织不直接参与海洋生物资源的养护和管理,但是除了收集与传播信息外,其职能还包括向各国及区域渔业组织提供技术性建议,以及发展与渔业相关的国际法规。1965年,粮农组织设立了专门应对渔业问题的渔业委员会(Fisheries Committee),隶属于粮农组织理事会,其职能包括:评估粮农组织在渔业领域的工作项目及其实施,定期对具有国际性质的渔业问题进行评估,考虑依《联合国粮农组织章程》第14条制定渔业法规的可取性等。[①]

粮农组织设立区域渔业组织的方式有两种。一是依据《联合国粮农组织章程》第6条,由粮农组织大会或理事会设立委员会,"在制订和执行政策方面提供意见及协调政策的执行"。依此设立的区域渔业组织是粮农组织的附属机构且为提供建议与协调政策性质,具体有东中大西洋渔业委员会(Fishery Committee for the Eastern Central Atlantic)、中西大西洋渔业委员会(Western Central Atlantic Fishery Commission)以及西南印度洋渔业委员会(Southwest Indian Ocean Fisheries Commission)。粮农组织对此类区域渔业组织有直接的监管职能,可确保粮农组织的原则、法规与措施得到适用。二是依据《联合国粮农组织章程》第14条,由粮农组织大会或理事会"通过并提交成员国"建立区域渔业组织的公约或协定,依此建立的区域渔业组织独立于粮农组织。由这种方式建立的区域渔业组织有:地中海渔业总委员会(General Fisheries Commission for the Mediterranean)、亚太渔业委员会(Asia-Pacific Fisheries Commission)、印度洋金枪鱼委员会(Indian Ocean Tuna Commission)等。[②]由于粮农组织直接参与了此类区域渔业组织的建立,因此一些建立此类区域渔业组织的公约明确规定了与粮农组织间的合作。例如,《建立印度洋金枪鱼委员会协议》(*Agreement for the Establishment of the Indian Ocean Tuna Commission*)第5条第2款(f)项规定了该委员会有义务向粮农组

① FAO. *General Rules of the Organization*, Rule XXX.

② 第三章第四节及第六章第二节将分别具体论及地中海渔业总委员会及亚太渔业委员会。

织提交关于其活动、项目、账目及预算等事项的报告。

3. 国际海事组织建立区域合作机制的作用

进入 21 世纪之后，国际海事组织也越来越多地起到了这种"由上而下"的作用。依据《公约》中关于海峡合作（第 43 条）、制止海盗合作（第 100 条）等条款，协调、发起了一些以航行安全与海上安全为功能领域的区域合作机制。

在对《公约》中"用于国际航行的海峡"的认识中，受关注的往往是过境通行制度，而 2006 年在国际海事组织协调下建立的"马六甲与新加坡海峡航行安全及环境保护合作机制"揭示了当海峡存在两个及以上沿岸国时，用于国际航行的海峡制度实际上包含了对海洋区域合作的框架性规定：《公约》第 37 条界定了合作区域；第 43 条则规定了合作领域："海峡使用国和海峡沿岸国应对下列各项通过协议进行合作：（a）在海峡内建立并维持必要的助航和安全设备或帮助国际航行的其他改进办法；和（b）防止、减少和控制来自船舶的污染。"

在海上安全领域，国际海事组织主导达成了 2009 年《关于制止西印度洋与亚丁湾海盗和武装劫船的行为守则》（简称《吉布提行为守则》）以及相应区域合作机制的建立。针对几内亚湾的海盗与武装劫船问题，国际海事组织协助达成了 2013 年《关于制止中西非海盗、武装劫船及其他海上非法活动的行为守则》。为协助该行为守则的执行，国际海事组织还制定了《在中西非执行可持续海洋安全措施的战略》，并设立了中西非海上安全信托基金。① 如前文论及的，此类机制通过基本文件协调成员国打击海盗与武装劫船行为的国内法规，合作重点在于信息分享与能力提升。

（四）联合国专门机构的"由下而上"枢纽作用

如哈里森（James Harrison）所指出的，联合国专门机构等国际机制也是《公约》之后海洋法依循功能性路径发展的缔约平台，②区域合作机制通过这些平台"由下自上"推动全球性法规的发展。国际海事组织平台上通过的《极地航行规章》是区域合作机制直接寻求造法的突出例证。作为区域合作机制"由下而上"寻求承认其特殊性的造法平台，国际海事组织以修约方式缔造新

---

① "Strengthening Maritime Security in West and Central Africa"，IMO http://www.imo.org/en/OurWork/Security/WestAfrica/Pages/Strengthening-Maritime-in-West-and-Central-Africa.aspx，last accessed：Mar.29，2020.第六章中还将进一步论及《吉布提行为守则》下的合作机制与我国参与问题。

② James Harrison, *Making the Law of the Sea：A Study in Development of International Law*，Cambridge University Press，2011，p.24.

法的程序较之联合国大会等缔约平台欠缺透明度或者说充分的协商,特别是以修订《国际海上人命安全公约》与《国际防止船舶造成污染公约》技术标准附件的方式制定《极地航行规则》过程中所采取的"默认程序"①。

另外,区域合作机制通过在联合国专门机构平台上提出议题也能够较为间接、渐进地推进全球性法规的发展。联合国环境规划署与粮农组织在推动区域性海洋合作机制上已作出了数十年的努力,进入 21 世纪以来,"填补空白"的工作已告一段落,海洋已是"区域构成的海洋"。环境规划署与粮农组织的工作随之转向通过搭建全球性的交流平台与网络,促进区域间、机制间的合作与交流。② 自 1999 年起联合国粮农组织举办的"粮农组织和非粮农组织区域渔业机构或安排会议"为粮农组织框架内外的区域渔业组织提供了交流经验及信息的平台,2005 年该会议更名为"区域渔业机构秘书处网络"③。联合国环境规划署则自 1999 年起组织"区域海洋公约与行动计划全球会议",协调"区域海洋项目"框架内外的区域性海洋环境保护机制的指导原则与工作重点。这些交流平台也是区域合作机制提出议题形成全球影响力的平台。例如"消除非法、不报告、不管制捕鱼"议题首先在 1997 年南极海洋生物资源保护委员会第 16 次年度会议上提出,随后该区域渔业管理组织有计划地将该议题引入联合国粮农组织渔业部以及"粮农组织和非粮农组织区域渔业机构或安排会议"④。由此开启了联合国粮农组织制定 2001 年《预防、制止和消除非法、不报告、不管制捕鱼国际行动计划》以及之后推动达成 2009 年《关于港口国预防、制止和消除非法、不报告、不管制捕鱼的措施协定》的进程。⑤

---

① 依据该程序,一旦修订案由国际海事组织下设的海事安全委员会或海洋环境保护委员会通过,即被视为已被所有缔约方承认,除非超过 1/3 且至少代表全球 50% 商船队的缔约方在一定期限内提出反对。James Harrison, *Making the Law of the Sea: A Study in Development of International Law*, Cambridge University Press, 2011, pp.161-162.

② 值得一提的是,区域间的合作与交流在对 20 世纪 90 年代以来"新区域主义"的研究中受到重视。

③ "Regional Fishery Body Secretariats Network (RSN)", FAO http://www.fao.org/fishery/rsn/en, last accessed Mar. 29, 2020.

④ Commission for the Conservation of Antarctic Marine Living Resources, *Report of the Seventeenth Meeting of the Commission*, 1998, pp. 83-84.

⑤ Cf. Joseph Christensen, Illegal, Unreported and Unregulated Fishing in Historical Perspective, in Schwerdtner Máñez, Bo Poulsen eds., *Perspectives on Oceans Past*, Springer, 2016, pp.135-136.

综上所述，正是由于有着全球性公约、区域合作机制以及联合国专门机构三方面的支撑，海洋区域主义的整体发展不像"陆上"区域主义那样"进两步退一步"。许多区域性海洋合作机制经受住了国际格局变化与区域内国家间的关系紧张。各半闭海的海洋区域合作是"海洋区域主义"的重要构成部分，同时此类海域的海洋区域主义发展又因其地理特征与在海洋法中的特殊地位，较之大洋或主要为公海的区域有其独特性。

第二节　半闭海内海洋区域合作的总体特征

在半闭海基础上的海洋区域合作从广度（所覆盖的水域面积）以及深度（合作的发展程度）来讲都是海洋区域主义的重要构成部分。以海洋区域主义为分析框架，半闭海内海洋区域合作的总体特征可概括为：（1）在全球性法规中受到重点强调；（2）在发展历程中，联合国专门机构"由上而下"作用明显；（3）在具体区域合作机制层面，机制设计要素与合作的重点领域受半闭海自身自然特征的影响明显。

一、全球性法规中对半闭海的重点强调

除《公约》中的半闭海条款外，1992 年《21 世纪议程》与 1995 年《鱼类种群协定》均论及半闭海。这些全球性法规对半闭海特殊性的承认，进一步夯实了半闭海内海洋区域合作的法律基础。

《21 世纪议程》第 17 章的标题为："保护大洋和包括闭海和半闭海在内的各种海洋以及沿海区；保护、合理利用和开发其生物资源"，对闭海和半闭海的强调说明，从生态的角度，闭海和半闭海也有其特殊性。在 1992 年《21 世纪议程》将生态整体性作为环境保护的基础概念之后，关于以"大海洋生态系统"（large marine ecosystem）概念界定海域区域并已有越来越多的讨论，并得到美国科学促进联合会的支持，但这一概念尚未被接纳为国际法概念。大海洋生态系统被认为是一个有着独特水文特征、海底地形及典型生物群落结构的区域。这一概念与海岸区域综合管理相联系，在设计涉及大陆边区域的可持

续发展项目中颇有助益。[1] 作为界定区域的概念,半闭海概念实际上与大海洋生态系统概念并不冲突,在对全球大海洋生态系统的划分中,主要的半闭海如地中海、黑海、波罗的海、北海、南海、东海、日本海、白令海、红海、加勒比海等均被划定为独立的大海洋生态系统。[2]

依据《公约》第122条的定义,半闭海内水域的法律地位"全部或主要由两个或两个以上沿海国的领海和专属经济区构成",但在留有公海"飞地"的情况下,渔业资源养护和管理面临着沿海国的养护和管理措施无法适用于被专属经济区所包围公海的问题。就跨界种群而言,在这小片公海中的捕鱼活动若不加约束则可能抵消沿海国养护生物资源的努力。自20世纪90年代起,上述问题在巴伦支海、白令海愈发突出。[3] 在1995年《鱼类种群协定》的谈判中,俄国提出为"闭海和半闭海"设立特殊制度,赋予半闭海沿岸国在渔业资源养护和管理上更大的权利。俄罗斯提出,"鉴于事实上只占据很小面积的闭海和半闭海内公海飞地实际处于专属于沿海国的特定种群的迁徙路线上,俄罗斯联邦认为,养护与合理利用闭海和半闭海内这类种群的制度规定应不仅基于1982年《联合国海洋法公约》第63条与第123条,也基于第61条与第62条",进而主张应由半闭海沿岸国独立决定总可捕量与配额。[4] 其主张遭到波兰等远洋捕鱼国的反对。最终《鱼类种群协定》第15条虽承认了"闭海和半闭

---

① Adalberto Vallega, The Regional Approach to the Ocean, the Ocean Regions, and Ocean Regionalisation-a Post-modern Dilemma, *Ocean and Coastal Management*, Vol.45, No.11, 2002, p.751.

② [意]阿戴尔伯特·瓦勒格:《海洋可持续管理——地理学视角》,张耀光、孙才志译,海洋出版社2007年版,第166~167页。Cf. Sherman, K. and Hempel, G. eds., *The UNEP Large Marine Ecosystem Report: A Perspective on Changing Conditions in LMEs of the World's Regional Seas*, UNEP Regional Seas Report and Studies No.182, United Nations Environment Programme, 2008.

③ 以白令海为例,美国和俄罗斯的专属经济区构成了白令海的绝大部分面积,但留下了约55000平方海里的公海,约占白令海面积的8%。白令海盛产的阿拉斯加狭鳕吸引了来自中国(含台湾地区)、日本、韩国以及波兰的远洋渔船在白令海的公海中作业。Micheal W. Lodge, The Fisheries Regimes of Enclosed and Semi-enclosed Seas and High Seas Enclaves, in Ellen Hey eds., *Developments in International Fisheries Law*, Kluwer Law International, 1999, pp.202-203.

④ Alex G. Oude Elferink, Fisheries in the Sea of Okhotsk High Seas Enclave-The Russian Federation's Attempts at Coastal State Control, *The International Journal of Marine and Coastal Law*, Vol.10, No.1, 1995, pp.10-11.

海"的特殊性,但具体制度需结合其他条款:"各国在闭海或半闭海执行本协议时,应考虑到有关闭海或半闭海的自然特征,并应以符合《公约》第九部分和《公约》其他有关规定的方式行事。"

有学者认为《鱼类种群协定》未向闭海和半闭海沿岸国增设权利与义务,但使《公约》第九部分的规定"焕发了新的光彩"。[①] 基于第一章中对《公约》第123 条法律性质的辨析,本书只赞同后半句评价,在半闭海内存在公海的情况下,《鱼类种群协定》在养护跨界鱼类种群和高度洄游鱼类种群上对《公约》第123 条的发展有:(1)依据《鱼类种群协定》第 8 条,半闭海沿岸国有义务建立区域渔业管理组织。与之相对,如在第一章已论及的,单从《公约》第 123 条出发,半闭海沿岸国是被鼓励为"协调海洋生物资源的管理、养护、勘探和开发"建立"适当区域组织",《鱼类种群协定》显然就合作管理和养护海洋生物资源中的特定种群提出了更高的要求。(2)联系《鱼类种群协定》第 7 条第 2 款,《鱼类种群协定》对半闭海内公海捕鱼问题的规定,除建立区域渔业管理组织外,还要求"为公海订立的和为国家管辖地区制定的养护和管理措施应互不抵触"。换言之,区域渔业管理组织(或安排)为公海规定的养护和管理措施将与沿海国在专属经济区内的养护和措施相一致。(3)《鱼类种群协定》第 15 条中"应考虑到有关闭海或半闭海的自然特征"实际是《公约》第九部分没有的表述,这使得《鱼类种群协定》中关于区域渔业管理组织职能等一般性规定在适用于半闭海时,可依据半闭海的自然特征有所调整。

二、全球主要半闭海区域合作机制概况

下文对全球主要半闭海区域合作机制概况以及后文对地中海与波罗的海海洋区域合作实践的专章考察以《公约》第 123 条所列明的功能领域为线索,又由于海洋生物资源养护和管理以及海洋环境保护本身都涉及许多海洋科学研究问题,对于第 123 条中所鼓励的海洋科学研究区域合作,本书未专门讨论,仅在适当的地方论及。

1992 年,在苏联解体后黑海 6 个沿岸国彼此间存在政治与经济关系紧张的背景下,联合国环境规划署区域海洋项目框架下的"黑海区域海洋项目"启

----

① Micheal W. Lodge, The Fisheries Regimes of Enclosed and Semi-enclosed Seas and High Seas Enclaves, in Ellen Hey eds., *Developments in International Fisheries Law*, Kluwer Law International, 1999, p.203.

动并取得突破性进展。① 《保护黑海免受污染公约》(*Convention on the Protection of the Black Sea Against Pollution*)及 3 份议定书:《保护黑海海洋环境免受陆源污染议定书》(*Protocol on Protection of the Black Sea Marine Environment Against Pollution from Land Based Sources*),《合作防治在紧急状况下石油及其他有害物质污染黑海海洋环境议定书》(*Protocol on Cooperation in Combating Pollution of the Black Sea Marine Environment by Oil and Other Harmful Substances in Emergency Situations*),《保护黑海海洋环境免受倾倒污染议定书》(*Protocol on the Protection of the Black Sea Marine Environment Against Pollution by Dumping*)在罗马尼亚首都布加勒斯特通过。《保护黑海免受污染公约》第 1 条以“黑海本身”界定功能区域(排除了亚速海);第 5 条设立的一般义务为“防止、减少以及控制污染”;第 7 条至第 12 条对各种来源的污染作了框架性规定,包括陆源污染、船源污染、石油和其他有害物质造成的紧急情况、倾倒污染、大陆架活动造成的污染以及大气传播的污染;第 13 条设立了“特别注意”避免对海洋生物资源造成损害的义务以及“适当考虑主管国际组织的建议”的义务;第 15 条较为详细地规定了缔约方在“科学与技术合作以及监测”方面应采取的措施;第 17 条建立位于伊斯坦布尔的黑海免受污染委员会(Commission on the Protection of the Black Sea Against Pollution)为常设机构,从第 18 条的规定来看委员会的职能类型为“就实现本公约目标所需的措施提出建议”。在随后的发展中,黑海区域海洋项目,一是通过部长级宣言与具体的“战略行动计划”不断调整合作机制的指导原则,其中 1993 年《敖德萨宣言》(*Odessa Declaration*)提出“在黑海区域执行《21 世纪议程》”与实现可持续发展目标,而旨在执行《敖德萨宣言》的 1996 年《恢复与保护黑海战略行动计划》(*Strategic Action Plan for the Rehabilitation and Protection of the Black Sea*)及其 2002 年与 2009 年修订均被视作“法律文件”。② 二是通过修订与新拟定框架性公约下的议定书,就具体污染问题与相应措施形成有约束性的规定。2002 年《养护黑海生物多样性及景观议定书》(*Black Sea Biodiversity and Landscape Conservation*

---

① Cf. Nilufer Oral, *Regional Co-operation and Protection of the Marine Environment Under International Law: the Black Sea*, Martinus Nijhoff Publishers, 2013.

② "Table of Main Legal Documents", The Commission on Protection of the Black Sea Against Pollution, http://www.blacksea-commission.org/_table-legal-docs.asp, last accessed: Mar. 29, 2020.

Protocol)于2011年生效，而2009年《经修订的保护黑海海洋环境免受陆源污染及陆上活动污染议定书》（*Revised Protocol on the Protection of the Marine Environment of the Black Sea from Land-Based Sources and Activities*）尚未生效。三是形成了一系列执行上述规范性文件的区域性项目，如"黑海综合检测与评估项目"（Black Sea Integrated Monitoring and Assessment Programme）。另外，在海洋生物资源养护和管理领域，地中海渔业总委员会的功能区域也覆盖黑海，具体情况在第三章中将论及。

区域海洋项目框架下的1981年"加勒比海环境项目"覆盖了加勒比海、墨西哥湾以及相邻的大西洋水域，其法律框架也采取了框架性区域公约加议定书的模式，包括1983年《保护与发展泛加勒比区域海洋环境公约》（*Convention for the Protection and Development of the Marine Environment of the Wider Caribbean Region*）及其3份已生效的议定书：1983年《合作防治石油溢出议定书》（*The Protocol Concerning Co-operation in Combating Oil Spills*），1990年《特别保护区及野生动物议定书》（*The Protocol Concerning Specially Protected Area and Wildlife*）以及1999年《陆源及陆上活动污染议定书》（*The Protocol Concerning Pollution from Land-Based Sources and Activities*）。[1] 在《保护与发展泛加勒比区域海洋环境公约》中，除"防止、减少和控制污染"的一般义务以及对各项污染的框架性规定外，富有特色地在第10条形成了"缔约方应努力建立"特别保护区的规定。[2] 在机构安排方面，《保护与发展泛加勒比区域海洋环境公约》第15条规定联合国环境规划署履行秘书处职能，之后1986年成立的加勒比海区域协调机构（Caribbean Regional Co-ordinating Unit）成为加勒比海环境项目的常设机构。在区域性项目方面，主要有"评估与管理海洋污染"项目、"特别保护区与野生动物"项目，以及以提升公众参与成员国能力的"传播，教育，培训和意识"项目。在渔业资源养护和管理领域，

---

① "Learn about the Cartagena Convention and its Protocols"，The Caribbean Environment Programme，http://cep.unep.org/cartagena-convention，last accessed：Mar. 29，2020. Cf. *Major Issues in the Management of Enclosed or Semi-enclosed Seas*，*with Particular Reference to the Caribbean Sea*，LC/CAR/L.24，United Nations Economic Commission for Latin America and the Caribbean，2004.

② "CEP Regional Seas for the Caribbean Briefing Sheet"，The Caribbean Environment Programme，http://cep.unep.org/cep-documents/regionalseas_briefing_material_cartagena_convention_final_rev1-1.pdf/@@download/file/RegionalSeas_briefing_material_Cartagena_Convention_Final_rev1%20(1).pdf，last accessed：Mar. 29，2020.

加勒比海区域渔业机制于 2003 年依《建立加勒比海区域渔业机制协议》(*A-greement Estabilishing Caribbean Regional Fisheries Mechanism*)成立的,协议未明确规定功能区域,但成员国资格向加勒比共同体的成员国与准成员国开放。该机制由最高决策机构部长理事会(The Ministerial Council)、秘书处加勒比海渔业论坛(The Caribbean Fisheries Forum)以及承担专家咨询职能的技术机构(The Technical Unit)三个部分构成。① 虽然依据《建立加勒比海区域渔业机制协议》第 7 条部长理事会具有审议加勒比海渔业论坛所提出的关于可持续渔业管理建议的职能,但是并未明确建议因此获得的效力,因此一般认为该机制的核心职能为建议与协调性质。②

"红海及亚丁湾环境计划"始自 1974 年,由阿拉伯联盟教育、文化与科技组织发起并得到了联合国教科文组织的协助,随后该计划被纳入联合国环境规划署"区域海洋项目"框架下。1982 年吉布提、埃及、约旦、沙特阿拉伯、索马里、苏丹和也门通过了法律框架《养护红海及亚丁湾环境区域公约》(*Regional Convention for the Conservation of the Red Sea and Gulf of Aden Environment*)以及《区域合作防治在紧急状况下石油及其他有害物质污染议定书》(*Protocol Concerning Regional Co-Operation in Combating Pollution by Oil and Other Harmful Substances in Cases of Emergency*)。③ 1995 年养护红海及亚丁湾环境区域组织(Regional Organization for the Conservation of the Environment of the Red Sea and Gulf of Aden)依据《养护红海及亚丁湾环境区域公约》第 16 条正式建立。从 1982 年《养护红海及亚丁湾环境区域

---

① "About CRFM", Caribbean Regional Fisheries Mechanism, http://www.crfm. net/index.php? option = com_k2&view = item&layout = item&id = 1&Itemid = 114, last accessed: Mar. 29, 2020.

② Cf. Milton O. Haughton, et al, Establishment of the Caribbean Regional Fisheries Mechanism, *Marine Policy*, Vol.28, No.4, 2004.

③ 未生效议定书有:2005 年《养护红海及亚丁湾生物多样性以及建立保护区网络议定书》(*Protocol Concerning the Conservation of Biological Diversity and the Establishment of Network of Protected Areas in the Red Sea and Gulf of Aden*),2005 年《保护海洋环境免受红海及亚丁湾陆上活动污染议定书》(*Protocol Concerning the Protection of the Marine Environment from Land-Based Activities in the Red Sea and Gulf of Aden*),2009 年《技术合作以便利在紧急情况下交换及转让专家、技术、设备及材料议定书》(*The Protocol Concerning Technical Cooperation to Facilitate Exchange and Transfer Experts, Technicians, Equipment and Materials in Cases of Emergency*)。

公约》第 16 条至第 19 条看来,养护红海及亚丁湾环境区域组织的职能类型为提出建议与协调政策,当前的重点领域除执行环境检查项目外,还有协调成员国防治陆源污染与海洋保护区政策(相应的议定书尚未生效)。值得注意的是,由于《养护红海及亚丁湾环境区域公约》第 1 条对"养护"红海及亚丁湾海洋环境的定义涵括了"人类合理利用海洋与海岸的生物与非生物资源",该组织的功能领域也宽泛地包括海洋生物资源的养护和管理。通过对生态系统方法的强调,该组织当前也从事海洋生物资源评估等活动。[①]

区域海洋项目框架下的 1978 年"科威特行动计划"涵盖了波斯湾及相邻的阿曼湾。[②] 其法律框架为 1978 年《合作保护海洋环境免受污染的科威特区域公约》(*Kuwait Regional Convention for Cooperation on the Protection of the Marine Environment from Pollution*)以及 4 份已生效的议定书:1978 年《区域合作防治在紧急状况下石油及其他有害物质污染议定书》,1989 年《关于勘探及开发大陆架造成海洋污染的议定书》(*Protocol concerning Marine Pollution resulting from Exploration and Exploitation of the Continental Shelf*),1990 年《保护海洋环境免受陆源污染议定书》(*Protocol for the Protection of the Marine Environment against Pollution from Land-Based Sources*),1998 年《控制有害废物及其他废物海上越境转移及处理议定书》(*Protocol on the Control of Marine Transboundary Movements and Disposal of Hazardous Wastes and other Wastes*)。在机构设置方面,常设机构"海洋环境保护区域组织"于 1974 年成立,1989 年下设了"司法委员会"(Judicial Commission),其职能有:(1)管辖缔约方之间关于公约及议定书解释或适用产生的争端;(2)管辖关于海洋环境污染造成的民事责任与损害赔偿争端;(3)提供法律咨询意见。[③] 在海洋生物资源养护和管理领域,功能区域

---

① "Programmes and Activities", The Regional Organization for the Conservation of the Environment of the Red Sea & Gulf Area, http://www.persga.org/inner.php? mainid=33, last accessed: Mar. 29, 2020.

② 成员国有巴林、伊朗、伊拉克、科威特、阿曼、卡塔尔、沙特和阿联酋。依据《合作保护海洋环境免受污染的科威特区域公约》第 2 条的规定,功能区域为以下地理坐标之间的海域:16°39′N, 53°3′30″E;16°00′N, 53°25′E;17°00′N, 56°30′E;20°30′N, 60°00′E;25°04′N, 61°25′E。

③ "ROPME Organizational Structure", Regional Organization for the Protection of the Marine Environment, http://www.ropme.org/1_Org_Structure_EN.clx, last accessed: Mar.29, 2020.

覆盖波斯湾及阿曼湾的渔业区域委员会(Regional Commission for Fisheries)
于 2001 年在《联合国粮农组织章程》第 14 条框架下建立。由联合国粮农组织
近东及北非区域办公室(FAO Regional Office for the Near East and North
Africa)提供行政支持。① 依据其基本文件《建立渔业区域委员会》
(*Agreement for the Establishment of the Regional Commission for
Fisheries*)第 5 条的规定,委员会制定的渔业管理措施经成员国 2/3 多数投票
赞成后具有约束力,因此,渔业区域委员会的职能类型属于区域渔业管理
组织。

　　波罗的海与北海的海洋环境保护区域是独立于联合国环境规划署区域海
洋项目的代表,其中北海的合作机制表现为一系列区域条约与机构的网络。②
在欧洲大西洋沿岸遭受 1967 年"托雷·卡尼翁号"原油溢出事故的背景下,北
海沿岸国于 1969 年达成《应对北海油污合作协议》(*Agreement for Co-opera-
tion in Dealing with Pollution of the North Sea by Oil*),后为 1983 年《应对
石油及其他有害物质污染北海合作协定》(*Agreement for Co-operation in
Dealing with Pollution of the North Sea by Oil and Other Harmful Sub-
stances*)取代,欧共体成为新协议的缔约方之一。③ 其他功能区域覆盖北海的
区域性海洋保护公约有 1972 年于挪威首都奥斯陆签订的《防止船舶和飞机倾
倒废弃物造成海洋污染公约》(*Convention for the Prevention of Marine Pol-
lution by Dumping from Ships and Aircraft*)以及 1974 年于巴黎签订的《防
止陆源污染海洋公约》(*Convention for the Prevention of Marine Pollution
from Land-Based Sources*),这两者又为 1992 年《保护东北大西洋海洋环境公
约》(*The Convention for the Protection of the Marine Environment of the
North-East Atlantic*)所取代。除机制间的合作之外,始自 1984 年的北海部
长级会议(North Sea Ministers Conference)提供了全面评估保护北海所需措
施提供了政治框架,会议取得的共识逐步将预警原则、生态系统方法等原则引

---

　　①　"Regional Commission for Fisheries(RECOFI)", FAO http://www.fao.org/
fishery/rfb/recofi/en, last accessed:Mar.29, 2020.

　　②　Cf. Ellen Hey, The International Regime for the Protection of the North Sea:
From Functional Approaches to a More Integrated Approach, *International Journal of
Marine and Coastal Law*, Vol.17, No.3.

　　③　当前 10 个缔约方为:比利时、丹麦、德国、法国、荷兰、挪威、瑞典、英国、爱尔兰以
及欧盟。"Contracting Parties", Boon Agreement https://www.bonnagreement.org/about/
contracting-parties, last accessed:Mar.29, 2020.

入北海的海洋区域合作当中。[①]

就与中国尤其相关的太平洋亚洲外缘一系列半闭海而言，区域海洋项目下的"西北太平洋行动计划"覆盖了日本海、黄海，"东亚海项目"覆盖了东海、南海、苏禄海。[②] 这两项区域海洋项目尚未订立法律框架。西北太平洋行动计划基本文件为 1994 年《西北太平洋海洋和海岸地区环境保护、管理和开发行动计划》(The Action Plan for the Protection，Management and Development of the Marine and Coastal Environment of the Northwest Pacific Region)(以下简称《行动计划》)，其中第 9 段将功能区域较为模糊地界定为"大致东经 121 度至 143 度、北纬 33 度至 52 度"范围内日本、中国、韩国及俄罗斯的"海洋环境与沿海区域"。《行动计划》提出的五项目标为：(1)评估区域海洋环境状况；(2)收集并记录环境数据与信息；(3)建立海洋环境规划的"和谐路径"；(4)建立管理海岸与海洋环境及其资源的"和谐路径"；(5)制定紧急状况下相互支持、协作管理毗邻水域、合作保护共同资源以及合作防止海岸与海洋污染的有效措施。[③] 为实现这些短、中期目标，"西北太平洋行动计划"的制度安排有 2004 年建立的秘书处"区域协调机构"(NOWPAP Regional Coordinating Unit)以及四个由成员国承办的"区域活动中心"：由日本承办的特别监控和沿岸环境评估区域活动中心(Special Monitoring and Coastal Environment Assessment Regional Activity Centre)，由中国承办的数据信息网络区域活动中心(Data and Information Network Regional Activity Centre)，由韩国承办并得到联合国环境规划署与国际海事组织支持的海上环境应急准备和响应区域活动中心(Marine Environmental Emergency Preparedness and Response Regional Activity Centre)以及由俄罗斯承办的污染监控区域活动中心(Pollution Monitoring Regional Activity Centre)。上述区域活动中心均以评估与检测区域内海洋环境的不同方面以及信息交流为工作重点，其中海上环境应急准备和响应区域活动中心还具体负责《西北太平洋区域石油及有害有毒物质溢

---

① "North Sea Ministers Conference"，OSPAR Commission，https://www.ospar.org/about/international-cooperation/north-sea-conferences，last accessed：Mar.29，2020.

② 南海海洋区域合作的现状将在第六章中详细论述。

③ NOWPAP，The Action Plan for the Protection，Management and Development of the Marine and Coastal Environment of the Northwest Pacific Region，1994，paras. 9-13.

出应急计划》(*NOWPAP Regional Oil and HNS Spill Contingency Plan*)的执行。[①]

　　在渔业资源养护和管理领域,联合国粮农组织建立的亚太渔业委员会覆盖了整个"亚太"地区,另外在白令海还有《中白令海狭鳕资源养护和管理公约》这一区域渔业管理安排。1991年至1994年,白令海沿岸国(即俄罗斯与美国)同在该区域捕鱼的远洋捕鱼国家进行了10次外交会议。1994年中国、韩国、俄罗斯及美国签署了《中白令海狭鳕资源养护和管理公约》(*Convention on the Conservation and Management of Pollock Resources in the Central Bering Sea*),波兰与日本随后加入了该公约。其中第3条设置了缔约国年会,年会的职能包括确定下一年阿拉斯加狭鳕的可捕捞量和各国配额,以及"通过在公约区域内养护和管理狭鳕资源的其他适当措施"等。该公约对于《鱼类种群协定》的制定产生了影响,尤其是"为公海订立的和为国家管辖地区制定的养护和管理措施应互不抵触"的原则。[②]

三、半闭海区域合作机制的特征

(一)联合国专门机构"由上而下"的作用显著

　　在海洋环境保护领域,除波罗的海与北海之外,上述半闭海的区域合作机制均在联合国环境规划署区域海洋项目下建立。这一现象并非偶然,而是联合国环境规划署对区域海洋项目的有意安排。1982年总结区域海洋项目经验的区域海洋项目政府专家会议(Meeting of Government Experts on Regional Marine Programmes),在项目适用范围方面作出建议为:"区域行动计划(包括相关区域协议的发展)的网络应扩展至包括闭海或半闭海以及存在明确共同问题的海洋与沿岸区域。"[③]因此,区域海洋项目覆盖的区域可分成两类:一类是北半球闭海或半闭海,针对的主要问题是工业污染和陆源污染;

---

　　① "Regional Activity Centers", Northwest Pacific Action Plan (NOWPAP), https://www.unenvironment.org/nowpap/who-we-are/regional-activity-centers, last accessed: Mar. 29, 2020.

　　② Micheal W. Lodge, The Fisheries Regimes of Enclosed and Semi-enclosed Seas and High Seas Enclaves, in Ellen Hey eds., *Developments in International Fisheries Law*, Kluwer Law International, 1999, pp.202-203.

　　③ UNEP, *Achievement and Planned Development of UNEP's Regional Seas Programme and Comparable Programmes Sponsored by Other Bodies*, UNEP Regional Seas Reports and Studies, Vol.1, 1982, p.i.

另一类是为南半球大部分发展中国家的海岸管理确定统一的模式和原则。①
在渔业资源养护和管理领域，联合国粮农组织同样发挥了重要作用，建立了地
中海渔业总委员会、亚太渔业委员会等覆盖半闭海的区域渔业组织。

联合国专门机构提供的资金与技术支持为沿岸国均为发展中国家的半闭
海区域开展区域合作提供了条件，但与此同时，这些区域的合作机制也十分
"依赖"联合国专门机构。虽然在区域合作机制的始创阶段提供资金，但是随
着机制的建立，联合国环境规划署与粮农组织希望机制能够自身维持。由此
造成的影响首先是一些发展中区域的合作机制出现了资金短缺的现象。例
如，联合国环境规划署自1994年逐步减少对"东亚海项目"（该项目覆盖南海）
的支持之后，资金匮乏已成为阻碍东亚海行动计划进行的主要原因。②

（二）受半闭海内自然特征的影响显著

虽然对半闭海内的海洋区域合作"应考虑到有关闭海或半闭海的自然特
征"的要求没有出现在《公约》第九部分，而是出现在1995年《鱼类种群协定》
第15条中，但是各半闭海内海洋环境保护、海洋生物资源养护和管理领域区
域合作的机制与具体措施都受到自然特征的显著影响。

首先，自然特征在很大程度上决定了半闭海水域的法律地位。《公约》第
122条对"闭海和半闭海"的法律定义指出半闭海"全部或主要由专属经济区
与领海构成"。决定半闭海内是否事实上存在公海的首要因素为地理条件是
否允许沿岸国在充分主张200海里专属经济区后仍留有公海，例如前文论及
的白令海。另一种情况则是由于沿岸国未充分主张200海里界限而留有公
海，如第三章将详细论述的地中海国家管辖海域实践。半闭海内水域的法律
地位影响到区域合作实践中"区域内"与"区域外"国家之间的权利平衡。在半
闭海内水域存在公海的情况下，特别是在1995年《鱼类种群协定》通过并生效
之后，沿岸国与远洋捕鱼国应建立区域渔业管理组织（或安排），并且要在成员
标准上维持开放。例如，1994年《中白令海狭鳕资源养护和管理公约》的始创
成员国除沿岸国俄罗斯与美国外，还有在该海域捕鱼的中国、日本、韩国与波
兰，同时第16条第4款规定："在本公约生效后，各缔约方经一致同意，可邀请

---

① 海岸带被界定为"陆地与海洋的接触面"，包括礁、湿地、海滩、沿海平原等。［英］
帕特莎·波尼、埃伦·波义尔：《国际法与环境》，那力等译，高等教育出版社2007年第2
版，第337页。

② Joseph F.C. DiMento, Alexis Jaclyn Hickman, *Environmental Governance of the
Great Seas：Law and Effect*, Edward Elgar, 2012, p.75.

其国民和船只希望在公约区域进行捕捞狭鳕的其他国家成为本公约的缔约方。"而在半闭海内不存在公海的情况下,区域渔业组织的成员国局限于该半闭海的沿岸国。

其次,自然特征催生合作需求,并影响了海洋环境保护区域合作的优先领域。从前述概要可以看到,各半闭海海洋环境区域合作中均将防治石油勘探、开采与运输过程中可能产生的污染作为重点之一,这符合海底石油集中分布在各半闭海的地理特征。另一个特例是,波罗的海的海洋区域合作尤为独特地将船源污染作为重点领域。1974 年《保护波罗的海区域海洋环境公约》第 7 条及附件 IV 形成了关于船源污染的详细规定,赫尔辛基委员会先后制定了超过 80 项关于防止船源污染的建议,并且 2007 年《波罗的海行动计划》也将海事活动作为四个部分之一。这些区域性法规与措施以执行全球性规则为重点,但对缔约方而言也构成了自成一类的法律渊源。而其产生则根植于波罗的海海峡狭、水深浅、冰期长的自然特征与航行条件。①

(三)存在机制重叠与职能重叠的现象

如前文所指出的,海洋区域合作依功能路径发展,特定的区域性海洋合作机制以特定的海洋使用为职能对象。因此重叠首先是"功能区域"的重叠,即同一半闭海区域存在着不同功能领域的区域合作机制。从前述概况可以看到,各主要半闭海大多存在海洋环境保护与海洋生物资源养护和管理两个功能领域的区域合作机制。但在《21 世纪议程》以及《生物多样性公约》为之提供了合法性基础的"基于生态系统的综合性路径"逐步在区域层级实施之后,区域性海洋合作机制的职能变得更加"综合",科学研究、海洋环境保护以及渔业资源养护和管理三者密切关联。对于由此产生的职能重叠,区域性环境机制与渔业组织之间的合作尤为重要。另一种职能重叠的情况是同一功能领域的多个机制同时覆盖相同的功能区域。如在地中海区域,地中海渔业总委员会与大西洋金枪鱼养护国际委员在金枪鱼及金枪鱼类种群的养护和管理上职能重叠,如后文将详细论及的,两个机制之间已建立起制度性合作,避免重复工作并协调养护和管理措施。而在南海的海洋环境保护领域,"东亚海区域行动计划"与"东亚海环境管理伙伴关系计划"等机制之间则存在机制竞争的现象。

概括而言,在《公约》第 123 条所列举的领域,世界上各主要半闭海都已有

---

① Henrik Ringbom, Regulation of Ship-source Pollution in the Baltic Sea, *Marine Policy*, Vol.98, No.12, 2018, pp.246-250.

区域合作的实践,其中"闭海或半闭海"作为功能性区域合作基础的作用明显。首先,闭海与半闭海是一个明确的海洋区域,有其独特的地理条件以及生态条件,存在着需要合作解决的海洋环境污染与渔业资源养护和管理问题。其次,《公约》等全球性法海洋法对半闭海区域合作的框架性规定以及联合国专门机构"由上而下"的作用推动了区域合作机制的建立与发展。

但是对于半闭海内海洋区域合作实践的研究不能止步于此,如前文所指出的,《公约》中对半闭海沿岸国海洋区域合作的框架性规定将转化为具体的区域性海洋合作机制,以机制为载体的海洋区域合作是一个动态过程,而且区域性海洋合作机制有着多个方面,即区域合作的基本文件、区域性国际组织或联络平台,以及在区域性平台上达成的针对特定功能领域的原则、规范及措施。唯有案例研究才能完整地呈现出这个动态过程以及区域性海洋合作机制的各方面及其在不同区域的差异性。此外,为了最终回答如何推进中国周边半闭海的区域合作向前迈进的问题,也需进一步的案例研究,通过实践经验回答包括但不局限于如下问题:《公约》第 123 条中包含了三处"适当",其中何谓"适当区域组织",何谓需"邀请其他有关国家或国际组织与其合作以推行本条的规定"的"适当情形"又格外重要;此外,1995 年《鱼类种群协定》第 15 条的规定也存在"考虑到有关闭海或半闭海的自然特征"具有怎样法律效果的问题;在普遍认为中国周边半闭海的区域合作发展滞后的背景下,其他半闭海的区域合作实践提供了哪些可资借鉴的经验。在后续章节中,本书将选取地中海与波罗的海作为案例详细论述。鉴于普遍认为这两个区域的海洋区域合作是成功的典范,在下文的研究中还将分析其成功的原因及经验,同时,两者在海洋区域合作的发展历程、法律框架、机制特征等方面的差异可以形成对照。

第三章　地中海的海洋区域合作实践

第一节　作为半闭海的地中海

一、半闭海的地理条件

　　地中海由非洲大陆与欧亚大陆环抱,从直布罗陀海峡延伸至黎凡特沿岸。地中海由直布罗陀海峡连接大西洋,由达达尼尔海峡、马尔马拉海及博斯普鲁斯海峡连接黑海,①由苏伊士运河连接红海,是一个典型的半闭海,其水域面积约为 250 万平方公里,平均深度为 1500 米,主要分为东西两个盆地。地中海长约 22500 公里的海岸线由 23 个国家分享。② 同时,地中海内还包含了一些同样符合法定半闭海定义的次区域,如亚得里亚海、爱琴海以及爱奥尼亚海。

　　地中海栖息着独特且相对丰富的生物群落,年渔获量占世界总额的2%～3%,是沿海国居民重要的蛋白质来源。由于被陆地高度封闭,地中海与其他海域的水体交换非常缓慢,在三个出口中,只有直布罗陀海峡在水文上有重要作用。据计算,地中海的海水更替一次平均需要 80 年。因此,各种来源的污染会对海洋生态尤其是生物资源造成长期的影响。③ 自 50 年代起,地中海地区经历了工业化与城市化的快速发展,地中海沿岸本不开阔的海岸带形成了许多港口城市,聚集了大量人口,并且地中海南岸与北岸间的"南北差距"明

---

　　①　达达尼尔海峡、马尔马拉海及博斯普鲁斯海峡统称为土耳其海峡,由 1936 年《蒙特勒公约》规制。

　　②　这一计数包括巴勒斯坦,以及在直布罗陀与塞浦路斯占有军事基地的英国,但不包括仅有土耳其承认的北塞浦路斯。

　　③　[美]J. R. 麦克尼尔:《阳光下的新事物:20 世纪世界环境史》,韩莉、韩晓雯译,商务印书馆 2013 年版,第 143 页。

显。旅游业的繁荣也增加了对海洋环境的压力。除显著的海洋环境问题之外，如瓦勒格所指出的，在半闭海的地理条件下，地中海的主要使用方式——包括海上运输、海上石油与天然气开发、渔业捕捞、水产养殖、弃废、海军活动等——之间存在着冲突。这种情况凸显了对在规划海洋使用及环境管理方面进行区域合作的需求。[①]

作为古老文明的发源地，历经历史的变迁，地中海沿海国呈现出了相当突出的种族、文化及宗教差异。作为战略要地，[②]地中海的局势长期受到区域外大国的影响，从历史上的大英帝国与俄罗斯帝国到冷战时期的美国与苏联，而在当前，欧盟东扩的发展对地中海的局势以及本书所探讨的海洋治理问题有相当大的影响。[③]

二、地中海沿海国的功能性国家管辖海域实践

在《公约》于 1982 年通过并于 1994 年生效之后，地中海区域的国家管辖海域实践呈现出特殊性，这种特殊性又与地中海的半闭海性质密切相关，首先表现为沿岸国长期未在地中海主张专属经济区。直至 1997 年西班牙基于专属经济区主张渔业保护区之前，地中海沿岸国普遍不适用专属经济区。在这一时期，地中海沿岸国的实践可分为四类。一是法国（1976 年）与西班牙（1977 年）主张专属经济区，但明确保留在地中海适用的权利。二是埃及、摩洛哥以及克罗地亚虽然在地中海主张了专属经济区，但是并没有执行。[④] 三是突尼斯（1951 年主张，1963 年修订）、马耳他（1971 年主张，1975 年修订）以及阿尔及利亚（1994 年主张）主张相对克制、未及中间线的专属渔区，学术界

---

① Adalberto Vallega, A Human Geographical Approach to Semienclosed Seas: The Mediterranean Case, *Ocean Yearbook*, Vol.7, 1988, pp.376-389.

② Cf. W. Gordon East, The Mediterranean: Pivot of Peace and War, *Foreign Affairs*, Vol.31, No.1, 1952, pp.619-633.

③ Cf. Nurit Kliot, Cooperation and Conflicts in Maritime Issues in the Mediterranean Basin, *Geo Journal*, Vol.18, No.3, 1989, p.263; Salvino Busuttil, The Future of the Mediterranean, *Ocean Yearbook*, Vol.10, 1993, pp.241-243.

④ 埃及在于 1983 年批准《联合国海洋法公约》时主张专属经济区，但没有通过立法实施。摩洛哥虽于 1980 年立法主张专属经济区，但其执行受到学术界的怀疑。Tullio Scovazzi, International Law of the Sea as Applied to the Mediterranean, *Ocean and Coastal Management*, Vol.24, No.1, 1994, pp.75-76.

一般将之理解为依据习惯国际法。① 四是其余的沿岸国,均未主张专属经济区或者专属渔区。

从海域路径与功能路径的角度看,上述局面的形成有如下原因。海域路径上的原因是区域内形成了对"现状"的默认。首先,在第三次联合国海洋法会议上,地中海沿岸国是"闭海或半闭海"议题的积极推动者,对区域内地理条件的不平衡以及适用专属经济区的困难有更深切的认识。地中海沿岸国中意大利、阿尔及利亚、以色列以及土耳其曾明确表示反对专属经济区适用于地中海。② 其次,土耳其与希腊之间的爱琴海争端以《伯尔尼协议》的形式进一步固化了地中海"现状"。③ 由于在地理条件上相对不利,土耳其一直坚持其在第三次联合国海洋法会议上关于半闭海内扩展管辖海域的主张,即形成"公平"的区域性办法。④ 最后,地中海沿岸国不主张专属经济区的"现状"实际上是不"单方面"主张专属经济区。例如,法国的策略为,如果区域内其他国家也主张的话,法国将在地中海主张专属经济区。⑤ 换言之,第三次联合国海洋法会议上关于半闭海内如何适用专属经济区制度的讨论在外交意义上形成了直接影响,地中海沿岸在等待就专属经济区的适用形成区域性共识或协调。功能路径上的原因一方面是保留公海符合主要海洋使用国的利益。对于土耳其、意大利以及西班牙等区域内的捕鱼大国而言,保留公海与捕鱼自由符合自身利益。保留大面积公海,在最大限度保障了半闭海内航行与飞越自由的同

---

① Mitja Grbec, *Extension of Coastal State Jurisdiction in Enclosed and Semi-enclosed Seas: A Mediterranean and Adriatic Perspective*, Routledge, 2014, pp.74-75.

② Ton Ljlstra, Development of Resource Jurisdiction in the EC's Regional Seas: National EEZ Policies of EC Member States in the Northeast Atlantic, the Mediterranean Sea, and the Baltic Sea, *Ocean Development and International Law*, Vol.23, No.2, 1992, p.180.

③ 当前两国在地中海均只主张了6海里领海。关于爱琴海争端以及《伯尔尼协议》对双方进一步行为的限制,参见吴传华:《土耳其与希腊爱琴海争端解析》,载《西亚非洲》2011年第2期。

④ 在塞浦路斯主张专属经济区引发的争端中,土耳其反复重申了这一立场。Cf. United Nations, Division for Ocean Affairs and the Law of the Sea, *Law of the Sea Bulletin*, No.59, 2005, p.34.

⑤ Ton Ljlstra, Development of Resource Jurisdiction in the EC's Regional Seas: National EEZ Policies of EC Member States in the Northeast Atlantic, the Mediterranean Sea, and the Baltic Sea, *Ocean Development and International Law*, Vol.23, No.2, 1992, pp.177-178.

时,实际上也保留了军事利用的自由。在冷战背景下,地中海是东西方两大阵营对峙的前线,美国第 6 舰队以及苏联地中海分舰队长期驻扎于此,北约则定期在此举行海军演习。①另一方面,如后文将详述的,地中海沿岸国依循《公约》第 123 条设计的路径所开展功能性区域合作在一定程度上发挥了避免"公共地悲剧"的作用。

在适用专属经济区存在困难的背景下,一些沿岸国主张《联合国海洋法公约》规定之外的特殊管辖海域,包括西班牙 1997 年主张的渔业保护区(Fisheries Protection Zone)、法国 2003 年主张的生态保护区(Zone of Ecological Protection)、克罗地亚 2003 年主张的生态与渔业保护区(Ecological and Fisheries Protection Zone)、斯洛文尼亚 2005 年主张的生态保护区,以及意大利于 2006 年主张并于 2011 年划定界线的生态保护区等。这些特殊国家管辖海域的基本特征为,较之专属经济区制度,沿岸国主张对领海外海域内特定功能领域的管辖权,因此称为功能性国家管辖海域(zones of functional State jurisdiction)。借用意大利学者斯科瓦齐(Tullio Scovazzi)的评论,地中海沿岸国主张的渔业保护区或生态保护区,"虽然《联合国海洋法公约》并无提及,但也不被禁止"②。为探究这些创新性国家管辖海域的本质与合法性,下文的分析将重点关注地中海沿岸国在实践中提出主张的国际法基础或者说"法律确信"(opinio juris)。据此,这些实践可分为两类,同时也是前后两个发展阶段。一类基于《联合国海洋法公约》中的专属经济区制度,另一类基于包括《联合国海洋法公约》在内的国际法。就突尼斯、马耳他、阿尔及利亚以及利比亚的沿岸专属渔区主张而言,在与专属经济区相比较的意义上属于后一类,但由于专属渔区久已存在于习惯国际法中,本书不再详细探讨。

(一)依附于专属经济区制度的功能性国家管辖海域主张

在地中海此类特殊主张包括西班牙渔业保护区、法国生态保护区以及克罗地亚生态与渔业保护区。其共同的特点在于管辖海域主张明确基于《联合国海洋法公约》中的专属经济区制度,同时仅主张沿海国在专属经济区内的部

①　David Attard and Dominic Fenech, The Law of the Sea and Jurisdictional Issues in the Mediterranean, in John B. Hattendorf eds., *Naval Policy and Strategy in the Mediterranean: Past, Present and Future*, Frank Cass Publishers, 2000, pp.230-231.

②　T. Scovazzi, Fisheries in the Mediterranean Sea: the Relevant International Law Provisions, p.331, https://www.politicheagricole.it/flex/files/4/f/7/D.bf6f65ab24705ef96358/cap7_eng.pdf, last accessed: Mar.29,2020.

分管辖权(或主权权利)。

(1)执行专属经济区内的单项管辖权

西班牙1997年《关于在地中海建立渔业保护区的1315/1997号皇家法令》中序言性的"一般规定"对渔业保护区主张的合法性与必要性进行了论证。该法令的国内法基础是1978年《专属经济区法案》,换言之,西班牙政府将渔业保护区作为对专属经济区制度的执行方式,使之在法理上不同于习惯国际法中的专属渔区。[①] 该《法令》将主张渔业保护区的必要性诉诸地中海渔业资源特别是金枪鱼遭受过度捕捞,原因则是现有养护和管理措施在管辖权上不足:在功能性路径上,区域外国家无视大西洋金枪鱼养护国际委员会所制定的措施;在海域路径上,由于地中海国家管辖海域的现状,区域外国家在12海里外的渔获努力不受任何限制,同时,欧盟制定的养护措施在12海里外也不适用于成员国之外的渔船。鉴于此,该《法令》第2条将西班牙在渔业保护区中主张的权利局限于沿海国在专属经济区内的单项管辖权:"在该区域中,西班牙王国应拥有以养护海洋生物资源为目的的主权权利,以及在不损及欧盟已颁布或可能颁布的资源保护与养护措施的条件下,对管理与控制渔业活动的主权权利。"[②]不同于此前区域内突尼斯、马耳他以及阿尔及利亚的专属渔区主张,西班牙以专属经济区为基础的渔业保护区实际上以200海里为最大界限,并且西班牙已于2013年正式在地中海主张专属经济区(需要注意的是1997年建立的渔业保护区并未因此废止,两者并存主要是出于维护国内法协调的考虑)。

(2)主张专属经济区内的复合管辖权

虽然在2012年法国在地中海主张专属经济区之后,其2003年立法主张、2004年实施的生态保护区已废止,但由于法国的实践成为意大利、克罗地亚以及斯洛文尼亚各自扩展管辖海域主张的先例,因此不可忽视。

在遭受了1967年"托雷•卡尼翁号"与1978年"阿莫科•卡迪兹号"油船污染事故之后,海洋环境保护就成了法国海洋政策中的优先领域。在1976年

---

① 因此,本书不赞同一些学者将西班牙渔业保护区理解为"事实上的"专属渔区的观点。Cf. Shalva Kvinikhidze, Contemporary Exclusive Fishery Zones or Why Some States Still Claim an EFZ, *The International Journal of Marine and Coastal Law*, Vol. 23, No. 2, 2008, pp.283-284.

② Royal Decree 1315/1997, of 1 August 1997, establishing a Fisheries Protection Zone in the Mediterranean Sea.

主张专属经济区之后,基于散布于各大洋的海外领土,法国专属经济区面积高居世界前列,法国的渔业发展转向远洋。[1] 因此,在 1999 年"埃里卡号"(Erica)油船污染事故之后,法国在地中海主张以海洋环境与生态保护为主要目的(主要针对船源污染)的功能性国家管辖海域符合其一贯的海洋政策及相应的功能性需求。法国 2003 年的第 2003—346 号法案第 1 条指出,生态保护区是基于"国际关系"原因(即地中海内适用专属经济区制度的长期困难)而作为(专属)"经济区"的特殊类型提出的。在生态保护区内,法国的功能性主张除"国际法承认的保护与保全海洋环境的管辖权"外,还包括专属经济区制度中"对海洋科学研究,使用人工岛屿、设施和结构的管辖权"。[2]

　　与西班牙的渔业保护区主张相比较,法国的生态保护区主张虽然同样基于专属经济区制度,但是所主张的管辖领域是一项创新性的实践:首先,同时主张了沿海国在专属经济区内的多项管辖权;其次,以保护与保全海洋环境为主,辅以对海洋科学研究、使用人工岛屿和设施的管辖权主张,进一步与传统的专属渔区制度拉开了距离。不过,此前地中海存在相关的实践。2002 年法国、意大利以及摩纳哥依据 1999 年《建立地中海海洋哺乳动物保护区协议》联合设立的"派拉格斯保护区"与法国生态保护区的相关性在于:在覆盖"相邻公海"的保护区内,三个缔约国主张对非缔约方船只的管辖权,并且所实际主张的管辖权领域不仅是养护海洋哺乳动物,还包括对保护海洋环境的管辖权(第4 条、第 6 条)。如斯科瓦齐以该保护区内的公海是缔约方可主张的专属经济区为公海内的管辖权辩护,[3]该保护区的法律性质亦可理解为联合的功能性国家管辖海域。

　　(3)作为专属经济区的替代性适用方式

　　克罗地亚于 1994 年颁布了《海洋法典》(Maritime Code),其中第 4 章主张了专属经济区制度,而执行则留待国会决议。2003 年年初,在申请加入欧盟因而需审议欧盟共同渔业政策的背景下,克罗地亚着手扩展管辖海域的准备。在国内出于渔业利益及维护海岸风光发展旅游业而热切呼吁主张专属经

---

[1]　Marie-Christine Aquarone, French Marine Policy in the 1970s and 1980s, *Ocean Development and International Law*, Vol.19, No.4, 1988, pp.268, 275.

[2]　LOI n° 2003-346 du 15 avril 2003 relative à la création d'une zone de protection écologique au large des côtes du territoire de la République.

[3]　Tullio Scovazzi, The Mediterranean Marine Mammals Sanctuary, *The International Journal of Marine and Coastal Law*, Vol.16, No.1, 2001, p.138.

济区,同时在与邻国以及欧盟的外交磋商中受到明确反对的情况下,2003 年
10 月克罗地亚国会替代性地出台了主张"生态与渔业保护区"的《在亚得里亚
海扩展管辖权的决议》(以下简称《决议》)。①

从"生态与渔业保护区"这一名称来看,克罗地亚显然以西班牙与法国的
实践为先例。《决议》序言部分对扩展管辖海域必要性的论证中,兼具了在这
两个功能领域的需求,其中提及了亚得里亚海作为半闭海的特殊性,"亚得里
亚海作为一个闭海或半闭海,由于其面积狭小,远比其他海易受污染",并且特
别论及了拟于 2003 年 11 月召开的第三届地中海渔业可持续发展部长级会议
的主旨,以突显主张符合欧盟的政策取向。② 生态与渔业保护区明确以专属
经济区为基础,所主张的"专属经济区内涵(content)"包括:"以勘探和开发、
养护和管理领海界限外生物资源为目的的主权权利,以及对海洋科学研究、保
护和保全海洋环境的管辖权。"(第 1 条)加之克罗地亚继承了前南斯拉夫与意
大利之间的大陆架界线,克罗地亚生态与渔业保护区的管辖权主张事实上与
沿海国在专属经济区内的权利相差不多,这也进一步表明了克罗地亚将功能
性管辖海域视作为满足功能性需求而作出的替代性主张。

(二)"自成一体"的功能性国家管辖海域主张

作为邻国扩展管辖海域的反应,斯洛文尼亚与意大利也先后主张了功能
性国家管辖海域,虽然都称为"生态保护区",但是管辖权领域彼此不同,亦不
同于法国的生态保护区。两者被归为一类,原因在于提出主张的法律基础:两
国并未主张专属经济区,其管辖海域主张基于包括《联合国海洋法公约》在内
的国际法。

(1)模糊性管辖权主张

斯洛文尼亚扩展管辖海域的动机更多是出于避免在与克罗地亚的海域划
界上处于完全被动的地位。由于在地理条件上较之海岸相邻国克罗地亚处于
不利的地位,斯洛文尼亚主张的生态保护区面积很小,且与克罗地亚的主张之

---

①　Davor Vidas, The UN Convention on the law of the Sea, the European Union and
the Rule of the Law: What is going on in the Adriatic Sea?, *The International Journal of
Marine and Coastal Law*, Vol.24, No.1, 2009, pp.10-23.

②　Decision on the Extension of the Jurisdiction of the Republic of Croatia in the A-
driatic Sea, in United Nations, Division for Ocean Affairs and the Law of the Sea, *Law of
the Sea Bulletin*, No.55, 2004, p.31.

间存在重叠与争议。①

　　在此前未主张专属经济区的情况下，2005 年《斯洛文尼亚共和国生态保护区与大陆架法》主张了领海外的生态保护区。称其为模糊性管辖权主张，原因有如下两点：一是国际法基础表述宽泛。第 1 条中表述为"遵照国际法，尤其是联合国海洋法公约"，第 3 条中表述为"依据国际法以及产生自欧盟既有法规(European Union *acquis*)的义务"。二是所主张的管辖领域相对模糊。第 3 条主张"关于研究与可持续利用、保全与管理海洋财富(marine wealth)的主权权利，以及对科学研究、保全与保护生态环境的管辖权"。若斯洛文尼亚的管辖权主张止于此则十分类似于克罗地亚的生态与渔业保护区主张，但在第 6 条中斯洛文尼亚还以将"考古遗产"作为海洋环境一部分的方式，较为模糊地提出了对保护考古遗产的管辖权。② 这进一步表明斯洛文尼亚的功能性国家管辖海域主张不唯独以《公约》与专属经济区制度为依据。就主张领海外对考古和历史文物的管辖权而言，地中海此前有一些国家主张"考古毗连区"的先例，即突尼斯(1986 年)、法国(1989 年)、阿尔及利亚(2004 年)、塞浦路斯(2004 年)以及意大利(2004 年)以《公约》第 303 条为依据主张在领海外 12 海里毗连区内对移出考古和历史文物的管辖权。③ 然而《斯洛文尼亚共和国生态保护区与大陆架法》第 4 条划定的生态保护区"临时外部边界"实际超出了领海外 12 海里的范围。因此，斯洛文尼亚对生态保护区内保护考古遗产的管辖权主张，要么宽泛地理解为对文化遗产相关活动可能造成的污染的管辖权，要么如有斯洛文尼亚学者认为的那样，理解为与意大利所主张的生态保护区内"考古和历史遗产"管辖权一样，指向 2001 年《保护水下文化遗产公约》

---

　　① 斯洛文尼亚与克罗地亚之间的争端涉及陆上边界、海域划界以及斯洛文尼亚出入公海的权利等问题，该争端影响了克罗地亚加入欧盟的进程。2009 年 11 月两国达成仲裁协议，仲裁庭于 2017 年 6 月作出裁决。但因认为斯洛文尼亚对仲裁庭形成了不正当的影响，克罗地亚于 2015 年 7 月已宣布退出仲裁。"Termination of the Arbitration Process between Croatia and Slovenia: Causes and Consequences"，Ministry of Foreign and European Affairs, Republic of Croatia, http://www. mvep. hr/en/other/termination-of-the-arbitration-process/, last accessed: Mar.29, 2020.

　　② Ecological Protection Zone and Continental Shelf of the Republic of Slovenia Act, 22 October 2005, in United Nations, Division for Ocean Affairs and the Law of the Sea, *Law of the Sea Bulletin*, No.60, 2006, p.56.

　　③ Irini Papanicolopulu, The Mediterranean Sea, in D. Rothwell et al. eds., *The Oxford Handbook of the Law of the Sea*, Oxford University Press, 2015, p.609.

第 10 条第 2 款中"禁止或授权开发活动"的权利。①

（2）混合性管辖权主张

意大利于 2006 年颁布《建立领海界限外生态保护区的 61 号法》，②并于 2011 年以第 209 号总统令《在西北地中海、利古里亚海以及第勒尼安海建立生态保护区的规章》执行。③ 意大利的生态保护区主张在空间范围上相对克制，一是未在亚得里亚海执行，二是所划定的界线未及与突尼斯之间的大陆架协议界线，也未及与其他邻国的中间线，但管辖权主张实际超出法国的先例。2006 年第 61 号法第 1 条第 1 款虽指出"遵照《联合国海洋法公约》"的规定，有权建立"生态保护区"，但第 2 条第 1 款所主张的关于考古和历史遗产的管辖权显然超出了《公约》中的专属经济区制度：

> 在依据第 1 条建立的生态保护区的框架内，意大利依照前述联合国海洋法公约以及 2001 年 11 月 2 日于巴黎通过的关于水下文化遗产的 2001 年联合国教科文组织公约，自该公约在意大利生效之日起，行使包括考古和历史遗产在内的对保护与保全海洋环境领域的管辖权。

2011 年的第 209 号总统令对生态保护区主张法律基础的阐释更加强调《联合国海洋法公约》之外的国际法。第 209 号总统令序言部分以"顾及"（having regard to）的表述方式，对建立"生态保护区"的法律基础给出了长长的列表。除国内法基础外，全球性条约有《联合国海洋法公约》（特别是第五部分）、《伦敦倾倒公约》、《国际防止船舶造成污染公约》、《生物多样性公约》，以及《水下文化遗产保护公约》；区域性条约有《防止地中海污染公约》，意大利、法国、摩纳哥之间关于海洋环境保护的《RAMOGE 协定》和《建立地中海海洋哺乳动物保护区协议》，以及《黑海、地中海及临近大西洋地区鲸类保护协定》；并且，相关欧盟法规也被作为特殊的一类法律基础。依据第 209 号总统令第 3 条的规定，生态保护区内所主张的管辖权也细化为三项：一是防止与抑制各

---

① Mitja Grbec，*Extension of Coastal State Jurisdiction in Enclosed and Semi-enclosed Seas: A Mediterranean and Adriatic Perspective*，Routledge，2014，p.103.

② Law 61 on the Establishment of an Ecological Protection Zone Beyond the Outer Limit of the Territorial Sea.

③ Presidential Decree no. 209 of 27 October 2011, Regulations establishing ecological protection zones in the north-west Mediterranean, the Ligurian Sea and the Tyrrhenian Sea.

类污染；二是保护生物多样性与海洋生态系统，特别是海洋哺乳动物；三是保护海底发现的文化遗产。虽然 2006 年第 61 号法第 2 条第 3 款明确规定"本法不适用于捕鱼活动"，但是依据作为主张法律基础的《生物多样性公约》对"生物多样性"的定义以及欧盟《海洋战略框架指令》等法规对以生态系统为基础路径（ecosystem-based approach）的倚重，意大利所主张的管辖权领域理论上也涉及生物资源。因此，意大利的生态保护区主张并非一些意大利学者在第 209 号总统令出台前所阐释的单纯基于专属经济区制度，①而对相关国际法权利的"混合"。

（三）功能性国家管辖海域制度的合法性剖析

前文已展示了 1997 年以来，西班牙、法国、克罗地亚、意大利以及斯洛文尼亚的功能性国家管辖海域实践中相关国内法规文件所体现的法律确信。在上述各国主张的形成过程中，"先例"成为重要参考，反映出上述国家有意谋求实践的一致性。此外，功能性国家管辖海域的实践实际上并不只出现在地中海区域，英国在其海外领地适用了不同名称、不同宽度，且涉及不同功能领域的功能性国家管辖海域。② 例如 2003 年在英属印度洋领地（包括查戈斯群岛等岛屿）设立了 200 海里环境区（environment zone），主张"依据包括联合国海洋法公约在内的国际法行使关于该区域环境保护与养护的主权权利与管辖权"③。但是，功能性国家管辖海域终究表现为《公约》之外的、例外性的管辖权主张。在检视其合法性时，首先可以将地中海沿岸国的实践作为个案，总结国际社会对之的反应。尔后还需进一步分析功能性国家管辖海域制度的内在法理及其作为弹性制度的特性。

地中海功能性国家管辖海域实践得到国际社会的普遍承认。功能性国家管辖海域在地中海形成并发展的过程中曾出现过邻国的反对，但反对的多是

① Cf. Tullio Treves, Irini Papanicoloupulu, The Law Applicable on the Continental Shelf and in the Exclusive Economic Zone: The Italian Perspective, *Ocean Yearbook*, Vol. 25, 2011, p.351.

② Erik J. Molenaar, New Maritime Zones and the Law of the Sea, in Henrik Ringbom eds., *Jurisdiction over Ships: Post-UNCLOS Developments in the Law of the Sea*, Martinus Nijhoff Publishers, 2015, pp.258-260.

③ Proclamation No. 1 of 17 September 2003 establishing the Environment (Protection and Preservation) Zone for British Indian Ocean Territory, in United Nations, Division for Ocean Affairs and the Law of the Sea, *Law of the Sea Bulletin*, No.54, 2004, p.99.

单边划定界线的行为方式而非主张本身的合法性。西班牙主张渔业保护区之后,法国与意大利曾反对西班牙单方以等距离线的方式划定界线。[1] 克罗地亚作出生态与渔业保护区主张后遭到邻国意大利与斯洛文尼亚的反对,焦点同样不在于管辖权主张的合法性。斯洛文尼亚反对克罗地亚单边主张生态与渔业保护区,其中牵涉两国未定边界问题,斯洛文尼亚也同时宣称"有权主张自己的专属经济区或生态与渔业保护区"[2]。意大利 2004 年关于克罗地亚生态与渔业保护区的照会则以半闭海为语境主张某种"协调主张"路径。[3] 上述提出反对的国家均先后主张了自己的功能性国家管辖海域也证明了其事实上的承认态度。欧盟对地中海国家管辖海域实践的态度则是鼓励地中海国家效仿西班牙的先例。2002 年一份欧盟委员会致欧盟理事会与欧盟议会的通信中写道:"渔业保护区必定将便利管控,并对打击非法、未报告且未加管制捕捞有重要助益。"该文件同时强调了渔业保护区的特殊性:"需谨记的是,渔业保护区不同于专属经济区,只涉及对渔业资源的管辖权。其他的管辖权问题(矿物资源、航行权等等)不受建立渔业保护区的影响。"[4]在次年 11 月于威尼斯召开的第三届地中海渔业可持续发展部长级会议上,欧盟委员会代表对这一方案向地中海沿岸国作了呼吁,并且也反映在了会议宣言中。在更大范围内,上述地中海国家的功能性管辖海域实践未受到区域外国家的明确反对,进而可认为构成"默认"。

既有权利与义务的履行是对功能性国家管辖海域制度合法性的证成。在论证功能性国家管辖海域制度的内在法理时,首先要反对"两类说",即将上述功能性国家管辖海域划分为"渔业保护区"以及"生态保护区"两类。这种观点

① Mitja Grbec, *Extension of Coastal State Jurisdiction in Enclosed and Semi-enclosed Seas: A Mediterranean and Adriatic Perspective*, Routledge, 2014, p.79.

② Note verbal dated 7 November 2003 from the Permanent Mission of Slovenia to the United Nations addressed to the Secretary-General, in United Nations, Division for Ocean Affairs and the Law of the Sea, *Law of the Sea Bulletin*, No.53, p.70.

③ Note by Italy Concerning the Declaration of an Ecological and Fisheries Protection Zone in the Adriatic Sea by the Republic of Croatia of 3 October 2003, 16 April 2004 in United Nations, Division for Ocean Affairs and the Law of the Sea, *Law of the Sea Bulletin*, No.54, p.129.

④ Communication From The Commission To The Council And The European Parliament Laying Down a Community Action Plan for the Conservation and Sustainable Exploitation of Fisheries Resources in the Mediterranean Sea under the Common Fisheries Policy.

反映了一种过于简单的功能性视角。① 两类说的错误不仅在于忽视了复合管辖权主张，更在于割裂了不同名称下功能性国家管辖的内在联系。在功能性国家管辖海域制度在地中海的发展过程中，国际上形成了对其性质或合法性的评论与总结，但以下两种理论均存在一定的缺陷。一是"事实上的"专属经济区论。联合国秘书长 2004 年《海洋与海洋法》中对地中海国家管辖海域实践不指名的评论是这种理论的典型代表。报告认为"国家实践中在其他各种名称下主张事实上的（de facto）专属经济区"，虽然"可与专属经济区完全一致或者至少不违背"，但是会造成混淆或不确定性。② 希腊学者加沃涅里（Maria Gavouneli）对地中海功能性国家管辖海域实践的讨论可认为是进一步学理化了这种观点。她认为专属经济区具有"多功能性"，地中海上述实践的实质为沿海国在特定海域选择其中的特定功能，但担忧由此会造成一种构成创新抑或违背《联合国海洋法公约》的模糊。③ 这种观点的缺陷在于预置了一个《联合国海洋法公约》优先的逻辑，而前文已指出斯洛文尼亚与意大利实践的法律基础包括《联合国海洋法公约》以外的国际法。二是"潜在的"专属经济区论。雷韦斯法官（Tullio Treves）认为基于半闭海的地理条件，在所有沿岸国主张专属经济区后地中海中将不再有公海，所以整个地中海都可以被认为是潜在的专属经济区，既包括留存的公海，也包括功能性国家管辖海域，因为"沿海国可以决定这些区域转变为专属经济区"④。这种观点实际上将功能性国家管辖海域视作一种"状态"而非一种制度，并认为功能性国家管辖海域内仍存在沿海国与其他国家权利与义务不清的问题。其不足之处除同样以《联合国海洋法公约》优先为前提外，还在于只看到了地中海"潜在专属经济区"带来的管辖权不确定问题，却未重视功能性国家管辖海域所起到的明确管辖权领域与范围的作用。

　　这些以专属经济区制度以准绳对功能性国家管辖海域制度合法性的论证

---

① 参见世界自然保护联盟的报告。Claudiane Chevalier, Governance in the Mediterranean Sea：Legal Regime and Prospectives, https://www.uicnmed.org/web2007/documentos/Legalspects_en.pdf, last accessed：Mar. 29，2020.

② Oceans and the Law of the Sea：Report of the Sectary-General, Doc. A/59/62.

③ Maria Gavouneli, *Functional Jurisdiction in the Law of the Sea*, Martinus Nijhoff Publishers，2007，pp.94-95.

④ Tullio Treves, The High Seas as Potential Exclusive Economic Zones in the Mediterranean, in Marcelo Kohen et al. eds., *Perspectives of International Law in the 21st Century*, Martinus Nijhoff Publishers，2012，pp.179-181.

其局限性一定程度上在于只以前述"依附于专属经济区制度的功能性国家管辖海域主张"为对象,然而功能性国家管辖海域的内在法理实际上在后一阶段特别是意大利的生态保护区实践中体现得更为完整:其法理在于"能做更多者也能做更少"原则在国家管辖海域上的运用,其合法性在于对既有权利与义务的履行。

首先,功能性国家管辖海域制度内在的"能做更多者也能做更少"原则使之独立于专属经济区制度。继斯科瓦齐于 2001 年以"能做更多者也能做更少,这一简单而合理的理由"论证"派拉格斯保护区"对第三方的效力之后,①意大利学者卡波托斯蒂(Angela Del Vecchio Capotosti)于 2007 年以 in maiore stat minus(较大者当中包含较小者)这一法谚对意大利生态保护区主张的辩护得到了国际学术界的广泛认同。② 拉丁语法谚在国际法中的使用,表明的是一种跨语言性的、跨法系的、不证自明的原则。③ 从依据"能做更多者也能做更少"原则主张专属经济区内部分管辖权的角度,功能性国家管辖海域制度属于弹性制度,而专属经济区则为刚性制度。其次,从权利行使的角度,之所以功能性国家管辖海域能够表现为对管辖权的"选择"或"混合",正是因为沿海国"能做更多者也能做更少",所谓"更多者"则为不局限于《联合国海洋法公约》中专属经济区制度的合法权利。最后,容易被忽视的是,功能性国家管辖海域也是履行相应功能领域义务的方式。《联合国海洋法公约》不仅赋予了沿海国向领海以外以专属经济区等海域路径上的制度扩展管辖权的权利,同时也规定了沿海国在生物资源养护、海洋环境保护与保全等功能领域的义务,这种功能路径上的义务既存在于专属经济区内(第 61 条),也存在于公海内(第 192 条、第 194 条、第 197 条)。除此之外,其他全球与区域性的国际条约也在各个功能领域规定了相应的义务。正是这种功能性的需求与功能性的义务,使得欧盟支持地中海沿岸国建立渔业保护区。基于同样的理由,地中海

① Tullio Scovazzi, The Mediterranean Marine Mammals Sanctuary, *The International Journal of Marine and Coastal Law*, Vol.16, No.1, 2001, pp.137-138.

② Angela Del Vecchio Capotosti, In Maiore Stat Minus: A Note on the EEZ and the Zones of Ecological Protection in the Mediterranean Sea, *Ocean Development and International Law*, Vol.39, No.4, 2008, p.293.

③ *in maiore stat minus* 本意为"较大者当中包含较小者",是 *In eo quod plus sit semper inest et minus*(谈及大的,当然也就包括其中之小的)的另一种表述,后者语出《学说汇纂》(50.17.110)。Cf. Aaron X. Fellmeht and Macurice Horwitz, *Guide to Latin in International Law*, Oxford University Press, 2009, pp.vii, 127, 130.

行动计划下的"巴塞罗那公约及其议定书遵约委员会"成员艾缔思（Daniela Addis）将意大利的生态保护区视为执行巴塞罗那公约及其议定书下海域环境保护义务的工具。[①] 综上所述，可以如此概括功能性国家管辖海域制度的合法性：遵循包括《联合国海洋法公约》在内的国际法权利与义务，适用"能做更多者也能做更少"原则，在自基线量起不超过 200 海里的海域内行使对特定功能领域的管辖权。

功能性国家管辖海域制度与专属经济区制度相对，属于弹性制度。加沃涅里所谓专属经济区的"多功能性"实际为整体性。与之相对，以"能做更多者也能做更少"原则为基础的功能性国家管辖海域制度具有法律弹性，并在地中海实践中均有体现。（1）在管辖权领域上的弹性。前文已具体分析的单项管辖权主张、复合管辖权主张以及甚至超出《联合国海洋法公约》中专属经济区制度的管辖权主张是功能性管辖海域制度法律弹性的体现。这种弹性与半闭海内现实的功能性需求相呼应，也与一国海洋政策中的优先领域相呼应。西班牙、克罗地亚等地中海沿岸国在提出功能性国家管辖主张时特别以功能性需求论证了主张的必要性。发挥这种弹性的意义则在于使得改变地中海国家管辖海域"现状"更易为国际社会所接受。（2）在管辖权空间范围上的弹性。虽然功能性国家管辖海域也以 200 海里为最大界限，但是就法律性质而言，该制度具有独立性，在具体界线主张上有所保留或克制并不损及沿海国可依大陆架或专属经济区享有的权利。作出克制性界线主张的意义则在于避免划界难题，并可降低对半闭海内航行的影响。在地中海实践中，先有突尼斯、马耳他以及阿尔及利亚的专属渔区因远未及中间线实际避免了划界问题。后有西班牙未在与摩洛哥海岸相对的、邻接直布罗陀海峡的海域主张渔业保护区，意大利在第勒尼安海划定的生态保护区界线未及与突尼斯之间的大陆架协议界线，由此留出了一条自邻接直布罗陀海峡的阿尔沃兰海经西西里海峡至地中海中部爱奥尼亚海的公海走廊，显然这条走廊也是地中海最为重要的东西向航线。[②]（3）与专属经济区制度间的关系具有弹性。如前文已论证的，认为功

---

① Daniela Addis, The Italian EPZ as a Tool for the Implementation of the Barcelona RSC, http://www.marsafenet.org/marsafenet/wp-content/uploads/2014/03/Daniela-AD-DIS.pdf, last accessed: Mar.29, 2020.

② Fabio Caffio, The Maritime Frontier between Italy and France: A Paradigm for the Delimitation of Mediterranean Maritime Spaces, *Maritime Safety and Security Law Journal*, Vol.2, 2016, pp.93-94.

能性国家管辖海域是"事实上的"或"潜在"专属经济区的观点均有缺陷，功能性国家管辖海域在制度上具有独立性。地中海实践也已展现了其与专属经济区制度之间关系的多种表现形式。在法国的实践中生态保护区转化成了专属经济区，在西班牙的实践中渔业保护区实际当前与专属经济区并存，斯洛文尼亚与意大利的生态保护区则独立于专属经济区主张。此外，斯洛文尼亚于2006 年主张其"生态保护区及其临接公海"为"海洋捕鱼区"的实践虽然也存在主张相对模糊的问题，但是昭示了两种功能性国家管辖海域并存的特殊情况。① 联合的功能性国家管辖海域可构成达成专属经济区划界协议前"实际性的临时安排"。如前文论及的，派拉格斯保护区可视作联合的功能性管辖海域，而在法国与意大利分别向保护区内领海外扩展管辖海域之后且两国间尚未完成划界的情况下，派拉格斯保护区因其合作性质而构成一种临时安排。②

三、功能性区域合作概况

就地中海的海洋问题而言，在"海域路径"长期遇到重重困难的情况下，"功能路径"的区域合作对于地中海的治理尤其重要。地中海地区在海洋区域合作方面处于前沿地位。③ 该地区的首次海洋区域合作是 1908 年国际地理学联合会（International Geographical Union）建立的地中海科学考察国际委员会（International Commission for the Scientific Exploration of the Mediterranean Sea），其目标之一是推进地中海国家间在海洋科学研究中的合作。在海洋科学研究方面，还有 1972 年成立总部位于马耳他的国际海洋学院（International Ocean Institute），其宗旨为促进和平使用海洋空间及资源的研究。在海洋安全领域，为应对西班牙内战期间海盗潜艇对地中海和黑海航运的破坏，1937 年《尼翁协定》（Nyon Agreement）被认为是首例旨在保护地中海地区航行自由的区域合作。在渔业资源养护和管理方面，联合国粮农组织于1948 年决定为地中海建立渔业组织。地中海渔业总理事会在 1952 年正式成立。此外，1966 年成立的大西洋金枪鱼养护国际委员会的职能也覆盖地中海

---

① Decree establishing sea fishing area of the Republic of Slovenia.

② 法国与意大利之间于 2015 年 3 月 21 日达成了一份"领海及其他国家管辖海域"划界协议，但该协议尚未生效。关于《公约》第 74 条第 3 款下"实际性的临时安排"的内涵与表现形式，参见叶泉：《当事国在海洋划界前的国际法义务之研析》，载《法学评论》2016年第 6 期。

③ Aldo E. Chircop, Participation in Marine Regionalism: An Appraisal in a Mediterranean Context, *Ocean Yearbook*, Vol.8, 1989, pp.402-403.

的金枪鱼与金枪鱼类种群。在海洋环境保护方面，联合国环境规划署"区域海洋计划"下的地中海行动计划始于 1975 年，早于《公约》缔结但实际与第三次联合国海洋法会议同步，地中海行动计划不仅对第三次联合国海洋法会议产生了直接的影响，也对之后全球各区域的海洋环境保护合作起到了示范作用。

下文重点以时间顺序考察对地中海内海洋环境保护、渔业资源养护和管理两个功能领域区域合作机制的发展，以求呈现出地中海海洋区域合作的动态发展以及区域合作机制各方面（即区域合作的基本文件、区域性国际组织或联络平台，以及在区域性平台上达成的针对特定功能领域的原则、规范及措施）的特征。

第二节　联合国环境规划署地中海行动计划：第一阶段（1975—1995 年）

地中海行动计划被誉为联合国环境规划署王冠上的宝石，"地中海模式"为其他区域的实践树立了参考的范本。本书对地中海行动计划的探讨大体上按时间顺序分为两节，但为了不破坏其中一些方面的连续性，在适当的地方也将后续的发展提前述及。

一、前期准备

在 20 世纪 70 年代，地中海、波罗的海和黑海是污染最为严重的半闭海。工业化与旅游业的发展都对地中海的环境造成了影响。据估计该地区近90%未经处理的污水被直接排放进了地中海。① 大量工业产生的人工合成化合物与重金属排放入地中海，农业与城市垃圾产生的污染则导致了赤潮。另外，油污污染也越来越严重，地中海是世界性的石油运输通道，多数油污来自油轮的日常操作，而石油溢出的威胁一方面来自油轮遭遇海难的可能，另一方面也来自阿尔及利亚和利比亚的海上油田。② 地中海沿海国对环境问题采取集体行动的初衷在于担心污染对海洋生物资源的影响。并且，在冷战的背景

---

① Debora de Hoyos, The United Nations Environment Program: the Mediterranean Conferences, *Harvard International Law Journal*, Vol.17, No.3, 1976, p.639, n.1.

② ［美］J. R. 麦克尼尔：《阳光下的新事物：20 世纪世界环境史》，韩莉、韩晓雯译，商务印书馆 2013 年版，第 144～147 页。

下,地中海沿海国一致反对区域外大国涉足地中海的环境问题。在这种背景下,国际组织起到了协调、推动工作展开的作用,尤其是联合国粮农组织的工作实际为地中海行动计划做了前期准备。[①]

由联合国粮农组织建立的地中海总渔业理事会先后在 1968 年与 1969 年发起了讨论地中海海洋环境污染的国际会议,并设立了"地中海海洋污染及其对生物资源及捕鱼的影响"临时工作组。1970 年联合国粮农组织发起了"海洋污染及其对生物资源及捕鱼影响技术大会"。通过这些工作,联合国粮农组织认识到:(1)地区内各国相关科技能力的差距将阻碍区域合作的进行;(2)缺乏对地中海的科学认识;(3)较之局限于保护生物资源的手段,地中海的海洋环境问题需要一种多领域合作的路径。[②]

以 1972 年联合国人类环境会议召开为代表,在这一时期环境问题已成为全球性的热点问题。联合国环境规划署依联合国大会决议成立之后,很快也参与到关于地中海环境污染治理的工作中。1974 年,联合国环境规划署联合地中海渔业总理事会、地中海科学考察国际委员会以及政府间海洋学委员会在摩纳哥组织了"地中海海洋污染国际研讨会"。待联合国环境规划署批准"区域海洋项目"之后,联合国环境规划署最终对地中海的海洋环境区域合作起到了领导作用。1974 年末,一个由科学家、国际组织及政府代表构成的工作组承担起为将在 1975 年召开的政府间会议起草行动计划的工作。[③]

二、1975 年行动计划:四个构成部分

1975 年 2 月,联合国环境规划署发起了保护地中海政府间会议,当时地中海 18 个沿海国中有 16 个出席了会议,出席会议的还有联合国、其他国际组

①　Baruch Boxer, Mediterranean Pollution: Problem and Response, *Ocean Development and International Law*, Vol.10, No.3-4, 1981, pp.323-327.

②　Aldo Chircop, The Mediterranean: Lessons Learned, in Mark J. Valencia eds., *Maritime Regime Building: Lessons Learned and Their Relevance for Northeast Asia*, Martinus Nijhoff Publishers, 2001, pp.30-31.

③　Aldo Chircop, The Mediterranean: Lessons Learned, in Mark J. Valencia eds., *Maritime Regime Building: Lessons Learned and Their Relevance for Northeast Asia*, Martinus Nijhoff Publishers, 2001, pp.30-31.

织的及非地中海国家的代表。^① 在这次会议上通过了 5 页篇幅的《行动计划》。在这份文件中，"地中海行动计划"被定义为包括整体规划、科学、法律、制度与财政支持四个部分：

    I. 整体规划地中海盆地资源的开发与管理；

    II. 协调关于污染状况及保护措施研究、监测、交换信息及评估的项目；

    III. 关于保护地中海环境的框架公约以及附有技术附件的相关议定书；

    IV. 行动计划的制度与财政支持。

作为一项区域性海洋合作机制，这四个部分是相辅相成的整体。检测与评估部分（或称科学技术部分）帮助形成对环境问题严重性的共识；法律部分构成了对共识及相应措施的正式表达；包括建立相关国际组织在内的制度支持，负责管理与协调落实合作的相应措施；完成这些工作将产生的巨大花费，财政支持可缓解各国由此产生的忧虑；整体规划则旨在调和对发展的需求及对改善地中海环境质量的需求，这一点对区域内的发展中国家尤为重要。

（一）污染评估与监测部分

为了执行行动计划中污染评估与监测部分，地中海沿岸国发起了"地中海污染监测和研究协调项目"（Co-ordinated Mediterranean Pollution Monitoring and Research Programme）。该项目已经历了三个阶段的发展。第一阶段（1975—

---

① 参会的地中海国家包括：阿尔及利亚、埃及、法国、希腊、以色列、意大利、黎巴嫩、利比亚、马耳他、摩纳哥、摩洛哥、西班牙、叙利亚、突尼斯、土耳其、南斯拉夫；观察员包括：苏联、英国、美国、非洲经济委员会、欧洲经济委员会、西亚经济委员会、联合国环境规划署、联合国粮农组织、政府间海洋学委员会、国际卫生组织、国际复兴开发银行、世界气象组织、政府间海事协商组织、国际原子能机构、阿拉伯联盟教育、文化和科学组织、欧洲经济共同体委员会、地中海科学考察国际委员会、非洲统一组织、经济合作与发展组织。随着阿尔巴尼亚于 1985 年出席缔约方会议，当时地中海 18 个沿海国都参与进了行动计划。

1982 年)聚焦于研究,由七个海洋污染研究项目组成。[①] 这些项目的总体目标是在一系列基线研究(baseline study)的基础上建立起相关的知识基础,为各国政府提供执行行动计划的科技能力。在该阶段,来自 16 个国家 83 个机构的超过 200 个团队参与这些研究工作。同时,在联合国环境规划署区域协调机构(UNEP Regional Coordinating Unit)的协调下,联合国许多专门机构参与了这些研究工作,甚至起到了领导作用。[②] 第二阶段(1981—1995 年)的工作重点是监测。在第一阶段的研究成果上,通过监测污染状况,为各国执行相关议定书,推进法律制度的发展,设立防污措施的参考指标等提供科学证据。[③] 第三阶段(1996—2005 年)则在继续监测的基础上,为《陆源议定书》、《倾倒议定书》及《有害废物议定书》的执行提供科学及技术上的支持,协助地中海国家规划并执行污染监测与旨在消除陆源污染的项目。[④]

(二)整体规划部分

较之污染评估与监测部分,整体规划部分处理的问题不局限于海洋污染或海洋使用,还涉及更广泛的经济与社会可持续发展问题。具体落实为 1977 年由法国动议,80 年代初开始的"蓝色计划"(Blue Plan),以及"优先行动项目"(Priority Actions Programme)中。"蓝色计划"的主要目标是为不同的发

---

① 这 7 个项目分别为:Joint IOC/WMO/UNEP Pilot Project on Baseline Studies and Monitoring of Oil and Petroleum Hydrocarbons in Marine Waters; Joint FAO(GFCM)/ UNEP Pilot Project on Baseline Studies and Monitoring of Metals, Particularly Mercury and Cadmium, in Marine Organisms; Joint FAO(GFCM)/UNEP Pilot Project on Baseline Studies and Monitoring of DDT, PCBs and Other Chlorinated Hydrocarbons in Marine Organisms; Joint FAO(GFCM)/UNEP Pilot Project on Research on the Effects of Pollutants on Marine Communities and Ecosystems; Joint IOC/UNEP Pilot Project on Problems of Coastal Transport of Pollutants; Joint WHO/UNEP Pilot Project on Coastal Water Quality Control.

② Cf. UNEP, *Co-ordinated Mediterranean Pollution Monitoring and Research Programme* (*MED POL*)*-Phase I*: *Programme Description*, Regional Sea Reports and Studies No.23, 1984.

③ Cf. UNEP, *Long-term Porgramme for Pollution Monitoring and Research in the Mediterranean* (*MED POL*)*-Phase II*, Regional Sea Reports and Studies No.28. Rev. 1.

④ Francesco Saverio Civili, The Mediterranean Marine Environment: Pressures, State of Pollution and Measures Taken (The Barcelona Convention and the Mediterranean Action Plan), in Peter N. Ehlers, et al., eds., *Marine Issues*: *From a Scientific*, *Political and Legal Perspective*, Kluwer Law International, 2002, pp. 172-173.

展模式提供不同的方案,并阐述各方案对人类环境和资源利用的影响。"优先行动项目"则面向需要立刻解决的环境管理问题。两者形成互补,并享有相同的原则。"蓝色计划"的主旨是系统地研究区域内的主要经济发展及环境保护活动,并基于从地中海各国获取的数据对发展趋势进行前瞻性分析。在于1983年完成的第一个阶段中,12份专家报告基于过去20年至30年的趋势,对至2025年的前景作出了预测。在第二个阶段中,进一步提出了5种发展方案,其中三种被推荐给地中海沿海国,尤其是发展中国家。① "优先行动项目"起初设计了6个需要立即行动的领域:水土保持,水资源管理,海洋生物资源、渔业及水产养殖业管理,人居环境,旅游业,以及包括太阳能等的能源适用技术。② 而随着地中海行动计划的发展,优先行动项目的重点定位于回应海岸带的可持续发展需求,尤其是实施海岸区域综合管理。

(三)制度支持

在行动计划的制度安排方面,地中海行动计划的最高决策主体为每两年举行的《巴塞罗那公约》缔约方会议,由部级或副部级代表出席,决议项目的设立及预算,听取关于议定书执行情况的报告。《巴塞罗那公约》形成一套关于义务履行情况的国家年度报告制度,报告内容包括各国为贯彻《巴塞罗那公约》及议定书所采取的行动。由于缔约方的作为或不作为都将受到审议,该制度的形成及运用是遵约机制的重要发展。

自1987年起,缔约方会议设立了两个常务委员会,分别负责科学技术事务及社会经济事务。由6名缔约方代表组成的小型轮值办事处(Bureau)负责在双年会议的间隙领导秘书处,即1982年在雅典设立的地中海行动计划协调机构(MAP Coordinating Unit)。地中海行动计划协调机构起到外交、政治和沟通的作用,监督区域活动中心(Regional Activity Centres)的活动,并组织重大的会议及项目。地中海行动计划协调机构还具体负责协调"地中海污染监测和研究协调项目"。

各区域活动中心由缔约方决议设立,分别具体协助长期活动的进行及相关议定书的执行。当前已成立了6个区域活动中心,其中4个于地中海行动计划第一个阶段设立,各中心的任务与职能也随着地中海行动计划的发展而

① Aldo E. Chircop, The Mediterranean Sea and the Quest for Sustainable Development, *Ocean Development and International Law*, Vol.23, No.1, 1992, p.21.

② Aldo E. Chircop, The Mediterranean Sea and the Quest for Sustainable Development, *Ocean Development and International Law*, Vol.23, No.1, 1992, p.23.

由缔约方会议的决议予以调整。另外，各地区活动中心及地中海协调污染监测及研究项目均拥有国家联络点（national focal points），以审议工作的进展并确保在国家层面执行推荐的各种措施。[①] 如拉夫托普洛斯（Evangelos Raftopoulos）的评论，地中海行动计划的机构设置呈现出权力分散（decentralization）的特征。[②]

1.位于马耳他的区域抗油污中心（Regional Oil Combating Centre）于1976年成立。其任务为协调各国的合作，以应对溢油造成的大规模污染。为此，尤其需要提升区域内发展中国家的科技能力，并建立应对紧急情况的区域性信息系统。1989年，该中心更名为地中海海洋污染应急响应区域中心（Regional Marine Pollution Emergency Response Centre for the Mediterranean Sea），并由国际海事组织与联合国环境规划署共同管理。在新的《合作防止船源污染及在紧急情况下防治地中海污染议定书》于2002年通过之后，该中心的目标调整为防止并减少船源污染，以及对污染事故作出应急响应。为此，当前该中心的任务是协助缔约方执行《巴塞罗那公约》第4条第1款、第6条、第9条，2002年《合作防止船源污染及在紧急情况下防治地中海污染议定书》，以及2005年的《防止及响应海洋船源污染区域战略》（*Regional Strategy for Prevention of and Response to Marine Pollution from Ships*）。[③]

2.位于法国的蓝色计划区域活动中心（Blue Plan Regional Activity Centre）于1977年成立。该中心的任务是负责蓝色计划的进行，提升地中海利益相关方及政策制定者关于环境及可持续发展的意识。为此，该中心有双重职能，一方面作为环境与可持续发展的观察站，另一方面是进行系统和前瞻性的分析，为缔约方提供对环境状况及发展状况的评估，并为缔约方的行动及决策提供关于环境及可持续发展的数据及指标。

3.位于克罗地亚斯普利特（Split，成立时属前南斯拉夫）优先行动项目区域活动中心（Priority Actions Programme/Regional Activity Centre）于1977年成立。起初该中心的任务是协助执行地中海计划中的整体规划部分，尤其

---

① "Map Components", UNEP/MAP, https://web.unep.org/unepmap/who-we-are/institutional-framework/secretariat/map-components, last accessed: Mar. 29, 2020.

② Evangelos Raftopoulos, The Barcelona Convention System for the Protection of the Mediterranean Sea against Pollution: An International Trust at Work, *International Journal of Estuarine and Costal Law*, Vol.7, No.1, 1992, p.38.

③ "Mandate", REMPEC, http://www.rempec.org/rempec.asp? pgeVisit = New&theID=6, last accessed: Mar.29,2020.

是前述"优先行动项目"所设计的 6 个领域。而随着地中海行动计划的发展，其工作重点集中在海岸区域综合管理。在 2009 年的委任中，其任务是协助地中海国家执行 1995 年《巴塞罗那公约》第 4 条(i)项、2008 年《地中海海岸区域综合管理议定书》，以及 2005 年《地中海可持续发展战略》。①

　　4.位于突尼斯的特别保护区区域活动中心（Regional Activity Centre for Specially Protected Areas）于 1985 年成立。其职责为评估自然遗产的状况并协助地中海国家执行 1982 年《地中海区域特别保护区域议定书》。1995 年新的《地中海特别保护区和生物多样性议定书》通过之后，其活动领域具体可分为五个部分：推进研究以完善知识基础并填补关于生物多样性的知识空白；清查、测绘及监测海岸及海洋生物多样性；评估并降低生物多样性威胁的影响；养护敏感栖息地、物种及地点；协调能力建设及技术支持。②

　　5.位于意大利的信息与交流区域活动中心（Regional Activity Centre for Information and Communication）于 2005 年成立，取代了 1993 年成立的环境遥感区域活动中心（Regional Activity Centre on Environment Remote Sensing）。该中心的任务是建立共同的信息管理设施，以支持地中海行动计划框架内的信息与交流活动。2009 年，该中心的任务重新明确为向缔约方提供充分的信息和交流服务以及技术基础设施，以协助缔约方履行 1995 年《巴塞罗那公约》第 12 条、第 26 条的义务。③

　　6.位于西班牙的清洁生产区域活动中心（Regional Activity Centre for Cleaner Production）于 1996 年成立，2013 年更名为可持续消费与生产区域活动中心（Regional Activity Centre for Sustainable Consumption and Production）。该中心的任务是基于更为可持续的消费与生产模式，推动地中海国家在生产领域、社会的发展与创新上进行国际合作。自 2009 年贯彻执行《关于持久性有机污染物的斯德哥尔摩公约》被纳入该中心的功能领域，防治此类污

---

① "Mandate of the Priority Actions Programme Regional Activity Centre", PAP/RAC http://www.pap-thecoastcentre.org/razno/Mandate% 20ENG.pdf, last accessed: Mar.29, 2020.

② "Presentation", RAC/SPA http://www.rac-spa.org/presentation, last accessed: Mar.29, 2020.

③ "Mission", INFO/RAC http://www.info-rac.org/en/about-us, last accessed: Mar.29, 2020.

染成为该中心的工作重点。①

（四）财政支持

在财政安排方面，地中海行动计划的预算由双年会进行审批。地中海行动计划的资金来源经历了两个阶段，其中 1983 年之前主要来自联合国环境规划署的支持。② 1983 年之后，资金一方面由缔约方通过向地中海信托基金（Mediterranean Trust Fund）缴纳捐助；另一方面来自欧盟、联合国机构以及全球环境基金（Global Environment Facility）为具体项目或活动提供的捐款。就缔约方承担的款项而言，实际上 80％ 左右的捐助直接来自法国、意大利和西班牙三国。③ 捐助延迟缴付的情况常常出现，并导致活动因资金短缺而推迟，甚或流产。有学者认为，资金紧张也起到了有利的作用：地中海行动计划的组织与商业行为因此变得更为结构清晰，而对资源的利用也更为合理。④

（五）法律部分

与第四章将讨论的波罗的海海洋环境保护区域合作所采取的综合性公约形成对照，地中海行动计划的法律部分采取了框架性公约加议定书的形式。框架性的《巴塞罗那公约》及其议定书也常常被称为"巴塞罗那公约体系"。虽然在地中海行动计划于 1995 年进入第二阶段之后，缔约方对 1976 年《巴塞罗那公约》进行了修订和重新命名，随后，许多在第一阶段制定的议定书也进行了相应的修订或被新的议定书所取代，但是本章的目的正是从其发展中总结经验，故下文将对 1976 年《巴塞罗那公约》及地中海行动第一阶段所制定的议定书作逐一探讨，归纳其重要内容及特点。

三、框架性公约：1976 年《巴塞罗那公约》

1976 年地中海区域沿海国全权代表会议通过了框架性的《保护地中海免受污染公约》(*The Convention for the Protection of the Mediterranean Sea*

---

① "About us SCP/RAC", SCP/RAC http://www.cprac.org/en/about-us/scp/rac, last accessed: Mar.29, 2020.

② 在 1978 年的缔约方会议同意缔约方将不迟于 1983 年承担起全部的财政责任。Cf. Baruch Boxer, Mediterranean Action Plan: An Interim Evaluation, *Science*, *New Series*, Vol.202, No.4368, 1978, p.589.

③ 年度预算及各国份额情况见："Finacial Framework", UNEP/MAP http://web.unep.org/unepmap/who-we-are/financial-framework，最后访问时间：2020 年 3 月 29 日。

④ Aldo E. Chircop, The Mediterranean Sea and the Quest for Sustainable Development, *Ocean Development and International Law*, Vol.23, No.1, 1992, p.20.

Against Pollution,简称 1976 年《巴塞罗那公约》）。① 1976 年《巴塞罗那公约》的序言部分,尤其提及了地中海的自然特征以及相关全球性国际法的不完善,亦即第一章中所指出的特殊地理条件与全球性规范之间的张力:"注意到地中海区域特殊的水文及生态特征及其对污染尤其脆弱";"注意到现有的关于这一主题的国际公约尽管已有进展,但未覆盖所有海洋污染源,并且不能完全满足地中海区域的需求"。如在第一章提到的,1976 年《巴塞罗那公约》实际影响了第三次联合国海洋法会议上关于闭海或半闭海条款的谈判。而包括1982 年《联合国海洋法公约》、《21 世纪议程》等全球性国际法及软法出现之后,也进一步影响了地中海行动计划的后续发展。

（一）功能区域

1976 年《巴塞罗那公约》第 1 条"地理覆盖范围"界定了其功能区域:

1.为本公约的目的,地中海区域(Mediterranean Sea Area)应指地中海本身的海域,包括西起穿过位于直布罗陀海峡入口处的斯帕特尔角(Cape Spartel)灯塔的经线,东至迈赫迈特奇克(Mehmetcik)及库卡尔(Kumkale)灯塔之间的达达尼尔海峡的南部界限,其中的海湾与海。

2.除本公约议定书可以规定的例外以外,地中海区域不应包括缔约方的内水。

首先,这一界定明确排除了黑海。其次,第 2 款的规定在明确排除缔约方内水的同时,也认可处理具体污染源的议定书中规定的例外情况。这表明缔约方重视维护其领土主权不受严重影响,但同时也认识到关于环境问题的治理措施因其功能需要,将不可避免地适用于其主权范围以内。在与 1976 年《巴塞罗那公约》同期通过的《合作防治在紧急状况下石油及其他有害物质污染地中海议定书》中,使用范围扩大到了"沿海水域、港口及河口的活动"。如下文将详细论及的,在 1980 年《保护地中海区域免受陆源污染议定书》以及1982 年《地中海区域特别保护区域议定书》中,适用范围则扩大到了内水的淡水界限(freshwater limit)。而在地中海行动计划进入第二阶段之后,经修改的《巴塞罗那公约》及新的议定书以功能性的定义方式,对适用范围有了进一步的突破。

---

① 1976 年《巴塞罗那公约》于 1978 年 2 月生效。

（二）缔约方的义务

作为框架性公约，1976 年《巴塞罗那公约》仅规定了缔约方的一般义务，而没规定具体的措施与标准。仔细分析可以发现，这些一般义务包括了四个层级。[①]

1.缔约方"应独自或联合地采取一切符合公约及议定书的适当措施"以防止、减轻并对抗地中海污染，[②]具体又包括：防治由倾废、勘测和开发大陆架、海床及其底土造成的污染，以及所有陆源污染；[③]应在处理紧急污染事件和减少后续损失方面合作；[④]以执行国际标准的方式控制船源污染，即缔约方"应采取一切符合国际法的措施"，"确保关于此类污染的普遍接受的国际层面的规则在区域内得到有效执行"。[⑤]

2.缔约方应就议定书的制定和通过进行合作以执行该公约。[⑥] 一方面，依据该义务，缔约方须逐步以议定书的形式对第一项义务中列举的各项污染制定具体措施、程序及标准；另一方面，缔约方应以防止、减轻并对抗地中海污染为宗旨，发展新的管理污染的领域及方法。[⑦]

3.缔约方应与国际组织合作，尽力推进保护地中海环境的措施。[⑧] 该义务的制定与联合国环境规划署及其他国际组织在地中海行动发起阶段的重要作用密不可分，并且，在地中海行动计划的执行中，如前文提及的地中海协调污染监测及研究项目，以及地区科技能力建设及向发展中国家转移技术方面，国际组织都起到了重要作用。[⑨]

4.1976 年《巴塞罗那公约》还要求缔约方在污染监测、科学数据交流、与海洋污染相关的科学研究上进行合作，在提供"技术和其他可能的协助"上则

---

① Cf. Evangelos Raftopoulos, The Barcelona Convention System for the Protection of the Mediterranean Sea against Pollution: An International Trust at Work, *International Journal of Estuarine and Costal Law*, Vol.7, No.1, 1992, pp.31-35.

② 1976 年《巴塞罗那公约》第 4 条第 1 款。

③ 1976 年《巴塞罗那公约》第 5 第、第 7 条、第 8 条。

④ 1976 年《巴塞罗那公约》第 9 条。

⑤ 1976 年《巴塞罗那公约》第 6 条。

⑥ 1976 年《巴塞罗那公约》第 4 条第 2 款。

⑦ 如 1982 年《特别保护区议定书》实际在 1976 年《巴塞罗那公约》指明的范围之外。

⑧ 1976 年《巴塞罗那公约》第 4 条第 3 款。

⑨ 值得注意的是《联合国海洋法公约》第 123 条（d）项有类似的规定，即"在适当情形下，邀请其他有关国家或国际组织与其合作以推行本条的规定"。

应"优先考虑地中海地区发展中国家的需求"。① 由于地中海区域"南北差距"明显,这些义务也在各议定书中反复出现。

（三）制度安排

1976年《巴塞罗那公约》要求各缔约方政府在必要时应举行会议,根据1976年《巴塞罗那公约》及相关议定书审议所有的活动,并审议和通过后续的议定书、《巴塞罗那公约》及议定书修订案以及议定书附件。② 程序规则与财务规则另行制定。③ 1976年《巴塞罗那公约》第19条规定了区域性一体化组织的投票权:欧共体或其他至少拥有一个地中海沿岸国家作为其成员的类似区域经济团体可行使特殊投票权,即该区域组织的票数等同于参加该公约的成员国数量,相应的,其成员国不再行使其独立投票权。④ 这使得欧盟在随后形成了愈发重要的决策影响力。

在遵约制度上,缔约方被要求向联合国环境规划署报告其为贯彻该公约及议定书而采取的各类措施。⑤ 1976年《巴塞罗那公约》并未制定对违反该公约及相关议定书的规定所造成的损害进行责任认定及赔偿的程序,但1976年《巴塞罗那公约》要求缔约各方应早日制定该类程序。⑥ 由公约或议定书的解释或适用而产生的争端,缔约方应通过协商或其他和平方式解决,以获得双方满意的解决方案。若协商不成功,则争端双方可寻求仲裁。

（四）与议定书的关系

为明确1976年《巴塞罗那公约》与议定书的关系,《巴塞罗那公约》要求若一方意愿成为缔约方,则至少应同时签署一份议定书。同理,若一方不是《巴塞罗那公约》的缔约方,则不能加入任何议定书。⑦ 关于《巴塞罗那公约》在第一份议定书生效之日生效的规定,则体现了《巴塞罗那公约》对议定书的依赖性。⑧ 此外,1976年《巴塞罗那公约》第15条规定了制定议定书及修订公约及议定书的程序。

---

① 1976年《巴塞罗那公约》第10条、第11条。

② 1976年《巴塞罗那公约》第14条。

③ 1976年《巴塞罗那公约》第18条。

④ 1976年《巴塞罗那公约》第19条。

⑤ 1976年《巴塞罗那公约》第20条。

⑥ 1976年《巴塞罗那公约》第12条。

⑦ 1976年《巴塞罗那公约》第23条。

⑧ 1976年《巴塞罗那公约》第27条第1款。

四、各议定书的主要内容与特点

1976 年《巴塞罗那公约》框架内制定的议定书实际上是地中海行动计划的核心,为管理具体污染源规定了详细的标准、程序及措施。而这种以具体问题为导向的方式,体现了功能路径的优势。同时,框架性公约加议定书的模式也为制定后续的议定书留下了空间。至今巴塞罗那公约体系下已有 7 个议定书通过并生效,详见表 3-1。

表 3-1　巴塞罗那公约体系下的议定书

第一阶段通过的议定书

《防止船舶和飞机倾倒污染地中海议定书》(*Protocol for the Prevention of Pollution of the Mediterranean Sea by Dumping from Ships and Aircraft*)	1976 年 2 月 16 日通过; 1978 年 2 月 12 日生效
《合作防治在紧急状况下石油及其他有害物质污染地中海议定书》(*Protocol Concerning Cooperation in Combating Pollution of the Mediterranean Sea by Oil and Other Harmful Substances in Cases of Emergency*)	1976 年 2 月 16 日通过; 1978 年 2 月 12 日生效
《保护地中海区域免受陆源污染议定书》(*Protocol for the Protection of the Mediterranean Sea against Pollution from Land-Based Sources*)	1980 年 5 月 17 日通过; 1983 年 6 月 17 日生效
《地中海区域特别保护区域议定书》(*Protocol Concerning Mediterranean Specially Protected Areas*)	1982 年 4 月 3 日通过; 1986 年 3 月 23 日生效
《保护地中海免受因勘探和开发大陆架、海床及其底土污染议定书》(*The Protocol for the Protection of the Mediterranean Sea against Pollution Resulting From Exploration and Exploitation of the Continental Shelf and the Seabed and its Subsoil*)	1994 年 10 月 14 日通过; 2011 年 3 月 24 日生效

第二阶段修订议定书

经修订并重命名为： 《防止与消除船舶和飞机倾倒或海上焚烧污染地中海议定书》(*Protocol for the Prevention and Elimination of Pollution in the Mediterranean Sea by Dumping from Ships and Aircraft or Incineration at Sea*)	1995 年 6 月 10 日通过； 尚未生效
被新的议定书取代： 《合作防止船源污染及在紧急情况下防治地中海污染议定书》(*Protocol Concerning Cooperation in Preventing Pollution from Ships and，in Case of Emergency，Combating Pollution of the Mediterranean Sea*)	2002 年 1 月 25 日通过； 2004 年 3 月 17 日生效
经修订并重新命名为： 《保护地中海区域免受陆源和陆上活动污染议定书》(*Protocol for the Protection of the Mediterranean Sea Against Pollution from Land-Based Sources and Activities*)	1996 年 3 月 7 日通过； 2008 年 5 月 11 日生效
被新的议定书取代： 《地中海特别保护区和生物多样性议定书》(*Protocol Concerning Specially Protected Areas and Biological Diversity in the Mediterranean*)	1995 年 6 月 10 日通过； 1999 年 12 月 12 日生效

第二阶段增补的议定书

《防止地中海区域受有害废物越境转移及处理导致污染议定书》(*Protocol on the Prevention of Pollution of the Mediterranean Sea by Transboundary Movements of Hazardous Waste and their Disposal*)	1996 年 10 月 1 日通过； 2008 年 1 月 19 日通过
《地中海海岸区域综合管理议定书》(*Protocol on Integrated Coastal Zone Management in the Mediterranean*)	2008 年 1 月 21 日通过； 2011 年 3 月 24 日生效

来源：整理自地中海行动计划协调机构网站，http://web.unep.org/unepmap/who-we-are/legal-framework。

（一）倾倒议定书（Dumping Protocol）

1976 年《防止船舶和飞机倾倒污染地中海议定书》（简称 1976 年《倾倒议定书》）的制定受到 1972 年《防止倾倒废物及其他物质污染海洋公约》的影响，但作为只对区域内缔约方有约束力的区域性协议，对倾倒的禁止或限制更为严格。① 1976 年《倾倒议定书》要求所有倾废行为都须得到事先许可，第 10 条要求各国指定国家机构负责许可证的发放，并"记录允许倾倒的废物的性质与数量，以及倾倒的地点、日期及倾倒方式"。污染物被划分为三种类型。议定书附件 I（又被称为"黑色清单"）列出了禁止倾倒的物质。② 附件 II（又被称为"灰色清单"）列出了需要事先获得特殊许可的倾倒物质。③ 除此之外的其他物质的倾倒则需要一般许可。④ 较之 1972 年《防止倾倒废物及其他物质污染海洋公约》，1976 年《倾倒议定书》制定的禁止或限制倾倒物质的列表更为严格。对于未包括在附件 I 中的放射性废物或其他放射性物质，《倾倒议定书》还要求"发放倾倒此类物质的许可，缔约方应全面考虑主管国际机构的建议，在当前即国际原子能机构"⑤。

《倾倒议定书》于 1995 年 6 月进行了修订，并重新命名为《防止与消除船舶和飞机倾倒或海上焚烧污染地中海议定书》，该修订尚未生效。1995 年的修订主要有两个重点。首先，适用范围扩大至焚烧（第 7 条），议定书的名称也因此做了相应的修改。其次，治理倾倒的理念发生了变化。1976 年《倾倒议定书》的理念是除了附件 I 所禁止倾倒的物质以及附件 II 中要求特殊批准的物质，倾倒原则上是合法的。而 1995 年的修订所体现的是倾倒原则上是被禁止的，第 4 条第（2）项列出的 5 类物质为例外。

（二）紧急议定书（Emergency Protocol）

1976 年《合作防治在紧急状况下石油及其他有害物质污染地中海议定书》（简称 1976 年《紧急议定书》）要求缔约方在发生对海洋和沿岸环境产生重大紧急威胁时相互合作。⑥《紧急议定书》第 1 条包含了紧急状况的定义：由于事故原因或累计少量排放而出现大量石油或其他有害物质对《巴塞罗那公

---

① 另外，经 1978 年议定书修订的 1973 年《国际防止船舶污染公约》也规制船舶的倾废行为，其附件将地中海指定为特殊区域。

② 1976 年《倾倒议定书》第 4 条，附件 I。

③ 1976 年《倾倒议定书》第 5 条，附件 II。

④ 1976 年《倾倒议定书》第 6 条。

⑤ 1976 年《倾倒议定书》第 5 条，附件 II 第 5 条。

⑥ 1976 年《紧急议定书》第 1 条。

约》规定的海域造成污染或构成污染威胁，因而对海洋环境、一个或多个缔约方海岸或相关利益构成重大且紧迫的危险。① 相关利益则包括："(a)在沿海水域、港口及河口的活动，包括捕鱼活动；(b)该区域内的历史及旅游胜地，包括水上运动及娱乐；(c)沿岸居民的健康；(d)生物资源的保全。"②由于相关利益包括了"沿海水域、港口及河口的活动"，实际上对《巴塞罗那公约》第1条排除内水的规定形成了突破。对"历史及旅游胜地"的强调则反映了旅游业在地中海区域的重要性。

1976年《紧急议定书》中规定的具体措施可分为三类：(1)在紧急状况出现之前的合作：制定单边、双边或多边紧急预案③；对《巴塞罗那公约》所界定的地中海区域内的活动进行监测④；互相交流避免及应对石油和其他有害物质污染的新方法⑤。(2)在紧急状况出现时采取的措施：缔约方应合作打捞和回收包裹、集装箱、油罐等形式的有害物质⑥；就应对污染的活动同各缔约方及区域中心交流信息⑦；要求船长和飞行员对观测到的所有有害物质意外事故和出现有害物质进行上报⑧。所有遭遇污染紧急状况的缔约方都应采取一切可能措施对事件进行评估和处理⑨，遭遇紧急状况的缔约方可要求其他缔约方给予支援，包括专家意见、物资、设备及航海设施⑩。(3)区域抗油污中心的职能包括：向各缔约方传递收到的信息⑪，协调应对紧急状况的活动⑫。

(三)陆源议定书(LBS Protocol)

《保护地中海区域免受陆源污染议定书》(简称1980年《陆源议定书》)于1980年通过，是地中海行动计划第一阶段的一个高潮。1980年《陆源议定书》的制定过程尤其体现了地中海计划中科学研究与法律之间的整合。在《巴塞

---

① 1976年《紧急议定书》第1条。
② 1976年《紧急议定书》第2条。
③ 1976年《紧急议定书》第3条。
④ 1976年《紧急议定书》第4条。
⑤ 1976年《紧急议定书》第6条第1款(c)项。
⑥ 1976年《紧急议定书》第5条。
⑦ 1976年《紧急议定书》第7条。
⑧ 1976年《紧急议定书》第8条。
⑨ 1976年《紧急议定书》第9条。
⑩ 1976年《紧急议定书》第10条第1款。
⑪ 1976年《紧急议定书》第6条第2款。
⑫ 1976年《紧急议定书》第10条第2款。

罗那公约》第 8 条提出就陆源污染制定议定书之后,1976 年《巴塞罗那公约》缔约方会议请求联合国环境规划署与世界卫生组织首先通过评估地中海陆源污染的情况,为议定书的谈判奠定基础。通过与其他联合国专门机构的合作,联合国环境规划署展开了如下工作:(1)准备了地中海沿海区域所有主要污染源的清单,包括生活污水、工业污水、农业径流、河流径流以及放射性流出物;(2)评估这些污染源进入地中海的性质与数量;(3)评估通过主要河流进入地中海的特定污染的性质与数量;(4)评估现有的废物处理及管理实践。[①] 这些科学研究的成果为各国在 1980 年《陆源议定书》序言中表述的共识奠定了基础:"注意到地中海区域人类活动的快速发展,尤其是在工业化与城市化方面,以及在旅游业的影响下沿岸人口的季节性增长";"认识到陆源污染对海洋环境及人类健康构成的危险,以及由此在地中海许多沿海水域及河口造成的严重问题,尤其是由于排放未经处理、未充分处理或未适当处理的生活或工业排放物"。

　　1980 年《陆源议定书》的特点首先在于对适用范围的规定——第 3 条界定了"议定书区域"(protocol area),第 4 条进一步以功能性的路径界定了"排放区域"。第 3 条界定的"议定书区域"在《巴塞罗那公约》界定的"地中海区域"基础上扩展至了缔约方的内水——"测算领海宽度的基线向陆方向的水域,在河道处延伸至淡水界限",以及与海相连接的咸水沼泽。第 4 条的功能性界定为:议定书适用于"通过河流、运河或包括地下水道在内的其他水道或径流",直接"达及议定书区域的缔约方领土内的陆源污染",以及补充附件中规定的由大气传播的间接污染。第 4 条实质上以功能性的路径使议定书的适用范围扩展至了缔约方的整个领土。1980 年《陆源议定书》的另一个特点是平衡了地中海北部发达的工业化国家与南部发展中国家之间的不同能力与需求。在序言中明确提到"承认沿海国之间发展程度的不同,并考虑到发展中国家的经济与社会需求"。这种平衡又体现在作为议定书核心内容的污染控制制度当中(第 5 条至第 7 条)。

　　在议定书的谈判中,各国认识到各项措施的实施将是渐进的,需要建立优先顺序。因此,议定书将有害物质分为了两类。第 5 条规定,缔约方同意消除

　　①　Patricia A. Bliss-Guest, The Protocol Against Pollution from Land-Based Sources: A Turning Point in the Rising Tide of Pollution, *Stanford Journal of International Law*, Vol.17, No.2, 1981, p.268.

附件 I 中列举的有害物质,尤其考虑到其"毒性、持久性、生物累积性"①。缔约方"应联合地或单独地制定并执行必要的项目或措施",包括排放标准和使用标准②。此外,各缔约方应制定并定期复审执行项目或措施的时间表与具体标准③。对于附件 II 列举的"一般有毒性较低,或在自然过程中容易使之无害"的物质,第 6 条规定,缔约方应"严格限制"这些物质造成的污染,仅在经许可的情况下才可排放附件 II 中列举的物质。当局的授权需考虑到附件 III 中列举的因素,包括废弃物的特征及构成、废弃物的成分及其有害性、排放地点的特征及海洋环境、处理技术的可获得性,以及对海洋生态及海洋使用的潜在影响④。第 7 条指出缔约方为执行上述规定而制定指南或标准时,应考虑到技术要求以及"当地的生态、地理及物理特征,缔约方的经济能力及其对发展的需求,现存污染的程度,以及海洋环境实际的吸收能力"。其中,第 7 条第 3 款还要求考虑到缔约方"改造现存设施的能力"及经济能力。换言之,在建立执行该议定书的时间表与具体标准时,发展中国家的经济压力将得到尊重。在第 5 条、第 6 条的执行方面,除缔约方各自采取的措施外,第 14 条和第 15 条还规定了制定共同措施的程序:与《巴塞罗那公约》缔约方会议联席举行的定期会议上,缔约方以 2/3 多数通过治理陆源污染的项目与措施,不接受由此制定的项目与措施的国家应告知就相关问题计划采取的措施。

1980 年《陆源议定书》的其他部分规定了保障执行的制度与措施:第 8 条设置了监测制度;第 9 条、第 10 条规定了科技合作与协助;第 11 条规定了在跨界水道的合作,对于产生自非缔约方的污染,缔约方"应尽力"(shall endeavour)与之合作执行本议定书;第 12 条依循《巴塞罗那公约》中的规定,处理了争端解决问题;第 13 条设置了执行情况报告制度;第 14 条明确了定期会议审议议定书执行、修订附件等职能。

(四)特别保护区议定书(SPA Protocol)

1982 年通过的《地中海区域特别保护区域议定书》(简称 1982 年《特别保护区议定书》)于 1986 年 3 月 23 日生效。⑤ 如其序言中所提及的,1982 年《特

① 1980 年《陆源议定书》第 5 条第 1 款,附件 I。

② 1980 年《陆源议定书》第 5 条第 2 款、第 3 款。

③ 1980 年《陆源议定书》第 5 条第 4 款。

④ 1980 年《陆源议定书》第 6 条第 3 款,附件 III。

⑤ 1995 年通过的《地中海特别保护区和生物多样性议定书》于 1999 年 12 月 12 日生效后取代了 1982 年《保护区议定书》。

别保护区议定书》的目标是"通过建立包括海洋区域及其环境在内的特别保护区以及其他方法,保护并适当地改善地中海自然资源、自然景点以及区域内文化遗产的状况"。在议定书的形式上,如有学者指出的,1982 年《特别保护区议定书》不同于以往的议定书,转向于类似框架性的伞状公约。①

1982 年《特别保护区议定书》第 2 条规定,"为了指定特别保护区的目的",议定书的适用区域"应以缔约方领海为限,并可以包括测算领海宽度的基线向陆方向的水域,并在水道处延伸至淡水界限。还可以包括各缔约方指定的湿地或海岸区域"。换言之,各缔约方所设立的特别保护区应位于国家主权区域之内,包括领海、内水及海岸区域②。

1982 年《特别保护区议定书》仅提供了设立及管理特别保护区的框架性指南。议定书授权缔约方会议制定关于"选取保护区""建立保护区""管理保护区""通告保护区"的具体指南、标准③。设立特别保护区的目的是保护:"具有生物学及生态价值的地点";物种多样性及其栖息地;"具有代表性的生态系统";"因其科学、审美、历史、考古学、文化或教育意义而尤其重要的地点"。④第 7 条中列举了可逐步采取的保护措施,包括建立计划及管理制度,禁止倾倒或排放废物或其他可能损害保护区的物质,规制船舶的通过、停泊及下锚,管理捕鱼及捕猎活动,禁止破坏动植物,管理开发海底及底土的活动等。此外,与其他议定书类似,1982 年《特别保护区议定书》还规定了缔约方应在科技、信息交流等方面合作。

(五)离岸议定书(Offshore Protocol)

1994 年《保护地中海免受因勘探和开发大陆架、海床及其底土污染议定书》(简称 1994 年《离岸议定书》)是地中海行动计划第一阶段制定的最后一份议定书,该议定书于 2011 年 3 月 24 日生效。1994 年《离岸议定书》设计的防止大陆架勘探及开发活动造成污染的制度结合了既有议定书中的相关内容,特别是序言中提及的 1976 年《紧急议定书》及 1982 年《特别保护区议定书》。

---

①　Maria Gavouneli, New Forms of Cooperation in the Mediterranean System of Environmental Protection, in Myron H. Nordquist, John Norton Moore & Said Mahmoudi eds., *The Stockholm Declaration and Law of the Marine Environment*, Martinus Nijhoff Publishers, 2003, p.225.

②　1982 年《特别保护区议定书》第 1 条还特别申明该议定书不影响《海洋法公约》的制定,也不影响"各国对沿海国及船旗国管辖权性质及范围"的主张及法律观点。

③　1982 年《特别保护区议定书》第 4 条。

④　1982 年《特别保护区议定书》第 3 条。

在适用范围上，类似于 1980 年《陆源议定书》第 3 条的定义，"议定书区域"在《巴塞罗那公约》界定的地中海区域的基础上扩展至了缔约方的内水："测算领海宽度的基线向陆方向的水域包括海床及底土，在河道处延伸至淡水界限"。①

在具体的防污染措施方面，首先，类似于 1976 年《倾倒议定书》，1994 年《离岸议定书》要求在议定书区域内的所有与勘探或开发资源相关的活动须经事先书面授权，对于可能对环境造成重大不利影响的活动应不予授权②。1994 年《离岸议定书》的特点在于明确了作业方申请中必须包含的内容，其中首要强调了"依据附件 IV 准备的环境影响评估"，此外还包括明确的活动区域、执业及技术资质、安全措施、应急预案、监测程序、撤离设施的计划、对特别保护区的预警措施以及保险或其他的财政担保。其次，为了防止在勘探或开发大陆架资源的过程中排放废物及有毒或有害物质对地中海环境造成污染，议定书对这些物质进行了分类规制：（1）对于有害或有毒物质，议定书采取了《倾倒议定书》的模式，在附件 I 中列举了禁止排放的物质，而在附件 II 中列举了需事先特殊许可的物质③。（2）对于"石油与油性混合物、钻井液与岩屑"，议定书要求缔约方遵守附件 V 中的"共同标准"④。（3）污水则原则上禁止排放，第 11 条第 1 款列举的例外情况除外。（4）垃圾禁止排放⑤。最后，1994 年《离岸议定书》进一步规定了应采取的防护措施，避免发生紧急的污染事故。这部分的规定结合了 1976 年《紧急议定书》，具体措施包括制定应急预案、通告制度、紧急状况下相互协助以及持续的监测措施⑥，并对在特别保护区内的活动提出了更严格的授权条件。

类似于其他议定书，1994 年《离岸议定书》规定了确保议定书执行的各项合作义务，包括：合作推动相关科学技术研究项目；直接或通过主管国际组织合作制定相关国际标准并据此协调国内法规；防止跨界污染并在有即刻危险或污染产生时通过地中海海洋污染应急响应区域中心开展合作；直接或通过国际组织给予发展中国家科技援助等。⑦ 1994 年《离岸议定书》还督促缔约方

---

① 1994 年《离岸议定书》第 2 条。

② 1994 年《离岸议定书》第 4 条。

③ 1994 年《离岸议定书》第 9 条。

④ 1994 年《离岸议定书》第 10 条。

⑤ 1994 年《离岸议定书》第 12 条。

⑥ 1994 年《离岸议定书》第 16 条至第 19 条。

⑦ 1994 年《离岸议定书》第 22 条至第 26 条。

尽快制定界定责任与赔偿的规则及程序。

五、地中海行动计划第一阶段的成功经验

参照第二章中对区域性海洋合作机制的框架性分析,地中海行动计划有其特殊性。一是其基本文件包括 1975 年《行动计划》与 1976 年《巴塞罗那公约》两份法律性质不同的文件。二是在机制类型上,《巴塞罗那公约》缔约方会议制定共同措施与立法职能受各项议定书加强,而各项议定书又明确了各区域活动中心的不同职能。例如,1980 年《陆源议定书》使缔约方会议具备了通过有约束力共同措施的职能,1976 年《紧急议定书》下的区域抗油污中心(后更名为地中海海洋污染应急响应区域中心)的职能类型为信息分享与能力建设。

评价地中海行动计划是否成功时,一些环境科学学者采取的方式是检验地中海是否更为清洁,这种方式很可能因其选择的参考指标不同而会产生不同的结论。就本书的主旨而言,地中海行动计划无疑是成功的,将《联合国海洋法公约》第九部分的框架性规定转化为一个完整的区域性合作机制。如1995 年作为地中海行动计划第二阶段纲领的《关于保护地中海海洋环境及海岸区域可持续发展的行动计划》引言部分所指出的:"尽管难以评估所取得的进展,但有直接或间接的证据证明已有许多符合地中海行动计划要求与规定的具体行动,从而影响了地中海国家的环境政策及实践。地中海行动计划一直是改变与推进地中海环境问题的重要途径。所取得的成就当中,尤其重要的有:缔造了关于健康环境对地中海及其民众在当前与未来之重要性的共识;对环境保护、政策制定层级、形成团结意识以及需要为地中海更好未来集体行动的态度发生了显著变化。"[①]本书概括出如下几点作为第一阶段地中海行动计划取得成功的因素:

(1)在面对海洋污染问题时,沿岸国对功能性路径的选择。就时间上而言,地中海行动计划的发起和第三次联合国海洋法会议的准备与召开几乎同时。如第一章所梳理的,沿海国扩大管辖海域是第三次联合国海洋法会议的主要推动力之一。但许多地中海沿岸国很早便认识到在半闭海的地理条件中,以扩大沿海国管辖海域的方式应对海洋环境的困难。对此,地中海沿海国

---

① UNEP, *Action Plan for the Protection of the Marine Environment and the Sustainable Development of the Coastal Areas of the Mediterranean* (MAP Phase II), UNEP (OCA)/MED IG.5/8, 1995.

正确地选择了功能性合作以应对海洋污染问题。对于区域内的欧共体国家，功能主义的合作并不陌生。在对欧洲一体化进程的探讨中，功能主义是最早出现的理论解释：不同于政治合作，功能合作局限于明确的有限领域，并据此创设出新的国际机制。换言之，当各国认识到亟待解决的问题已经达到危机水平，单个国家的行动已不足以处理该问题，同时某种功能机制可以应对危机时，国家则愿意参与功能性的合作。地中海区域内呈现出巨大差异的非欧共体国家也更容易接受以功能性合作处理政治敏感度较低的问题。在地中海计划中，研究与监测部分最为成功，其原因正在于其功能最为明确。①

（2）海洋环境问题的特殊性质，在科学与政策层面催生了共同体意识。在半闭海地理条件下，海洋污染的跨界性质无须赘言，如博克瑟（Baruch Boxer）所言："地中海环境统一体的观念，无论其定义多么宽泛，都包含了在应对污染时的政治与科学合作。"②由于环境问题实际上具有高度科技性，需要科学家与科研机构的广泛参与并形成共识，这使得哈斯（Peter M. Haas）所强调的"认知共同体"（epistemic community）发挥了重要的作用，即对问题的因果关系以及应对问题的政策有着共识的专家团体。在地中海行动计划中，这个认知共同体的成员来自联合国环境规划署、世界卫生组织等联合国专门机构的人员以及区域内各国政府内的官员。这些专家实际制定了相关的国际性议程并引导各国政府支持区域性的努力，并在国内落实由此制定的措施。③

（3）联合国环境规划署的重要作用。联合国环境规划署所起到的发起、支持区域合作的作用显而易见，在地中海行动计划的前8年中，环境规划署提供了185万美元的资金支持及行政支持。此外，联合国环境规划署还起到了协调作用。由联合国环境规划署联合其他国际组织发起的多边会议为区域内由于政治问题难以展开双边对话的国家提供一个讨论共同利害问题的平台，并且，这些讨论也帮助解决了一些国家国内的决策需要——国内决策中时常面临的不同利益集团的诉求，如油气公司、渔业、工业以及旅游业。

（4）承认区域内的南北差异，并重视能力建设。如本书第一章所论及的，

---

① Cf. Debora de Hoyos, The United Nations Environment Program: the Mediterranean Conferences, *Harvard International Law Journal*, Vol.17, No.3, 1976, p.648.

② Baruch Boxer, Mediterranean Pollution: Problem and Response, *Ocean Development and International Law*, Vol.10, No.3-4, 1981, p.316.

③ Peter M. Haas, Do Regimes Matter? Epistemic Communities and Mediterranean Pollution Control, *International Organization*, Vol.43, No.3, 1989, p.384.

地中海行动计划发起的时期也是南北问题表现为发展中国家争取国际经济新秩序的时期。对发展的需求与对环境保护的需求之间存在张力。巴塞罗那公约体系要协调地中海北岸发达工业国家与南、东岸较不发达国家之间的不同利益与需求。因此，巴塞罗那公约体系承认应依据成员国经济能力及其对发展的需求而制定不同的标准与时间表。与《联合国海洋法公约》特别顾及发展中国家需求的精神以及第十四部分"海洋技术的发展和转让"的相关规定相符，《巴塞罗那公约》及议定书中反复规定有对发展中国家的技术转让及协助。

(5)巴塞罗那公约体系的灵活性。如前文论及的，地中海沿岸国之间除经济发展程度之外，还在政府形式、社会结构等方面存在着多样性，巴塞罗那公约体系的灵活性使各国能够较平稳地接受国际义务。这种灵活性体现在两个方面。首先，在框架性公约之后陆续制定针对具体问题的议定书实际为公约中指出的各种污染问题排列了先后顺序，为各国在国内做好准备留下了时间。各国可以结合自身的情况选择加入议定书。在第一阶段所制定的五个议定书中，1976年《倾倒议定书》与《紧急议定书》作为当务之急，很快被缔约方接受；而1980年《陆源议定书》由于其对工业、城市及农业的影响，在3年之后才生效；1995年《离岸议定书》则迟至2011年才生效。其次，框架性公约加议定书的模式也为巴塞罗那公约体系的发展留下了空间。值得注意的是，地中海行动计划还促成了次区域层级的补充性协定，比如意大利与前南斯拉夫关于保护亚得里亚海海洋环境的协定、意大利与希腊关于保护爱奥尼亚海海洋环境的协定，以及意大利、法国、摩纳哥之间关于在利古里亚海设立海洋保护区的协定。[①]

第三节　联合国环境规划署地中海行动计划：第二阶段(1995年以来)

1995年6月5日至8日在巴塞罗那召开的第九次缔约方会议通过的如下决议标志着地中海行动计划第二阶段的开启：(1)批准对《巴塞罗那公约》《倾倒议定书》的修订以及新的《特别保护区及生物多样性议定书》，并建议全权代表会议予以通过；(2)通过《关于保护地中海海洋环境及海岸区域可持续

---

　　①　Aldo E. Chircop, The Mediterranean Sea and the Quest for Sustainable Development, *Ocean Development and International Law*, Vol.23, No.1, 1992, p.19.

发展的行动计划》，并建议全权代表会议予以签署；(3)批准关于建立地中海可持续发展委员会的报告。①

如在第二章中已论及的，1992 年里约环境与发展会议通过的《21 世纪议程》对海洋环境问题提出的原则与路径推动了国家与区域层面的海洋治理实践。地中海行动计划第二阶段接纳了"里约精神"，重点在国家与区域层面推动可持续发展与整体规划，特别是运用海岸区域综合规划。

一、新的行动计划及战略

1995 年《关于保护地中海海洋环境及海岸区域可持续发展的行动计划》的主要贡献是明确提出了第二阶段主要的目标：

> 确保对海洋与陆地资源的可持续管理，以及将环境整合到社会及经济发展以及土地使用政策当中；
> 通过防止污染、减少并尽可能消除污染来源，无论是长期性的还是事故性的，保护海洋环境及海岸区域；
> 保护自然，保护并改善具有生态或文化价值的地点和景观；
> 加强地中海沿海国之间在为当代及后代的利益管理共同遗产及资源方面的团结；
> 为提升生活质量作出贡献。

1995 年《行动计划》的结构在 1975 年《行动计划》中整体规划、科学、法律、制度与财政支持四个部分的基础上，着重突出了原先的整体规划部分，调整为"地中海可持续发展""加强法律框架""制度与财政安排"三个部分。对于重中之重的可持续发展目标，《行动计划》将之进行了多层次的细化，通过图3-1 可以看出其中涉及的关键领域以及地中海行动计划第二阶段的综合性。

1995 年《行动计划》提出了建立地中海可持续发展委员会（Mediterranean Commission for Sustainable Development）以推进环境与发展的整合。该委员会于 1996 年建立，为智库性质的咨询机构。地中海可持续发展委员会由22 名来自缔约方的常任代表以及 15 名来自地方当局、商业团体和环境方面的非政府组织的轮值代表组成，成员之间身份平等。委员会职能为评估区域

---

① 1995 年 6 月 9 日至 10 日召开的全权代表会议通过了经修订的《巴塞罗那公约》与议定书，以及第二阶段行动计划。

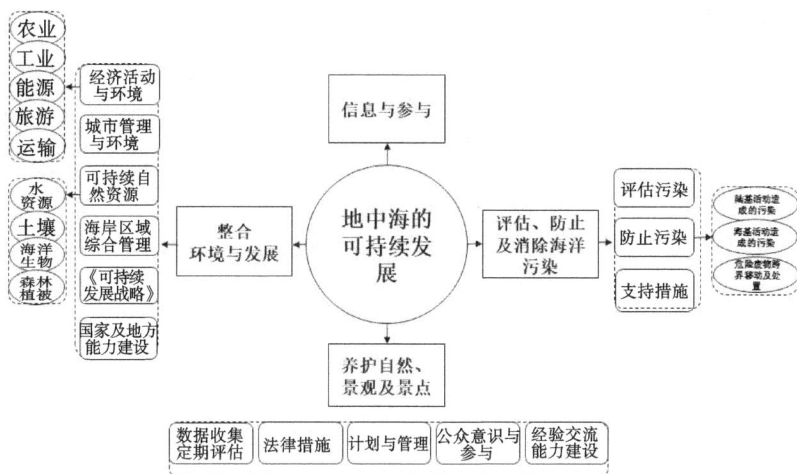

图 3-1 1995 年《关于保护地中海海洋环境及海岸区域可持续发展的行动计划》"地中海可持续发展"部分纲目

来源:整理自 *Action Plan for the Protection of the Marine Environment and the Sustainable Development of the Coastal Areas of the Mediterranean*（MAP Phase Ⅱ）。

内国家共同关心的,或由国际及区域议程所提出的可持续发展主要问题,并向缔约方提供相关建议。2005 年,缔约方会议通过了由该委员会协调筹备的《地中海可持续发展战略》(*Mediterranean Strategy for Sustainable Development*),这份框架性文件回应了 1995 年《行动计划》中对达成区域性可持续发展战略的要求,也为国家层面制定可持续发展战略提供了指南。《地中海可持续发展战略》在概述了地中海区域对可持续发展的需求之后,提出了如下 7 个"优先行动与协调领域":(1)更好地管理水资源;(2)提升能源合理使用、增加可再生能源的使用以及减缓并适应气候变化;(3)以适当的运输管理实现可持续交通;(4)可持续旅游业作为主导经济产业;(5)可持续农业及农村发展;(6)可持续城市发展;(7)海洋、海岸区域及海洋资源的可持续管理。①

---

① UNEP, *Mediterranean Strategy for Sustainable Development*，UNEP（DEC）/MED IG. 16/7，27 June 2005.

二、《巴塞罗那公约》的修订

1995 年经修订的《巴塞罗那公约》被重新命名为《地中海海洋环境和海岸区域保护公约》(Convention for the Protection of the Marine Environment and the Coastal Region of the Mediterranean,简称为 1995 年《巴塞罗那公约》)。当前缔约方已达到 22 个。① 1995 年《巴塞罗那公约》保留了框架协定的性质,通过具体的议定书实施。值得注意的是,第 4 条第 2 款进一步明确了《巴塞罗那公约》与《地中海行动计划》之间的关系,即"缔约方承诺采取适当的措施执行地中海行动计划",并要求缔约各方"应充分考虑地中海可持续发展委员会的建议"。

1995 年《巴塞罗那公约》中的重要修订包括:(1)吸纳了 1992 年里约会议提出的主要原则与措施,包括:可持续发展、预警原则、环境影响评估、海岸区域综合管理;②采用可获得的最佳技术、最佳环境实践和推进环保型技术的应用,包括清洁生产技术。③ (2)1995 年《巴塞罗那公约》第 1 条保留了 1976 年公约对"地中海区域"的地理界定,但删去关于原则上不包括缔约方内水的条文。换言之,1995 年《巴塞罗那公约》的适用区域扩展至了缔约方内水。并且,为落实海岸区域综合管理,还进一步规定可扩展至"各缔约方在其领土内指定的海岸区域"。值得注意的是,在扩展功能区域的同时,1995 年《巴塞罗那公约》中也有明确的"权利保留"条款,即"本公约及其议定书的任何内容不损害任何国家与联合国海洋法公约有关的权利与立场。"④(3)扩大了参与面。在制度安排方面,第 20 条增设了"观察员"制度,缔约方可决定非缔约方或国际组织作为观察员参加其会议。另外,第 15 条还对"公众信息与参与"作出了规定,要求缔约方确保公众获得执行公约及议定书的信息,并确保获得参与相关决策的机会。

三、议定书的修订与增补

虽然 1995 年《行动计划》与《巴塞罗那公约》都在篇幅上有了扩充,但是具

---

① 阿尔巴尼亚、波斯尼亚和黑塞哥维那、克罗地亚、塞浦路斯、埃及、法国、希腊、以色列、意大利、黎巴嫩、利比亚、马耳他、摩纳哥、摩洛哥、塞尔维亚和黑山、斯洛文尼亚、西班牙、叙利亚、突尼斯、土耳其、欧盟。

② 1995 年《巴塞罗那公约》第 4 条第 3 款。

③ 1995 年《巴塞罗那公约》第 4 条第 4 款。

④ 1995 年《巴塞罗那公约》第 3 条第 3 款。

体标准、措施的制定仍通过议定书进行。为反映上述新的目标与原则以及国际环境法的新发展，许多第一阶段制定的议定书经过了修订，并增补了1996年《危险废物议定书》以及2008年《海岸区域综合管理议定书》。

（一）特别保护区和生物多样性议定书（SPA and Biodiversity Protocol）

1995年通过的《地中海特别保护区和生物多样性议定书》（简称《特别保护区和生物多样性议定书》）于1999年12月12日生效后取代了1982年《特别保护区议定书》。

（1）适用范围的突破

如前文所述1982年《特别保护区议定书》的适用范围为缔约方主权范围之内，主要是领海。新的《特别保护区和生物多样性议定书》适用范围有了引人注目的扩大：适用于地中海所有海域，无论其法律地位，并且适用于海床及其底土，以及各缔约方指定的包括湿地在内的陆上海岸地区。① 议定书扩展地理覆盖范围的目标是保护高度洄游海洋物种。②

如本章第一节中所指出的，地中海的特点之一是沿岸国在1997年前普遍未主张专属经济区，海域内仍保留大面积的公海，并且存在一些领土与海域管辖权争端。《特别保护区和生物多样性议定书》在将适用范围扩大到公海的同时，也特别声明："本议定书的任何内容或任何在本议定书基础上采取的行动，不应损害任何国家与海洋法相关的权利、当前或未来的主张，尤其是关于海域的性质及范围、海岸相向或相邻国家间的海域划界、在公海的航行自由、通过用于国际航行的海峡的权利及方式、在领海的无害通过权，以及沿海国、船旗国及港口国管辖权的性质及范围"；"在本议定书基础上采取的行动不应构成主张、竞争或质疑任何关于国家主权或管辖权的主张的理由"。③ 如斯科瓦齐（Tullio Scovazzi）的评论，由此体现出功能性合作路径意义在于："一方面，在海洋环境方面的政府间合作应不妨碍其他不同性质的法律问题；但在另一方面，存在这些法律问题（难以在短期内解决）不应妨碍或拖延采取保持地中海

---

① 1995年《特别保护区和生物多样性议定书》第2条第1款。

② Tullio Scovazzi, The Recent Developments in the "Barcelona System" for the Protection of the Mediterranean against Pollution, *The International Journal of Marine and Coastal Law*, Vol.11, No.1, 1996, p.98.

③ 1995年《特别保护区和生物多样性议定书》第2条第2款至第3款。

生态平衡的必要措施。"①

(2)地中海重要特别保护区清单

在合作管理特别保护区的方面，新的议定书增设了地中海重要特别保护区清单(list of specially protected areas of mediterranean importance)制度。该清单可包括如下的地点："对保护地中海生物多样性的要素起到重要作用的；包括地中海特有生态系统的或濒危物种栖息地的；在科学、美学、文化或教育上有特殊意义的。"②议定书第 9 条详细规定了制定地中海重要特别保护区清单的程序。其中，对于部分或全部位于公海的区域，提案须由"相关的两个或两个以上相邻缔约方"提交，并向特别保护区区域活动中心(Regional Activity Centre for Specially Protected Areas)提交一份关于地理位置、自然及生态特征、法律地位、管理计划及其执行，以及对地中海之重要性的介绍性报告③。清单的订立须经缔约方会议同意④。至今，地中海重要特别保护区清单已包括 33 处地点，其中有一处在设立时涵盖公海海域，即由法国、意大利及摩纳哥为海洋哺乳动物设立的海洋生物保护区(pelagos sanctuary)。如本章第一节所论及的，随着法国与意大利先后主张功能性国家管辖海域，该保护区内水域的法律地位已改变。

对于清单的效力，缔约方同意承认清单内各地点对地中海的特殊重要性，并承诺"遵守适用于地中海重要特别保护区清单的措施，不授权或进行任何可能违反设立地中海重要特别保护区清单之目标的活动"⑤。同时，地中海重要特别保护区清单并不排除各缔约方在清单外设立保护区的权利。由于特别保护区(尤其是位于公海的特别保护区)限制其他海洋使用的性质，议定书第 28 条专门规定了与第三方国家的关系，缔约方应"邀请非议定书缔约方的相关国家及国际组织合作执行本议定书"。

(3)物种保护与养护

1995 年《地中海特别保护区和生物多样性议定书》除序言部分明确提及《生物多样性公约》外，第三部分专门对物种的保护与养护作出了规定，这是对

①　Tullio Scovazzi, The Recent Developments in the "Barcelona System" for the Protection of the Mediterranean against Pollution, *The International Journal of Marine and Coastal Law*, Vol.11, No.1, 1996, p.99.

②　1995 年《地中海特别保护区和生物多样性议定书》第 8 条第 2 款。

③　1995 年《地中海特别保护区和生物多样性议定书》第 9 条。

④　1995 年《地中海特别保护区和生物多样性议定书》第 26 条第 2 款(h)项。

⑤　1995 年《地中海特别保护区和生物多样性议定书》第 8 条第 3 款。

1982 年《地中海特别保护区议定书》的重大增补。类似于 1976 年《倾倒协议书》的结构，这一部分只规定了缔约方应采取的国内措施以及应采取的合作措施，而具体的受保护物种则由附件列举。对于附件 II "濒危或受威胁的物种清单" (List of Endangered or Threatened Species) 中的动植物，缔约方应确保最大可能地保护和恢复这些物种。对于附件 III "开发受规制的物种清单" (List of Species Whose Exploitation is Regulated) 中的物种（包括鱼纲物种），缔约方在授权开发及管理这些物种的同时，应与主管国际组织（即地中海渔业总委员会）合作采取适当的养护措施。[①]

2008 年，负责推进 1995 年《地中海特别保护区和生物多样性议定书》实施的特别保护区区域活动中心与联合国粮农组织（代表地中海渔业总委员会）签订了合作备忘录，同意在如下领域展开合作：(1)在地中海区域发展并参与落实渔业的生态系统方法 (ecosystem approach to fisheries)；(2)探明生态系统的海洋敏感栖息地；(3)为海岸区域管理制定可持续发展框架及指南；(4)加强科学研究，尤其是保护象征性物种；(5)发展并加强地中海海洋环境与渔业之间的沟通合作。[②]

（二）陆源和陆上活动污染议定书 (LBS and Activities Protocol)

1980 年《陆源议定书》于 1996 年 3 月 7 日进行了修订，并重新命名为《保护地中海区域免受陆源和陆上活动污染议定书》（简称《陆源和陆上活动污染议定书》），新的议定书已于 2008 年 5 月 11 日生效。

1995 年联合国环境规划署政府间会议上通过的"保护海洋环境免受陆源活动污染全球行动计划" (Global Programme of Action for the Protection of the Marine Environment from Land-based Activities) 中设立的目标影响了《陆源和陆上活动污染议定书》的制定。该行动计划特别鼓励闭海或半闭海沿岸国采取区域性行动："区域及次区域合作与办法对于保护海洋环境免受陆上活动污染的成功行动十分重要。在许多国家在同一海洋及沿海区域拥有海岸的地方尤其如此，最明显的就是在闭海或半闭海。这种合作可以更准确地查明并评估特定地理区域的问题，并适当地确立在这些区域的优先行动。这种合作还加强了区域及国家的能力建设，为协调、调整措施以符合特殊的环境与社会经济条件提供了重要渠道。并且，还为行动计划的执行提供了更为高效

---

① 1995 年《地中海特别保护区和生物多样性议定书》第 12 条。

② Joseph F.C. DiMento, Alexis Jaclyn Hickman, *Environmental Governance of the Great Seas: Law and Effect*, Edward Elgar, 2012, p.116.

和成本收益更高的方式。"①

1996 年的修订案对 1980 年《陆源议定书》进行了如下重要修订:

(1)适用范围进一步扩大。将"议定书区域"扩大至"地中海水文流域"(缔约方领土内汇入地中海区域的整个分水岭区域)以及与地中海相连的咸水、弱咸水水域。② 由此可见,议定书的适用范围超出了沿海区域,扩展至缔约方的几乎全部陆上流域。

(2)为执行议定书制订更严格的行动计划与项目。一方面,第 5 条要求缔约方"单独或联合地制定和实施适当的国家及区域行动计划及项目,包含有实施的措施与时间表"。另一方面,对区域项目与计划的制订方式进行了相当大的修改。第 15 条规定,缔约方会议应以 2/3 多数通过短期及中期的区域行动计划及项目,包含有执行的措施及时间表。由此制订的措施及时间表在通知缔约方 180 天后生效。申明反对的缔约方应告知缔约方会议其计划采取的相关措施。

(3)对附件的修订。在议定书的附件 I "为准备消除陆基和陆上活动的污染制定行动计划、项目及措施应考虑的因素"中,不仅对有害物质进行了更全面的列举,还列举了需要考虑的 30 项活动,既包括能源生产、肥料生产、杀虫剂生产等重污染的生产活动,还包括农业、旅游业,海港作业及运输业等活动。相应的,附件 II 也作了修改,不再是列举缔约方可授权排污的物质,而是"发放排污授权应考虑的因素"。附件 III 则修改为"适用于大气传播污染的情况",新增的附件 IV 为"定义可获得的最佳技术及最佳环境实践的标准"。③

(三)危险废物议定书(Hazardous Wastes Protocol)

1996 年 10 月 1 日,缔约方会议通过了《防止地中海区域受有害废物越境转移及处理导致污染议定书》(简称《危险废物议定书》),该议定书于 2008 年 1 月 19 日生效。该议定书的制定背景是,自 20 世纪下半叶以来,一些发达国家的有害废物生产者为规避国内舆论及较为严格的管理制度,将有害废物出口至发展中国家,在此过程中发生了一些受到广为关注的事故。国际社会一

---

① UNEP, *Global Programme of Action for the Protection of the Marine Environment from Land-based Activities*, 1995, para. 29.

② 1996 年《陆源和陆上活动污染议定书》第 2 条、第 3 条。

③ 这些标准借鉴自 1992 年《保护东北大西洋海洋环境公约》。Tullio Scovazzi, The Amendments to the Protocol for the Protection of the Mediterranean Sea against Pollution from Land-based Sources, *International Journal of Marine and Coastal Law*, Vol. 11, No. 4, 1996, p.575.

致对这种跨界转移有害废物的行为予以谴责,并展开了国际立法行动,达成的国际公约有:1989 年《控制危险废料越境转移及其处置巴塞尔公约》(Basel Convention on the Control of Transboundary Movements of Hazardous Wastes and Their Disposal),该公约反映了发达国家的立场,即对有害废物的跨界转移采取了有限禁止的路径;1991 年《禁止非洲进口危险废物并在非洲内控制和管理危险废物越境转移巴马科公约》(Bamako Convention on the Ban of the Import Into Africa and the Control of Transboundary Movements and Management of Hazardous Wastes Within Africa),该公约反映了发展中国家的立场,即严格禁止缔约方进口非缔约方的有害废物。① 如《危险废物议定书》序言中所表明的,议定书的制定参考了上述两个公约,并在发达国家与发展中国家的立场之间寻求妥协。

(1)适用范围

类似于 1980 年《陆源议定书》,《危险废物议定书》不仅以《巴塞罗那公约》第 1 条界定了“议定书区域”,更重要的是以功能路径界定了“议定书范围”。功能路径的界定实际通过界定“废物”及“跨界转移”两个概念完成。议定书规制的废物包括 4 类:附件 I 罗列的物质;含有附件 II 罗列性质的物质;未包括在附件中但出口国、进口国或运输国国内法界定的有害物质;为人类健康或环境原因国内法禁止的有害物质。② “跨界转移”被定义为:“从一国管辖区域向或通过另一国管辖区域转移有害废物,或者若有至少两个国家参与的向或通过任何国家管辖外的区域转移有害废物。”③换言之,该议定书仅适用于转移行为涉及两个以上国家的情况。如果一个国家以自己的船舶在本国管辖海域内或向公海转移危险废物则不受该议定书规制,但若向公海转移是为了倾倒或焚烧,则受《倾倒议定书》规制。④

(2)一般义务

首先,议定书序言中指出,“保护人类健康及海洋环境免受有害废物构成危险的最有效办法,是减少并消除其生产,例如通过替代品和其他清洁生产方

---

① Pablo Cubel, Transboundary Movements of Hazardous Waste in International Law: The Special Case of the Mediterranean Area, *The International Journal of Marine and Coastal Law*, Vol.12, No.4, 1997, pp.447-451.

② 1996 年《危险废物议定书》第 3 条。

③ 1996 年《危险废物议定书》第 1 条(f)项。

④ 《倾倒议定书》第 6 条禁止废物出口至他国以在海上倾倒或焚烧。

法"。议定书进一步要求缔约方"采取适当的措施将有害废物的生产减少至最少,并在可能的地方将其消除"①。其次,议定书要求缔约方"采取一切适当的措施将危险物质的跨界转移减少至最少,并且如果可能的话消除地中海中的此类转移"②。换言之,议定书没有完全禁止危险废物的跨界转移,并在随后对例外情况作出了说明。在第5条第4款中在发展中国家与发达国家(欧盟国家)之间进行了区分,严格禁止从发达国家向发展中国家转移有害废物。结合第6条的规定,议定书仅在有害废物在产生国无法以对环境无害的方式(environmentally sound manner)进行处理的情况下,允许从发展中国家向发达国家,或发达国家之间转移有害废物。最后,议定书要求缔约方应采取适当的措施防止、减轻并消除由跨界转移及处理危险废物造成的污染。③

(3)跨界转移程序

对于允许的有害废物跨界转移,议定书制定了一套通知与授权程序。有害废物的跨界转移须在出口国书面通知,并得到进口国及过境国(State of transit)事先书面同意的情况下进行。而在以船舶运输通过过境国领海时,议定书仅要求出口国事先通知过境国,而不要求事先同意。这一规定实际在体现为无害通过权的海上运输利益与沿海国的环境利益之间进行平衡。④

(4)其他规定

为保障上述义务能得到执行,议定书还要求缔约方:在合法的跨界转移不能完成时,出口国有将有害废物重新进口的义务⑤;依照1995年《巴塞罗那公约》第13条的规定在科学技术及执行预警原则等方面进行区域合作⑥;为防止与惩处非法运输进行国内立法⑦;保障信息公开及公众参与⑧;此外还督促缔约方制定评估环境损害的指南以及认定责任与赔偿的规则与程序⑨。

---

① 1996年《危险废物议定书》第5条第2款。
② 1996年《危险废物议定书》第5条第3款。
③ 1996年《危险废物议定书》第5条第1款。
④ Cf. Tullio Scovazzi, New Ideas as Regards the Passage of Ships Carrying Hazardous Wastes: The 1996 Mediterranean Protocol, *Review of European Community & International Environmental Law*, Vol.7, No.3, 1998, p.265.
⑤ 1996年《危险废物议定书》第8款。
⑥ 1996年《危险废物议定书》第8款。
⑦ 1996年《危险废物议定书》第9款。
⑧ 1996年《危险废物议定书》第11款、第12款。
⑨ 1996年《危险废物议定书》第14款。

（四）防止及紧急议定书（Prevention and Emergency Protocol）

《紧急议定书》于 2002 年 1 月 25 日进行了修订，并更名为《合作防止船源污染及在紧急情况下防治地中海污染议定书》（简称《防止及紧急议定书》）。新的《防止及紧急议定书》于 2004 年 3 月 17 日生效后取代了 1976 年的《紧急议定书》。2002 年《防止及紧急议定书》的特点反映了地中海行动计划第二阶段的发展：

（1）对紧急状况的定义比 1976 年《紧急议定书》更为严格，2002 年《防止及紧急议定书》扩展至了污染事故的各个方面。"污染事故"（pollution incident）被定义为：一起或有相同原因的一系列事件，造成或可能造成石油以及（或者）有害和有毒物质排放，并对海洋环境或对一国或多国海岸线或相关利益构成或可能构成威胁，并且需要紧急行动或立即响应。[①] "有害物质及有毒物质"被定义为"任何除石油外的物质，一旦进入海洋环境可能会对人类健康造成危险，对生物资源或海洋生物造成伤害，对舒适构成损害，或妨碍其他对海洋的合法使用"。[②] 同时也扩展了"相关利益"的范畴，除 1976 年《紧急议定书》中的前三项，[③]还包括了"该区域的文化、审美、科学及教育价值"以及"养护生物多样性及海洋及海岸生物资源的可持续利用"。[④]

（2）要求缔约方履行作为船旗国、港口国及沿海国的义务。具体的规定涵括了船旗国、港口国和沿海国之间关系的各个领域，包括监督、报告、应急预案及接受设施。[⑤] 这些区域性规定的目标不是超越现存的全球性规则，而是为确保有关全球性规则的有效实施。

（3）2002 年《预防及紧急议定书》的序言明确提出了"污染者偿付原则"。第 13 条具体规定了"偿还协助的费用"，即除另有约定外，提出协助方应向协助方偿还因协助行动产生的费用，若协助方自愿行动，则费用由协助方承担。

（4）2002 年《预防及紧急议定书》的序言明确提出了"适用预警原则"。首先表现为对紧急预案的高要求：缔约方的各个船舶、港口、沿海设施都应备有污染紧急预案。[⑥] 其次则表现在鼓励评估"公认的海上交通航线"的环境污

---

① 2002 年《预防及紧急议定书》第 1 条（b）项。

② 2002 年《预防及紧急议定书》第 1 条（c）项。

③ 即在沿海水域、港口及河口的海事活动，包括捕鱼活动；该区域内的历史及旅游胜地，包括水上运动及娱乐；沿岸居民的健康。

④ 2002 年《预防及紧急议定书》第 1 条（d）项。

⑤ 2002 年《预防及紧急议定书》第 4 条第 2 款。

⑥ 2002 年《预防及紧急议定书》第 11 条。

染，并"采取以降低事故或环境后果为目标的适当措施"。①

（五）海岸区域综合管理议定书（ICZM Protocol）

自地中海行动计划进入第二阶段以来，在区域和国家层面同时推进海岸区域综合管理就是落实可持续发展的重点。1995年行动计划中提出"海岸区域综合管理应逐渐成为处理影响地中海沿海区域的问题的标准办法"。而1995年《巴塞罗那公约》第4条第3款（e）项进一步规定"推进海岸区域综合管理"是缔约方的一般义务之一。2008年1月21日，《巴塞罗那公约》各缔约方在马德里签署的《地中海海岸区域综合管理议定书》（简称《海岸区域综合管理议定书》）被认为是地中海行动计划第二阶段的高潮，该议定书已于2011年3月24日生效。

（1）适用范围的界定

议定书的目的是在地中海海岸地区运用海岸区域综合管理，那么首要的便是定义"海岸区域综合管理"及"海岸区域"。"海岸区域综合管理"被定义为："可持续管理和使用海岸区域的动态过程，同时考虑到海岸生态系统及景观的脆弱性，活动及使用的多样性及相互作用，某些活动与使用的海事定位（maritime orientation）及其对海洋与陆地部分的影响。"②而"海岸区域"在议定书中实际有两则定义，一是科学角度的定义：海岸线两侧的地貌学区域，海洋及陆地部分在这里以由与人类社区及相关社会—经济活动共存并相互作用的生物及非生物构成的复杂的生态和资源系统的形式，发生相互作用。③ 二是议定书第3条的功能性界定：①海岸区域的向海界限，应为缔约方领海的内部界限；②海岸区域的向陆界限，应为缔约方指定的适当海岸单元。④ 在缔约方的主权范围内，若缔约方指定的界限不同于上述界定，则其界限应符合科学定义。⑤

在对功能区域的界定中，议定书实际在向陆上扩展的同时，也尊重了传统的领海主权界限，反映出区域路径与国家主权之间的张力。与《地中海特别保护区和生物多样性议定书》类似，议定书第4条特别规定了"权利保留"的条款。除对海域管辖权主张的保留外，第4条第4款还特别强调议定书的规定

---

①　2002年《预防及紧急议定书》第15条。
②　2008年《整体海岸区域管理议定书》第2条（f）项。
③　2008年《整体海岸区域管理议定书》第2条（e）项。
④　2008年《整体海岸区域管理议定书》第3条第1款。
⑤　2008年《整体海岸区域管理议定书》第3条第2款。

"不损害国家安全及防卫活动及设施,但是缔约方同意此类活动及设施在合理且可行的情况下应以符合本议定书的方式操作或建立"。

(2)框架性的规定

《海岸区域综合管理议定书》的内容实际上是框架性的,[①]包括海岸区域综合管理的目标、原则、要素、工具,海岸区域面临的威胁,为执行海岸区域综合管理缔约方的合作,以及制度安排,包括优先行动计划区域活动中心的职能。

在海岸区域综合管理的目标与原则方面,议定书的用语非常宽泛,尤其需要科学证据的支撑,如"保持海岸生态系统、景观及地貌的完整"[②],"防止并(或)减少自然灾害尤其是气候变化的影响"[③],考虑到"潮间带的生物丰富性、自然活力及功能"[④],"不超出海岸区域的承载能力"[⑤],"应平衡整个海岸区域的利用分布"[⑥]等。议定书第 8 条规定的一般义务为:"缔约方应遵守国际及区域法律的规定,应努力确保海岸区域的可持续使用及管理,从而维护海岸自然栖息地、景观、自然资源及生态。"其中"应努力"(shall endeavour)表明了一种行动的义务,而非达成结果的义务。

与 1995 年《行动计划》相似,议定书第二部分"海岸区域综合管理要素"为农业、工业、捕鱼、水产养殖、旅游业、体育及娱乐活动、特殊自然资源利用、基础设施项目以及海事活动等方面的经济活动提供了管理指导。同时,还要求各缔约方采取措施改善对湿地和河口、海洋栖息地、海岸森林、沙丘、海岸风景地貌以及岛屿的保护,特别要注意对地中海区域丰富的文化遗产(包括对大量的海底遗产)进行保护。在第三部分"海岸区域综合管理方法"中,议定书除强调了监测及观测机制、《地中海可持续发展战略》、国家战略、环境评估的作用外,还要求缔约方制定恰当的土地政策及经济财政措施。如马尔科·普雷姆(Marko Prem)所指出的,海岸区域综合管理的跨部门性质以及需要缔约方修改现行国内法是执行议定书的困难所在。[⑦]

---

① 2008 年《整体海岸区域管理议定书》第 1 条。

② 2008 年《地中海整体海岸区域管理议定书》第 5 条(d)项。

③ 2008 年《地中海整体海岸区域管理议定书》第 5 条(e)项。

④ 2008 年《地中海整体海岸区域管理议定书》第 6 条(a)项。

⑤ 2008 年《地中海整体海岸区域管理议定书》第 6 条(b)项。

⑥ 2008 年《地中海整体海岸区域管理议定书》第 6 条(h)项。

⑦ Marko Prem, Implementation Obstacles of the ICZM Protocol and Mitigation Efforts, *Journal of Coastal Conservation*, Vol.14, No.4, 2010, p.259.

(3)议定书的执行

为确保议定书得到执行,第 7 条规定的"协调"制度与第 31 条规定的"报告"制度尤其重要。由于海岸区域综合管理的跨行业、跨部门性质,第 7 条要求缔约方在国家、区域及地方层级协调各个部门,尤其是主管海洋与主管土地的部门之间,"避免部门办法(sector approaches),便利综合办法"。为在区域层面监督议定书的执行,第 31 条规定缔约方须向缔约方会议提交关于议定书执行情况的报告,包括"所采取的措施、其效果以及执行中遇到的问题"。

四、进一步完善遵约机制

如前文论及的,报告制度是地中海行动计划中重要的遵约制度。2008 年7 月,遵约委员会的建立进一步完善了遵约机制。遵约委员会为缔约方会议的附属机构,由从缔约方提名的候选人名单中选举产生的 7 人构成。委员会每年至少召开一次会议,其职能为向缔约方提供建议与协助,以帮助其遵守巴塞罗那条约体系下的义务,并总体地促进、监督和确保遵约。

依据缔约方会议通过的关于遵约机制及程序的文件,遵约委员会应考虑的事项包括:(1)各缔约方实际或潜在未遵约的特殊情况;(2)经缔约方会议要求,考虑一般的遵约事项,如反复发生的未遵约问题,尤其是与报告制度有关的未遵约问题;(3)缔约方可向遵约委员会提交关于未遵约问题的意见,既包括其自身虽尽最大努力仍产生的实际或潜在未遵约问题,也包括其他缔约方的未遵约问题。[①] 关于后者,在向遵约委员会提交意见之前需通过秘书处与该缔约方进行协商。

为促进遵约,考虑到缔约方的能力及未遵约问题的原因、类型、程度及出现频率,遵约委员会可采取如下措施:(1)提供建议;(2)要求或协助该缔约方制定在缔约方与委员会协商的时间范围内达成遵约的行动计划;(3)请求该缔约方提交达成遵约的进展报告;(4)向缔约方会议就该未遵约问题提供建议。对于缔约方严重的、正在发生的或反复发生的未遵约问题,遵约委员会可:(1)发布警告;(2)发布未遵约报告;(3)考虑和采取任何为达成公约及议定书目的所需的行动。

---

① Decision IG 17/2: Procedures and Mechanisms on Compliance under the Barcelona Convention and its Protocols.

五、地中海行动计划第二阶段的发展

在地中海行动计划 40 年的发展当中,最引世人瞩目的成就是缔造了一个动态的机制,在高度多样性、冲突与合作共存的地中海区域维持了以海洋污染问题为导向的政府间沟通与合作。地中海行动计划自 1995 年以来第二阶段的发展突出例证了全球性法规发展对区域性合作机制的推动作用。这一过程中的具体特征有:

(1)对可持续发展原则的贯彻。地中海行动计划第一阶段的重点是应对污染,而第二阶段的重点则是通过落实可持续发展减少并尽可能消除污染。在落实方法上,表现为建议与义务的融合。1995 年《行动计划》与地中海可持续发展委员会为建议与咨询性质,2008 年《海岸区域综合管理议定书》的一般义务虽具有法律效力,但在具体措施上也体现为框架性与指导性。

(2)其他国际法渊源推动巴塞罗那公约体系的发展。地中海行动计划 40 年的发展是一个动态过程,其目标与工作重点均发生了变化。全球性质的海洋环境法(包括软法与硬法)的发展在很大程度上推动了这些变化。如《21 世纪议程》对 1995 年《巴塞罗那公约》的影响,1989 年《控制危险废料越境转移及其处置巴塞尔公约》之于 1996 年《危险废物议定书》,1992 年《生物多样性公约》对 1995 年《特别保护区和生物多样性议定书》的影响。1995 年"保护海洋环境免受陆源活动污染全球行动计划"之于 1996 年《陆源和陆上活动污染议定书》。

(3)覆盖面的扩大。一是功能区域的扩展。如前文所述,1995 年《巴塞罗那公约》的适用范围扩展至了缔约方内水,而 1995 年《特别保护区和生物多样性议定书》以及 2008 年《海岸区域综合管理议定书》反映出海洋环境保护合作向公海和海岸区域扩展的趋势。二是规制的海洋使用类型增多。1994 年《离岸议定书》与 1996 年《危险废物议定书》的生效使得大陆架开发活动及有害废物运输活动受到约束,2008 年《海岸区域综合管理议定书》则涉及更为广泛的行业。三是第三方参与。正是因为上述发展,地中海行动计划第二阶段进一步强调了公众参与以及第三方参与。例如,1995 年《巴塞罗那公约》第 15 条的"公众信息与参与"条款以及第 20 条设立的观察员制度。需要注意的是,在覆盖面扩大的同时,地中海行动计划第二阶段的公约与议定书重视设置"权利保留"条款,这反映出缔约方对功能性区域合作路径可不影响其他海洋问题或争端的信心。2008 年《海岸区域综合管理议定书》中海岸区域向陆界限由缔约方指定的方式也体现出对缔约方主权的尊重。

第四节　地中海的渔业资源养护和管理区域合作实践

地中海仅占世界海洋面积的约 1%,却栖息着占世界总量 8%～9%的海洋生物。[①] 鱼类食品与渔业对于地中海沿海国有着十分重要的意义。2005 年联合国粮农组织的一份报道指出,该区域的鱼类消费高于全球每人每年 16.2 公斤的平均值,尤其是地中海的北部,从意大利、法国、希腊的每人每年 20 公斤到西班牙的每人每年 40 公斤。并且,渔业在地中海各国的经济中也占有重要的地位,提供了约 30 万个就业机会,并且有 90 万人从事与之相关的产业,渔业产业的年产值达到了 38 亿美元。[②]

联合国粮农组织 2011 年发布的《世界海洋渔业资源状况述评》(*Review of the State of World Marine Fishery Resources*)概括了该区域的捕捞量趋势:Area 37(包括地中海与黑海)的总捕捞量自 1950 年的约 70 万吨稳步增长,在 1982 年至 1988 年间达至约 2 百万吨,之后由于黑海渔业的急剧下滑,总捕捞量下滑至约 130 万吨,之后有所恢复,自 1992 年起在 150 万吨上下浮动。[③] 地中海的渔业资源可分为三类:底栖性鱼类、小型上层鱼类(如鳀鱼、沙丁鱼)以及大型上层鱼类(尤其是金枪鱼)。过度捕捞是地中海渔业资源养护和管理面临的首要问题。地中海渔业总委员会及欧盟渔业科技委员会于 2009 年与 2010 年对总计 50 个种群进行了评估,78%的种群已过度捕捞。在这 50 个受评估的种群中,所有的底栖性鱼类及甲壳纲种群均处于过度捕捞状态,约 70%的小型上层鱼类种群处于充分开发或未充分开发。巴罗斯(Pedro Barros)认为,考虑到整个区域密集的捕鱼活动,可合理地推测未纳入评估的

---

① "Mediterranean fisheries: at the crossroads", FAO Newsroom, 2005-2-5, http://www.fao.org/newsroom/en/focus/2005/107379/index.html, last accessed: Mar. 30,2020.

② "Employment and consumption trends", FAO Newsroom, http://www.fao.org/newsroom/en/focus/2005/107379/article_107384en.html, last accessed: Mar.30, 2020.

③ Food and Agriculture Organization of the United Nations, *Review of the State of World Marine Fishery Resources*, 2011, pp.78-79.

其他种群也处于类似的状况。[1] 造成过度捕捞的主要原因之一是非法、未报告和未加管制(IUU)捕捞,这也是地中海渔业管理的重点。除此之外,伴随海岸区域的发展,城市、农业及工业污染也对地中海鱼类种群构成危害。

由于地中海长期留有大面积公海,因此在渔业资源养护和管理方面区域合作尤其关键。区域层级的主要渔业管理组织为地中海渔业总委员会(General Fisheries Commission for the Mediterranean,GFCM),其职能覆盖了地中海的所有海洋生物资源,而金枪鱼及金枪鱼类物种还受大西洋金枪鱼养护国际委员会(International Commission for the Conservation of Atlantic Tunas,ICCAT)的规制。自 2005 年起,上述区域渔业组织的一系列改革与措施使之在地中海渔业资源养护和管理中起到了更为重要的作用。

一、地中海渔业总委员会

地中海沿海国在海洋生物资源领域的区域合作由来已久。早在第一次联合国海洋法会议召开之前,粮农组织在 1948 年第 4 次会议上决定依据《联合国粮农组织章程》第 14 条为地中海建立国际渔业组织。1949 年 7 月粮农组织总干事邀请相关国家出席建立国际渔业组织的会议。1949 年 9 月 24 日英国、希腊、意大利、黎巴嫩、土耳其以及南斯拉夫出席会议并通过了《建立地中海渔业总理事会协定》(*Agreement for the Establishment of the General Fisheries Council for the Mediterranean*)。该协定于 1952 年 2 月 20 日起生效,地中海总理事会随之建立。[2]

《建立地中海渔业总理事会协定》分别于 1963 年、1976 年及 1997 年经过数次修订,其中经 1997 年的修订,地中海渔业总理事会开始从咨询与协调性质转向具备管理职能。在这一职能转变过程中,1995 年《鱼类种群协定》的签署以及联合国粮农组织起到了决定性的推动作用。[3] 1997 年的修订实际上分为两组。其一主要为准许是粮农组织成员的区域经济一体化组织(即欧盟)加入地中海渔业总委员会,以及协定重新命名为《建立地中海渔业总委员会协

①　Food and Agriculture Organization of the United Nations, *Review of the State of World Marine Fishery Resources*, 2011, p.82.

②　K. A. Bekiashev et al., *International Marine Organizations*, Martinus Nijhoff Publisers, 1981, p.233.

③　Are K. Sydnes, Regional Fishery Organisations in Developing Regions: Adapting to Changes in International Fisheries Law, *Marine Policy*, Vol.26, No.5, 2002, pp.377-378.

定》(*Agreement for the Establishment of the General Fisheries Commission for the Mediterranean*)，相应地所建立的区域渔业组织更名为"地中海渔业总委员会"，该修订经粮农组织理事会通过生效。其二主要涉及地中海渔业总委员会的自主预算职能，据此，地中海渔业总委员会"在预算问题上与粮农组织分离"[1]。这组修订于 2004 年经地中海渔业总委员会 2/3 成员批准后生效。

2011 年，地中海渔业总委员会再次启动了更新其法律框架的进程，包括第四次修订其基本文件。修改的目标包括促进次区域合作，建立确保总委员会通过的养护和管理措施得到遵守的有效机制，以及实现地中海与黑海生态、渔业及水产业的可持续性。[2] 2014 年 5 月，总委员会第 38 次会议通过了对《建立地中海渔业总委员会协定》的修订。新的程序及财政规章随后于 2015 年的第 39 次会议上通过。

（一）功能区域

《建立地中海渔业总委员会协定》第 3 条规定的"适用区域"包括地中海与黑海的全部海洋水域。同时，2014 年的修订在第 3 条第 2 款中补充了"权利保留条款"，即"本协定的任何内容或者依据本协定进行的任何行为或活动，不应构成承认任何缔约方关于水域或区域的法律地位或范围的主张或立场"。

虽然地中海渔业总委员会的功能区域一直覆盖黑海，但是直至最近才在黑海的渔业资源养护和管理中发挥作用。其中的原因一方面在于，不同于地中海，黑海的沿海国都主张了专属经济区，换言之黑海的渔业活动几乎都在沿海国的管辖权下进行；另一方面则在于并非所有的黑海沿海国都是地中海渔业总委员会的成员。为了加强在黑海渔业资源养护和管理中的作用，2015 年《地中海渔业总委员会程序规则》第 11 条为黑海区域建立了特殊机制，即黑海工作组。该次区域工作组的职能包括：努力确保所有黑海国家参与关于渔业管理的讨论，审查与黑海区域相关的渔业及水产业问题，为缔约方之间的科学数据及信息交流提供便利，推进合作应对黑海非法、不报告和无管制捕捞活动等。

除黑海这一次区域外，地中海渔业总委员会也在整个功能区域推进次区域路径（subregional approach）。2009 年 GFCM/33/2009/2 号建议将委员会的功能区域划分成了 30 个次区域。2014 年经修订的《建立地中海渔业总委

---

[1]　Report of the 22nd Session of the GFCM，October 1997，para. 24.

[2]　"Basic texts"，GFCM，http://www. fao. org/gfcm/about/legal-framework/en/，last accessed：Mar. 30，2020.

员会协定》进一步将落实次区域路径列为委员会的主要目标之一,第 5 条(e)
项要求总委员会应"适当地培植渔业管理及水产业发展的次区域路径,以便更
好地应对地中海及黑海的特殊性"。划分次区域有利于数据的收集,也有利于
总委员会为各次区域鱼类种群的不同状况制定养护和管理措施。

　　(二)成员标准及非成员的参与

　　在 1997 年的修订中,《建立地中海渔业总委员会协定》成员标准已扩展至
区域性经济一体化组织,2014 年在成员标准上变化不大,第 4 条规定委员会
的成员身份向满足如下条件的粮农组织的成员和准成员,以及联合国、联合国
专门机构成员开放:(1)全部或部分位于地中海区域内的沿海国或准成员;
(2)其船舶在本协定适用区域内对本协定覆盖的种群进行或有意进行捕鱼活
动的国家或准成员;(3)上述国家将本协定范围内相关职权向其渡让的区域经
济一体化组织。地中海渔业总委员会现有 24 个成员,包括 22 个地中海及黑
海地区沿海国家,[①]1 个非地中海国家(日本)以及欧盟。此外,扩大参与面也
是 2014 年修订中的重点,为此,第 15 条与第 17 条分别规定了观察员以及"配
合的非缔约方"(Cooperating non-Contracting Party)制度。

　　观察员分为两类:一类是与委员会有共同利益及目标或者与委员会的活
动相关的国际组织,包括政府间组织也包括非政府组织,这一类中包括了其他
区域渔业组织。另一类是国家,即联合国粮农组织的其他成员或准成员。《地
中海渔业总委员会程序规则》第 13 条第 2 款规定了吸纳观察员的程序,即在
执行秘书或委员会具体确定的时间之前向执行秘书提出希望作为观察员受邀
参加委员会或下属机构定期会议的通知。第 13 条第 3 款则明确了观察员的
权利,即可以出席委员会及其下属机构的会议,可以受邀提交备忘录或发表口
头申明,但在任何情况下都无权投票。2014 年,地中海渔业总委员会第 38 期
会议由于涉及对《建立地中海渔业总委员会协定》修订案的讨论,吸引了众多

---

　　① 即阿尔巴尼亚、阿尔及利亚、保加利亚、克罗地亚、塞浦路斯、埃及、法国、希腊、以
色列、意大利、黎巴嫩、利比亚、马耳他、摩洛哥、黑山、摩洛哥、罗马尼亚、斯洛文尼亚、西班
牙、叙利亚、突尼斯、土耳其。"Membership", GFCM, http://www.fao.org/gfcm/about/
membership/en/, last accessed: Mar. 30, 2020.

观察员出席。[①]

　　配合的非缔约方制度的目的主要是促进区域内非缔约方的参与，促使其遵守委员会制定的养护和管理措施。"配合的非缔约方"指遵守委员会所制定的渔业资源养护和管理措施的非缔约方。其特殊地位需向委员会申请，[②]而其享有的权利主要体现在信息交流以及应对非法、未报告和未加管制捕捞的相关措施上。依据《地中海渔业总委员会程序规则》第 4 条、第 15 条的规定，委员会应向配合的非缔约方传递会议议程、报告、建议、决议等信息。在应对非法、未报告和未加管制捕捞的相关措施方面，依据 2015 年《地中海渔业总委员会程序规则》第 17 条的规定，委员会应向缔约方、配合的非缔约方、其他渔业管理组织交流关于进行非法、未报告和未加管制捕捞捕鱼船只的实际所有权的信息，以便核实该信息。此外，依据 GFCM/33/2009/8 号建议，配合的非缔约方与缔约方一样，有权向总委员会报告悬挂非缔约方国旗的疑似从事非法、未报告和未加管制捕捞捕鱼的渔船。当前的三个配合的非缔约方为格鲁吉亚、俄罗斯及乌克兰。

　　（三）宗旨与职能

　　2015 年《建立地中海渔业总委员会协定》第 2 条第 2 款以可持续发展原则更新了委员会的宗旨："确保适用区域内海洋生物资源的养护及在生态、社会、经济及环境层面的可持续利用，以及水产业的可持续发展。"第 5 条指出委员会应贯彻如下原则：在制定养护和管理措施时重点防止过度捕捞并将丢弃降至最低；养护和管理措施的制定基于可获得的最佳科学意见；适用预警原则；培植次区域路径；采取适当措施应对非法、未报告和未加管制捕捞；决策透明。

　　概括而言，地中海渔业委员会的职能包括如下五个方面：[③]

　　1.制定并建议适当的海洋生物资源养护与合理管理的措施，并确保这些

---

① 国家有韩国、乌克兰、俄罗斯，政府间国际组织有黑海、地中海及毗连大西洋海域鲸鱼保护协定（ACCOBAMS），大西洋金枪鱼养护国际委员会，地中海先进农艺学国际研究中心（CIHEAM），世界自然保护联盟（IUCN），联合国环境规划署地中海行动计划等，非政府间国际组织有世界自然基金会（WWF），世界海洋保护组织（OCEANA）等。General Fisheries Commission for the Mediterranean，Report of the thirty-eighth session，2014，pp. 36-40.

② 申请程序见 2015 年《地中海渔业总委员会程序规则》第 14 条，除确保遵守委员会的措施外，申请方还应向委员会提交在地中海及黑海历史渔获量的数据、在该区域内所进行的科学研究项目的信息，以及遵守委员会措施的信息。

③ 参见《建立地中海渔业总委员会协定》第 8 条。

建议得到执行。依据《建立地中海渔业总委员会协定》第 13 条的规定,关于养护和管理措施的建议(recommendations)经缔约方 2/3 多数出席并投票通过,自委员会决定之日(该日期应在反对期之后)起生效。《建立地中海渔业总委员会协定》第 13 条第 3 款设立了 120 天的反对期,相关建议不对在此期间提出反对的缔约方生效。如第二章中论及的,《鱼类种群协定》对闭海或半闭海的规定一方面在于第 15 条要求"考虑到有关闭海或半闭海的自然特征",另一方面在于第 7 条第 2 款要求"为公海订立的和为国家管辖地区制定的养护和管理措施应互不抵触"。地中海渔业总委员会制定的养护和管理措施体现了上述要求:由于地中海鱼类种群的巨大差异,地中海渔业总委员会未采取总可捕捞量与配额制度,①其制定的渔业资源养护和管理措施主要为规制捕鱼方式、渔具,限制渔获卸载地(landing size),规定禁渔期、限制捕鱼区以及控制渔获努力量。② 这些措施通过"转化为国家的法律、规章或区域经济一体化组织的适当法律规范"得以实施。③

2.持续考察渔业产业的经济与社会方面,为其发展推荐具体办法。渔业的经济与社会方面是地中海渔业总委员会贯彻可持续渔业所必须顾及的,《建立地中海渔业总委员会协定》第 8 条 d)项要求地中海渔业总委员会获取并评估与委员会工作相关的经济及其他数据与信息。

3.推动并开展培训与研究活动,并在渔业相关领域进行合作及技术支持。值得注意的是,《建立地中海渔业总委员会协定》第 17 条承认了发展中缔约方的特殊需求,要求缔约方直接或通过委员会向发展中缔约方提供技术帮助。

4.收集、出版及传播关于可开发生物资源的信息以及开发这些资源的渔业信息。在履行该职能方面,地中海渔业总委员会享有联合国粮农组织在次

---

① 蓝鳍金枪鱼(bluefin tuna)是地中海区域唯一受配额制度管理的物种,配额制度由 ICCAT 制定。Cf. Philippe Cacaud, *Fisheries Law and Regulations in the Mediterranean: A Comparative Study*, General Fisheries Commission for the Mediterranean Studies and Reviews No.75, 2005, p.12.

② Cf. "GFCMrecommendations and resolutions", GFCM, http://www.fao.org/gfcm/decisions/en/, last accessed: Mar. 30, 2020.

③ 《建立地中海渔业总委员会协定》第 14 条第 2 款。

区域和区域所执行的各项促进科学渔业合作的项目支持。①

5.推动海洋与咸水水产业并改善沿海渔场。在沿海水产业问题上，地中海渔业总委员会与地中海行动计划有交汇。在《海岸区域综合管理议定书》于2011年生效之后，地中海渔业总委员会于2012年通过了GFCM/36/2012/1号决议（resolution）"制定水产区域指南"（guidelines on allocated zones for aquaculture）。该决议要求缔约方与配合的非缔约方在国家海洋空间规划战略中纳入水产业发展与管理方案，其中应包括查明及划定水产活动特别保留区域的方案。除在序言中尤其提及1995年《巴塞罗那公约》与《海岸区域综合管理议定书》之外，决议第4段规定，划定水产区域应在海岸区域综合管理的框架内进行。

（四）组织结构

地中海渔业总委员会的最高决策机关为每年举行的缔约方会议。地中海渔业总委员会的秘书处位于意大利罗马。地中海渔业总委员会下设有四个附属委员会：1997年成立的科学咨询委员会（Scientific Advisory Committee），其职能为提供独立的科技建议以支持渔业资源养护和管理措施的制定。②1995年成立的水产养殖委员会（Committee on Aquaculture），其职能为关注区域内海洋及咸水养殖业的发展趋势，促进其可持续发展及负责任的管理，并向委员会提供关于技术、社会经济、法律及环境的独立建议，作为制定共同标准、规范、指南及决策的基础。③ 2006年成立的遵约委员会（Compliance Committee），其职能包括评估委员会所制定的措施获得遵守的情况，并向委

---

① 包括：支持亚得里亚海负责任渔业的科学合作（Scientific Cooperation to Support Responsible Fisheries in the Adriatic Sea）；建议、技术支持及建立便于协作的合作网络以支持中西地中海渔业管理（Advice, Technical Support and Establishment of Cooperation Networks to Facilitate Coordination to Support Fisheries Management in the Western and Central Mediterranean）；西西里海峡渔业资源和生态系统评估与监测（Assessment and Monitoring of the Fishery Resources and the Ecosystems in the Straits of Sicily）；地中海渔业统计和信息系统（Mediterranean Fishery Statistics and Information System）等。"The FAO Connection Working to Link Mediterranean Countries", FAO http://www.fao-copemed.org/pdf/FAO_Mediterranean_Regional_Projects.pdf, last accessed：Mar.30, 2020.

② "Scientific Advisory Committee（SAC）", GFCM http://www.fao.org/gfcm/background/structure/sac/en/, last accessed：Mar.30, 2020.

③ "Committee on Aquaculture（CAQ）", GFCM http://www.fao.org/gfcm/background/structure/caq/en/, last accessed：Mar.30, 2020.

员会提供确保其有效性的建议;评估委员会所制定的监督、控制、执行措施的落实情况,以确保其有效性。[①] 2009 年成立的行政与财务委员会(Committee of Administration and Finance),其职能包括:评估行政秘书的行政工作;评估委员会程序及财政规章得到遵守的情况;评估预算的落实情况等。[②]

(五)确保养护和管理措施得到执行

为确保地中海渔业总委员会制定的养护和管理措施得到执行,《建立地中海渔业总委员会协定》第 14 条第 1 款首先明确了缔约方承诺实施委员会制定的建议的义务。第 2 款进一步明确了执行方式:首先,缔约方应将委员会通过的建议"转化为国家的法律、规章或区域经济一体化组织的恰当法律规范";其次,缔约方应每年向委员会提交关于如何执行或转化这些建议的报告,包括相关的立法文件以及渔业监测与管理信息。依据第 14 条第 4 项与第 5 项的规定,委员会将评估并指出未遵约的缔约方;当缔约方被查明拖延且无正当理由地不遵守其建议时,委员会将采取适当的措施。依据 2015 年《地中海渔业总委员会程序规则》第 29 条的规定,针对拖延且无正当理由地不遵守委员会建议的缔约方,委员会可通过遵约委员会采取如下补救措施:(1)技术援助及能力建设,以处理相关缔约方或配合的非缔约方的主要问题;(2)放宽相关建议的执行,同时通过一项适用于相关缔约方或配合的非缔约方的多年期办法,其中指明补救未遵守的措施以确保得到执行。上述规定是为了保证缔约方遵约,而《建立地中海渔业总委员会协定》第 18 条第 2 款还规定了针对不遵守委员会所制定的养护和管理措施的非缔约方,委员会可采取制裁措施。《地中海渔业总委员会程序规则》第 29 条进一步阐明了制裁措施的目的在于防止、遏制及消除非法、未报告和未加管制捕捞。具体方式是通过非歧视性的市场相关措施(包括渔获证书制度)监督转运、卸载及贸易。依据《地中海渔业总委员会程序规则》第 29 条的规定,补救措施与制裁措施均适用于配合的非缔约方。

值得注意的是,《建立地中海渔业总委员会协定》没有设立 1995 年《鱼类种群协定》第 21 条所要求的非船旗国海上执法制度。如下文将论及的,结合地中海渔业的实际情况,地中海渔业总委员会在执法方面侧重于港口国措施。

---

① "Compliance Committee (COC)", GFCM http://www. fao. org/gfcm/background/structure/coc/en/, last accessed: Mar.30, 2020.

② "Committee on Administration and Finance (CAF)", GFCM http://www. fao. org/gfcm/background/structure/caf/en/, last accessed: Mar.30, 2020.

（六）2005 年以来的工作重点

1.在拖网捕鱼上采取预警措施

作为对世界自然保护联盟（IUCN）和世界自然基金会（WWF）开展的一项全面研究的回应，鉴于海平面 1000 米以下对人类仍然是一个"知之甚少的生态系统"，地中海渔业总委员会对深海捕鱼活动采取了预警措施。GFCM/2005/1 号建议通过了一项禁止在超过 1000 米以下的海域进行拖网、拉网作业的禁令。[1] 此外，地中海渔业总委员会还要求所有"拖网渔船使用的拖网网眼最小网目开口应为 40 毫米，以保证鱼群种类的繁殖"。对于这项措施，时任国际自然保护联盟全球海洋协调员（IUCN Global Marine Coordinator）的西马尔（François Simard）评论道："这是一项重要的措施，是世界首例此类措施。这是迈向地中海更为可持续渔业的重要一步。"[2]

2.应对非法、未报告且未加管制捕捞问题

（1）渔船登记制度

为应对非法、未报告且未加管制捕捞问题，GFCM/2005/2 号建议要求每艘超过 15 米长的渔船均须持有在地中海渔业总委员会水域捕鱼的授权，并进行集中登记。2006 年 7 月 1 日前，各缔约方均须向地中海渔业总委员会执行秘书提交一份经缔约方授权的"可对委员会管辖的鱼种进行捕获、在船上保留、转运及卸载"的渔船名单。自对一艘船只进行授权之时起，缔约方应确保该船只持续遵守要求、承担责任。待集中登记建立起来，各缔约方有义务就相关变化通知执行秘书以对地中海渔业总委员会的记录进行更新。任何未在登记名册上的船只在相关水域的作业将被视作未经授权，并依据各缔约方的相关法律予以处罚。为保证措施实施的成功，地中海渔业总委员会应保持与各缔约方的沟通，努力与其他渔业管理组织以及联合国粮农组织合作，建立起类似的登记制度，"避免对其他渔业资源产生负面影响"。这里的负面影响主要指将地中海非法、未报告且未加管制的捕捞活动的压力转移到其他海域。

---

[1]　Cf. Jamie K. Murphy, FAO'S General Fisheries Commission for the Mediterranean: a New Role, a New Role Model, *Drake Journal of Agricultural Law*, Vol.12, No.2, 2007, p.403.

[2]　"Mediterranean Conservationists and Fishermen Work Together to Protect Deep Seas", IUCN, 2005-3-2, http://www.uicnmed.org/nabp/web/documents/deepsea_en.pdf, last accessed: Mar.30, 2020.

（2）港口国措施

2009 年 8 月，粮农组织通过了《关于预防、制止和消除非法、未报告和未加管制捕捞的港口国措施协定》(*Agreement on Port State Measures to Prevent，Deter and Eliminate Illegal，Unreported and Unregulated Fishing，Port State Measures Agreement*，简称《港口国措施协定》)。该协定成了第一份专门应对非法、未报告和未加管制捕捞的全球性协定。该协定的要点包括：[①]

> 要求入港的外籍渔船事先向专门指定的港口申请许可，同时提供其活动及船上渔获的信息，相关主管当局将利用这些信息提前发现可疑渔船（第 7 条、第 8 条）；
> 要求各缔约方对渔船进行定期审查，并为审查工作制定一系列标准。对船上有关渔具的证明文件、渔获物及渔船记录进行审查，以确定该渔船是否从事非法、未报告和未加管制捕捞活动（第 9 条）；
> 缔约方必须确保其港口和检验人员获得适当的装备和培训（第 17 条）；
> 如拒绝船舶入港，港口国应公开通报情况，该船舶的船旗国主管部门则应采取后续行动（第 20 条）；
> 呼吁建立信息交流平台，使各方能够共用涉嫌非法捕捞活动船只的信息（第 16 条）；
> 协定中还包括帮助发展中国家履行义务的条款（第 21 条）。

如第二章中所论及的，作为由联合国粮农组织建立的区域渔业组织，地中海渔业总委员会与联合国粮农组织有更紧密的联系。地中海渔业总委员会关于在区域层面采取港口国措施的工作开始在《港口国协定》签署之前。在 2003 年于威尼斯召开的第三届地中海渔业可持续发展部长级会议（Third Ministerial Conference for the Sustainable Development of Fisheries in the Mediterranean）上，地中海各国负责渔业的部长级代表号召地中海渔业总委员会在联合国粮农组织《关于预防、制止和消除非法、未报告和未加管制捕捞

---

① 王冠雄：《全球化、海洋生态与国际渔业法发展之新趋势》，秀威资讯科技股份有限公司 2011 年版，第 43～44 页。另见唐建业：《〈港口国措施协定〉评析》，载《中国海洋法学评论》2009 年第 2 期。

的国际行动计划》(*International Plan of Action to Prevent, Deter and E-liminate Illegal, Unreported and Unregulated Fishing*)的基础上采取有效措施。[①] 随后，地中海渔业总委员会就非法、未报告和未加管制捕捞成立了工作小组。2008 年地中海渔业总委员会第 32 届会议的重点议题就是通过由该小组拟定的港口国措施的区域方案。这届会议通过的 GFCM/2008/1 号建议与当时处于草案阶段的《港口国协定》一样适用于外国渔船。该建议的要点如下：[②]

合作与信息交流。GFCM/2008/1 号建议第 7 段至第 9 段要求缔约方之间以及向地中海渔业总委员会秘书处直接电子交流港口国检查的信息。为此缔约方应建立一份相关主管部门联络处的列表。此外，第 34 段要求地中海渔业总委员会建立一个区域信息系统以更好地监督与控制其功能区域。

登记港口。GFCM/2008/1 号建议第 12 段要求秘书处建立并维持一份缔约方允许外国渔船进入的港口登记表。一方面此举将有助于相关港口信息的公开，另一方面也可以督促缔约方采取行动指定港口。

授权进入港口。GFCM/2008/1 号建议第 13 段要求希望使用缔约方港口的船长提前 72 小时通知主管单位，第 14 段要求缔约方主管单位以书面形式予以授权或拒绝，并且得到授权的船长应在抵达港口时出示授权文件。为促使外国渔船主动申请授权，GFCM/2008/1 号建议第 22 段规定，缔约方应确保未得到事先授权的船舶进入港口后自动接受检查。

港口国检查。GFCM/2008/1 号建议第 23 段要求缔约方每年至少检查 15% 的进入其港口的渔船。类似于《港口国协定》第 18 条的规定，对于发现合理证据证明进行了非法、未报告和未加管制捕捞的船舶，港口国应："(a)立即将检查结果传送受检查船舶的船旗国、地中海渔业总委员

---

① Nicola Ferri, Current Legal Developments: General Fisheries Commission for the Mediterranean, *The International Journal of Marine and Coastal Law*, Vol. 24, No. 1, 2009, p.165.《预防、制止和消除非法、未报告和未加管制捕捞的国际行动计划》第 80 段规定，"各国应通过相关区域渔业管理组织采取措施加强并发展符合国际法的创新途径，以预防、制止和消除非法、未报告和未加管制捕捞"。

② Nicola Ferri, Current Legal Developments: General Fisheries Commission for the Mediterranean, *The International Journal of Marine and Coastal Law*, Vol. 24, No. 1, 2009, pp.168-169.

会秘书处以及其他缔约方；(b)拒绝该船舶利用其港口卸载、转运或加工鱼类。"费里(Nicola Ferri)指出，由于几乎所有地中海渔业委员会缔约方都对检查的后续行动颁布了法律或法规，因此，GFCM/2008/1号建议第32段仅规定缔约方可以采取其他国家法律或规章规定的符合国际法的措施。[①]

　　船旗国的职责。较之《港口国协定》第20条的规定，GFCM/2008/1号建议对作为船旗国的缔约方提出了更高的要求。第39段要求船旗国确保船长在接受港口国检查时向港口国当局提供协助。对于拒绝接受检查的船长，第40段要求该船长提供拒绝的理由，港口主管单位应立即将船长的拒绝与解释通知渔船的主管单位及地中海渔业总委员会。第41段则进一步规定，当船长不服从检查时，船旗国应暂停对该船只捕鱼活动的授权，并命令该船只停留在港口或采取其他的适当措施。

(3)船舶监控系统(Vessel Monitoring System)

GFCM/33/2009/7号建议"为建立船舶监控系统规定的最低标准"是针对非法、未报告和未加管制捕捞的另一项重要措施。该建议要求作为船旗国的缔约方及配合的非缔约方在2012年12月31日之前，依照该建议为其在地中海渔业总委员会水域捕鱼的长度超过15米的商业渔船建立基于卫星的船舶监控系统。[②] 载有卫星跟踪设备的渔船在出港后至少每两个小时向船旗国的渔业监测中心自动传递如下信息：①船舶的识别码；②船舶的地理坐标；③位于该位置的日期与时间；④船舶的速度与航线。[③] 当缔约方或配合的非缔约方未接收到上述信息时，GFCM/33/2009/7第10段要求缔约方或配合的非缔约方进行调查，并向地中海渔业总委员会秘书处报告调查结果。为推进船舶监控系统的落实，第12段要求缔约方或配合的非缔约方每年向地中海渔业总委员会秘书处报告其船舶监控系统的进展。

　　[①]　Nicola Ferri, Current Legal Developments: General Fisheries Commission for the Mediterranean, *The International Journal of Marine and Coastal Law*, Vol.24, No.1, 2009, p.169.

　　[②]　尤其是依前文提及的GFCM/2005/2号建议建立的"已获授权船只清单"(GFCM Authorised Vessels List)中的渔船。

　　[③]　GFCM/33/2009/7号建议，第4段。

3.其他措施

渔业限制区(fisheries restricted area)是地中海渔业总委员会制定的另一项重要养护和管理措施。GFCM/33/2009/1 号建议在利翁湾(Gulf of Lions)建立了渔业限制区以保护产卵聚集和深海敏感栖息地。要求缔约方及配合的非缔约方通过授权及向地中海渔业总委员会集中登记的方式,控制在指定坐标的渔业限制区内以拖网、多钩长线捕捞底栖种群的渔船不超过 2008 年的渔获努力量。

地中海渔业总委员会所制定的其他渔业资源养护和管理措施呈现出分次区域、分鱼种的趋势。如,2015 年地中海渔业总委员会第 39 届会议上通过的建议包括:GFCM/39/2015/1 号建议"2016 年为亚得里亚海的小型上层种群建立进一步的预警与紧急措施";GFCM/39/2015/2 号建议"为西西里海峡的海底拖网捕捞底层种群建立最低标准";GFCM/39/2015/3 号建议"为在黑海预防、制止和消除非法、未报告和未加管制捕捞建立一系列措施";GFCM/39/2015/4 号建议"黑海春角鲨(*piked dogfish*)养护措施"。[①]

此外,对于区域内"高知名度、高价值"的蓝鳍金枪鱼,地中海渔业总委员会则通过与大西洋金枪鱼养护国际委员会合作,接纳后者所制订的相关养护和管理措施。

二、大西洋金枪鱼养护国际委员会

大西洋金枪鱼养护国际委员会依 1966 年《养护大西洋金枪鱼国际公约》(*International Convention for the Conservation of Atlantic Tunas*)建立,该公约于 1969 年生效。《养护大西洋金枪鱼国际公约》第 1 条规定的"公约区域"为大西洋及邻接海洋,包括了地中海、波罗的海、北海、加勒比海等半闭海。大西洋金枪鱼养护国际委员会管辖的鱼类种群为金枪鱼及金枪鱼类种群,具体则包括了约 30 种,其中尤其重要的是大西洋蓝鳍金枪鱼、黄鳍金枪鱼、长鳍金枪鱼、大眼金枪鱼以及剑鱼。

依据《养护大西洋金枪鱼国际公约》第 14 条的规定,大西洋金枪鱼养护国际委员会采取了最为宽松的成员标准:任何联合国或联合国专门机构成员的国家,以及任何成员国向其让渡了相关职权的政府间区域一体化组织。当前,

---

① GFCM,Report of the Thirty-nine Session,2015,p.i.

《养护大西洋金枪鱼国际公约》有 53 个缔约方。① 另外，大西洋金枪鱼养护国际委员会也设置有配合的非缔约方制度。②

大西洋金枪鱼养护国际委员会的职能主要包括对渔业资源的科学研究与制定养护建议两个部分。③ 大西洋金枪鱼养护国际委员会通过"研究与统计常设委员会"（Standing Committee on Research and Statistics）收集并分析与公约区域内渔业资源状况相关的信息（包括生物统计学、生态、海洋学，尤其关注捕鱼对种群丰富度的影响），并制定有约束力的养护和管理建议。《养护大西洋金枪鱼国际公约》同样设置了为期 6 个月的反对期，养护和管理建议不对在反对期内提出反对的缔约方生效。④

不同于《建立地中海渔业总委员会协定》，《养护大西洋金枪鱼国际公约》提出了设立国际执法体系，第 9 条第 3 款规定："缔约方同意彼此配合，以采取恰当的有效措施确保本公约规定的适用，尤其是设立适用于除领海及国家依国际法有权对渔业行使管辖权的其他水域以外的公约区域的国际执法体系。"依据该条款，早在 1975 年大西洋金枪鱼养护国际委员会就通过了《国际联合检查方案》（ICCAT Scheme of Joint International Inspection）。该方案的主要内容是由经缔约方授权的检查员代表委员会在公海上对捕捞金枪鱼及金枪鱼类的渔船进行非船旗国登临及检查。但由于古巴等国的反对，该方案长期未执行，直至下文将论及的 2006 年"蓝鳍金枪鱼恢复计划"出台。⑤

（一）地中海渔业总委员会与大西洋金枪鱼养护国际委员会的合作

2007 年地中海渔业总委员会一份回顾总委员会与大西洋金枪鱼养护国际委员会间合作的文件，如此概括这两个区域渔业合作组织间合作的基础：

地中海的大型上层鱼类种群均在两个组织的职责范围之内；这些鱼

---

① 包括美国、日本、俄罗斯、韩国、中国等，详见 "Contracting Parties"，ICCAT https://www.iccat.int/en/contracting.html，最后访问时间：2020 年 3 月 30 日。值得注意的是，地中海渔业总委员会的 23 个成员并非都是大西洋金枪鱼养护国际委员会的成员。

② 当前的 5 个配合的非缔约方为玻利维亚、苏里南、圭亚那、哥斯达黎加，以及我国台湾地区。申请程序见 2003 Recommendation by ICCAT on criteria for attaining the status of Cooperating non-Conracting Party, Entity or Fishing Entity in ICCAT。

③ 《养护大西洋金枪鱼国际公约》第 4 条、第 8 条。

④ 《养护大西洋金枪鱼国际公约》第 8 条第 2 款、第 3 款。

⑤ Cf. Rosemary Gail Rayfuse, Non-flag State Enforcement in High Seas Fisheries, Martinus Nijhoff Publishers，2004，pp.163-174.

类种群的状况及为渔业管理准备的科学建议应由这两个组织以协调的方式进行评估与分析;

对相关鱼类种群的评估须在其整个地理分布区域进行,计算在各区域的渔获量,尤其同时是分布在地中海及大西洋的蓝鳍金枪鱼;

新近的国际渔业法规(例如 1982 年《海洋法公约》、1995 年《负责任渔业行为守则》、1995 年《鱼类种群协定》)要求区域渔业管理组织之间的此类合作,包括应对非法、未报告和未加管制捕捞。①

地中海渔业总委员会与大西洋金枪鱼养护国际委员会之间的合作方式之一是 GFCM/ICCAT 联合大型上层物种特别工作组(Joint GFCM/ICCAT *Ad Hoc* Working Group on Large Pelagic Species)。该联合特别工作组的建立可追溯至 1989 的地中海渔业总理事会第 19 届会议,在这届会议上地中海渔业总理事会同意了大西洋金枪鱼养护国际委员会提出的加强两者间合作的建议。随后,分别于 1990 年与 1992 年组织了“大型上层物种种群评估专家咨询会议”(GFCM/ICCAT Expert Consultation on Evaluation of Stocks of Large Pelagic Species)。1993 年,联合特别工作组依据 1992 年第二届专家咨询会议的建议组建,地中海渔业总委员会秘书处负责行政工作,而大西洋金枪鱼养护国际委员会则提供技术秘书处。② 联合特别工作组的工作重点是编制并分析地中海金枪鱼及金枪鱼类物种的渔获统计,并完善种群评估的知识基础,便利这两个区域渔业管理组织间交换数据及其他信息,核对并完善信息一致性,以避免重复工作。

在联合特别工作组第 6 次会议的基础上,大西洋金枪鱼养护国际委员会制定了关于蓝鳍金枪鱼养殖的建议(Recommendation [06-07] by ICCAT on *Bluefin Tuna Farming*),地中海渔业总委员会则以在 GFCM/2007/3(b)号建议中全文援引了前者的方式,通过了大西洋金枪鱼养护国际委员会制定的措施。③ 其他一些由大西洋金枪鱼养护国际委员会制定的关于金枪鱼的养护

---

① GFCM,XXXI/2007/Inf.13,*Assessment of the Achievement of the Joint GFCM/ICCAT Ad Hoc Working Group on Large Pelagic Species in the Mediterranean*,p.3.

② GFCM,XXXI/2007/Inf.13,*Assessment of the Achievement of the Joint GFCM/ICCAT Ad Hoc Working Group on Large Pelagic Species in the Mediterranean*,pp.1-2.

③ 这份推荐规定了为网箱养殖捕捞及转运蓝鳍金枪鱼的船旗国,以及养殖地位于其管辖水域的沿海国应采取的必要措施。

和管理措施也通过这种方式同时对地中海渔业总委员会的缔约方与配合的非缔约方有约束力，包括尤其重要的"蓝鳍金枪鱼恢复计划"。

（二）东大西洋及地中海蓝鳍金枪鱼恢复计划

2006年11月大西洋金枪鱼养护国际委员会通过了一项为期15年（2007年至2022年）的"东大西洋及地中海蓝鳍金枪鱼恢复计划"，以实现生物量可支持最大可持续捕捞量（bmsy）。[①] 2007年地中海渔业总委员会以 GFCM/31/2007/3（A）号建议全文援引大西洋金枪鱼养护国际委员会上述建议的方式通过了该计划。普遍认为这项养护和管理计划在当时此类措施中最为激进、全面。如序言中所指出的，该恢复计划包括执行一系列监管措施，"尤其包括了总可捕捞量与配额、禁渔期、最小体积以及规范围养作业（caging operations）"，并对船旗国、港口国、养殖国、市场国的义务都进行了规定。这份计划将所制定的管理域养护措施分为"管理措施"、"监控措施"以及国际联合检查三个部分。

管理措施主要包括：（1）总可捕捞量与配额。第4段至第13段制定了2007—2010年期间的总可捕捞量（逐年降低），该数额可依据研究与统计常设委员会的建议调整。将专门举行一次会议以建立公平、衡平的配额分配，并规定配合可在缔约方之间交易。（2）禁渔期。第14段至第17段对不同类型的渔船规定了禁渔期，其中最长的为6个月。（3）禁止使用飞机。第18段明确禁止在公约区域使用飞机或直升机搜寻蓝鳍金枪鱼。（4）最小体积。第19段规定，禁止捕捞、在船上保留、转载（transhipping）、转运（transferring）、卸载、储藏、销售、为销售而展出或许诺出售重量低于30公斤的蓝鳍金枪鱼。（5）限制、统计副渔获。第21段规定，蓝鳍金枪鱼作为副渔获最多占该渔船授权捕捞额的8%，并且将计入船旗国的配额。（6）第22段至第27段还对以蓝鳍金枪鱼为对象的休闲渔业与体育渔业进行了限制。

主要的监控措施包括：（1）集中登记（第30段至第34段）。委员会将集中登记经缔约方授权的渔船以及诱捕器。第35条、第38条还要求缔约方将允许转运及允许卸载蓝鳍金枪鱼的港口上报委员会。（2）禁止转载。第35段规定，除例外情况外，在公约区域内禁止海上转载蓝鳍金枪鱼，仅可在指定的港口进行转载。（3）渔船记录、通告渔获。第36段至第39段规定了船长记录渔获数量的义务，以及应记录的明细。在进入港口卸载或转载渔获之前，渔船需

[①] Recommendation[06-05] by ICCAT to Establish a Multi-Annual Recovery Plan for Bluefin Tuna in the Eastern Atlantic and Mediterranean.

向港口主管单位提交包括渔获记录在内的信息。渔船还应向船旗国通告渔获等信息。(4)船旗国应核对并报告渔获量。第 44 条要求船旗国核对、证实渔船的渔获记录;第 41 段至第 43 段规定缔约方有义务每月向委员会报告其蓝鳍金枪鱼的渔获量。(5)第 45 段至第 48 段对围养作业与诱捕活动进行了规范。(6)船舶监控系统。第 49 段要求缔约方为超过 24 米的渔船建立船舶监控系统。(7)观察员计划。第 50 段至第 51 段要求缔约方确保在不同类型渔船上设立观察员的最低比例,并规定了观察员的职责。(8)船旗国执法措施。第 52 段规定作为船旗国的缔约方可依据其国内法对违反禁渔期、最小体积及报告义务的船只采取执法措施,包括罚款,没收非法渔具及渔获,扣押船舶、暂停或撤销捕鱼许可,以及削减或撤销捕鱼配额。(9)市场措施,对于不遵守该计划中管理措施的渔获,尤其是无配额的渔获,缔约方应采取必要的市场措施,禁止其在国内贸易、卸货、进出口等活动。

　　1975 年大西洋金枪鱼养护国际委员会通过的国际联合检查方案长期未执行,在《蓝鳍金枪鱼恢复计划》最后一部分适用了该海上非船旗国执法方案。依据 ICCAT 国际联合检查方案:(1)检查员由缔约方渔业主管部门指定并通告大西洋金枪鱼养护国际委员会。(2)用于国际登临与检查的船只应悬挂大西洋金枪鱼养护国际委员会批准的特殊旗帜,并通告大西洋金枪鱼养护国际委员会。(3)检查员应当着船长的面拟定检查报告,检查员应将报告副本递交船长及检查员本国政府;检查员政府应将报告递交受检查船旗国及大西洋金枪鱼养护国际委员会。(4)对于被发现有严重违犯行为的船只,作为船旗国的缔约方应确保相关船只停止所有的捕鱼活动,并驶向指定港口接受调查。①

　　虽然这份恢复计划十分严格,但是在 2007 年年底,欧盟作为大西洋金枪鱼养护国际委员会与地中海渔业总委员会的成员,其捕捞数量大幅超出该计划予以的配额。② 为此,2008 年大西洋金枪鱼养护国际委员会修订了养护计划(*Recommendation*〔08-05〕*by ICCAT Amending the Recommendation by*

① "ICCAT Joint Scheme of International Inspection", ICCAT https://www.iccat.int/en/Inspection.htm, last accessed:Mar.3 2020.另外,欧盟理事会 1559/2007 号条例(Council Regulation 1559/2007)建立了一项与 ICCAT 国际联合检查方案配套的"联合部署计划"(Joint Deployment Plan)。"Blue fin tuna Joint Deployment Plan 2008", community Fisheries Control Agency http://ec.europa.eu/cfca/bft/index_en.html, last accessed:Mar.3,2020.

② 这一局面导致欧盟委员会决定全面禁止该区域内的捕鱼活动。Commission Regulation (EC) 1073/2007.

ICCAT to Establish a Multi-Annual Recovery Plan for Bluefin Tuna in the Eastern Atlantic and Mediterranean),随后,2009 年地中海渔业总委员会以 GFCM2009/9(b)号建议通过了该修订。本次修订除调整了总可捕捞量及配额外,还补充了其他的养护和管理措施,使之更为严格。

首先,2008 年的修订补充了渔业"能力措施"(第 40 段至第 53 段),要求缔约方调整其捕鱼能力与养殖能力以符合其配额,为此,还要求缔约方冻结并削减其捕鱼能力。[①]　其次,在"监控措施"部分,新设立了"区域观察员计划"(ICCAT Regional Observer Program)。该计划要求观察员 100% 覆盖:(1)超过 24 米的围网渔船,观察员在场的时间为整个年度捕鱼季;(2)参加联合捕鱼活动的所有围网渔船,观察员在场的时间为捕鱼活动期间;(3)将蓝鳍金枪鱼转运至网箱(cage)整个期间以及从网箱捕获期间。[②]　此后,大西洋金枪鱼养护国际委员会分别于 2012 年、2013 年以及 2014 年修订了该恢复计划,这些修订除调整总可捕捞量及配额外,还对禁渔期、最小体积(不少于 30公斤或不短于 115 厘米)等有修订。

三、地中海渔业区域合作实践的特点

如第二章所述,1995 年《鱼类种群协定》加强了区域渔业组织在海洋生物资源养护和管理中的作用,第 10 条明确规定了区域渔业管理组织的职能,第六部分规定了为确保区域渔业管理组织制定的措施得到执行可采取的执法措施。这些规定是一般性的,同时《鱼类种群协定》第 15 条对"闭海和半闭海"的规定强调了半闭海自身的特殊性:"各国在闭海或半闭海执行本协议时,应考虑到有关闭海或半闭海的自然特征,并应以符合《公约》第九部分和《公约》其他有关规定的方式行事。"换言之,半闭海的特殊自然特征与《鱼类种群协定》中的一般规定也存在张力。地中海渔业总委员会转型为渔业管理组织受《鱼类种群协定》的推动,而在行使其职权或者说执行《鱼类种群协定》的过程中,许多方面反映了对半闭海自然特征的考虑。

在养护和管理措施方面,由于地中海鱼类种群的巨大差异,地中海渔业总

---

①　同时,第 45 段规定需要发展捕鱼能力以充分利用其配额的发展中国家除外。

②　自 2010 年 4 月,关于蓝鳍金枪鱼的区域观察员计划已由 Marine Resources Assessment Group (MRAG) and COFREPECHE (Cofrepêche)联合组成的财团代表大西洋金枪鱼养护国际委员会执行。"ICCAT Regional Observer Programme for Bluefin Tuna", https://www.iccat.int/en/ROPbft.html, last accessed: Mar.3, 2020.

委员会未采取总可捕捞量与配额制度。在执法措施方面，地中海渔业主要为近岸小规模捕鱼，地中海渔业总委员会也没有制定如大西洋金枪鱼养护国际委员会在蓝鳍金枪鱼恢复计划中适用的海上非船旗国执法制度。如雷富斯（Rosemary Gail Rayfuse）所指出的，不适用《鱼类种群协定》第21条有成文规定的海上非船旗国执法制度，也是由于地中海区域内有许多包括海域管辖权在内的潜在争端。① 与之相对，基于缔约方在打击非法、未报告和未加管制捕捞方面的坚定政治意图，地中海渔业总委员会制订了比《关于预防、制止和消除非法、未报告和未加管制捕捞的港口国措施协定》更严格的港口国措施。

　　地中海渔业总委员会与大西洋金枪鱼养护国际委员会这两个区域渔业管理组织之间的合作也富有特色。其合作的基础既在于功能区域的重叠，更基于金枪鱼的高度洄游性质以及地中海作为金枪鱼产卵地的自然特征。在研究与评估工作中，地中海渔业总委员会与大西洋金枪鱼养护国际委员会通过GFCM/ICCAT联合大型上层物种特别工作组等途径进行合作。在养护和管理方面，地中海渔业总委员会实际上是采纳了大西洋金枪鱼养护国际委员会制定的措施。

---

① Rosemary Gail Rayfuse，*Non-flag State Enforcement in High Seas Fisheries*，Martinus Nijhoff Publishers，2004，pp.196-197.

第四章 波罗的海的海洋区域 合作实践

第一节 作为半闭海的波罗的海

一、波罗的海的独特性

位于北欧的波罗的海是一个典型的半闭海,仅通过三个彼此相连的狭窄海峡与大西洋相连,即大贝尔特海峡、小贝尔特海峡以及厄勒海峡。包括上述海峡以及卡特加特海峡在内,波罗的海面积约为 41.5 万平方公里,海岸线长约 7200 公里。当前的 9 个沿海国为丹麦、瑞典、芬兰、俄罗斯、爱沙尼亚、拉脱维亚、立陶宛、波兰和德国。[①]

波罗的海平均水深 55 米,最深处达 459 米。波罗的海水体通过上述海峡交换极为有限,理论上海水更替一次约需 30 年,但实际上波罗的海的部分海水可能永远不会得到更替,因为许多跨海大桥阻碍了深海海水的流动。[②] 这种封闭的状况造成波罗的海的大面积海域处于富营养缺氧状态。波罗的海的流域面积是海域的 4 倍,有超过 200 条河流注入波罗的海,同时带入河流沿岸的工、农业污染物。另外,由于波罗的海的水主要来自陆上河流,因此盐度较低,是继黑海之后的第二大半咸水水域。低盐度对波罗的海的生态具有重要的影响,仅有少量动植物能够经受低盐度,这些物种在波罗的海生态系统中具

---

① 值得注意的是,由于波罗的海的半封闭性质,在第三次联合国海洋法会议上,当时的 7 个沿海国(丹麦、瑞典、芬兰、苏联、波兰、民主德国及联邦德国)中除苏联与丹麦外,均是内陆国及地理不利国集团的成员。

② Hanns J. Buchholz, The Baltic Sea: Lessons Learned, in Mark J. Valencia eds., *Maritime Regime Building: Lessons Learned and Their Relevance for Northeast Asia*, Martinus Nijhoff Publishers, 2001, p.19.

有不可替代的地位。[①] 鱼类在波罗的海生态系统中有重要的作用,大约有 100 种鱼类种群栖息在波罗的海。其中具有较高商业价值的是鳕鱼、西鲱、鲱鱼及比目鱼,这些鱼类构成波罗的海总渔获量的约 90%。据国际海洋考察理事会 (International Council for the Exploration of the Sea)的统计,波罗的海渔获量最高值出现在 1996 年至 1998 年,达到了 110 万吨,当前的年渔获总量约 70 万吨。[②]

鉴于上述地理与生态特征,波罗的海尤其容易受到各种来源的污染。在波罗的海的环境管理中,污染物及营养物的来源可分为点源与扩散源。前者指可查明的单一来源,如市政污染处理厂或工业设施,后者指众多与生活方式相联系的较小来源(如农业径流、道路交通或日用消费品)的混合效应。当前大多数点源污染已得到控制,大部分未经处理的污染物与营养物来自扩散源,如农业及海陆交通。[③] 波罗的海也是世界上最为繁忙的海域之一,进出波罗的海港口的货物约占世界海运的 15%,并且波罗的海大部分海域每年有数月冰封,因此冬季的航行条件更为复杂,这也使得波罗的海面临着海上事故的风险。

波罗的海的重要海洋使用还包括旅游业、海上风能、军事区域、基础设施修建和使用(电缆、管道、道路和桥梁)等。波罗的海是继地中海之后欧洲第二大邮轮旅游区域,海滨旅游与游艇运动也带来了巨大的经济收益。海上风能在过去 10 年里经历了迅猛发展,尤其是丹麦和德国,波罗的海已有 11 个风电场。[④]

二、划界及航行问题

由于波罗的海的半闭海性质,海岸相向及相邻沿海国之间需划定数量可观的双边或多边海洋边界。与地中海不同的是,随着区域内国际关系的变化,波罗的海已基本完成划界,甚至被誉为海洋划界的"模范海域"。当前波罗的

① 欧盟渔业及海洋事务委员会:《蓝色增长:大洋、海洋和海岸带可持续发展的情景和驱动力》,杜琼玮等译,海洋出版社 2014 年版,第 76~77 页。

② "Commercial Fisheries", HELCOM, http://www. helcom. fi/action-areas/fisheries/commercial-fisheries/, last accessed: Mar.30, 2020.

③ Joseph F.C. DiMento, Alexis Jaclyn Hickman, *Environmental Governance of the Great Seas: Law and Effect*, Edward Elgar, 2012, p.37.

④ 欧盟渔业及海洋事务委员会:《蓝色增长:大洋、海洋和海岸带可持续发展的情景和驱动力》,杜琼玮等译,海洋出版社 2014 版年,第 77~78 页。

海水域已无公海。波罗的海的海洋划界历程可分为如下四个阶段。[①]

第一个阶段是 1945 年至 1972 年。在冷战的背景下，这一时期的划界几乎均在社会主义阵营国家之间展开，芬兰是唯一一个参与划界的非社会主义国家。这一时期划定的界限有苏联与波兰之间 1958 年的领海划界和 1969 年的大陆架划界，1968 年民主德国与波兰之间的大陆架划界，以及芬兰与苏联于 1965 年与 1967 年分两次进行的芬兰湾大陆架划界。

第二个阶段是 1973 年至 1985 年。1972 年《两德关系基础条约》(*Treaty on the Basis of Intra-German Relations*)的签订使得两德关系趋于正常化，也开启了分属不同阵营国家间的海洋划界进程：1974 年两德之间签订吕贝克湾划界协定，1977 年丹麦与联邦德国大陆架划界协定生效，1978 年民主德国与瑞典间签订大陆架划界协定，以及 1980 年芬兰与苏联之间签订的第三段大陆架划界。

第三个阶段是 1985 年至 20 世纪 90 年代初。这个阶段是最富有成效的时期，签订的划界协定是过去 40 年的总和，其中瑞典最为积极，完成了 4 条边界的划定。这个时期对"特殊情况"的衡平处理尤其值得关注。波罗的海北岸海岸线极为曲折且有许多岛礁，在 1984 年丹麦与瑞典之间以及 1988 年瑞典与苏联之间的大陆架与专属渔区划界协定中衡平处理这些地理特征尤为关键，其中 1988 年瑞典和苏联就瑞典哥特兰岛(Gotland)的划界效力创新性地达成了衡平处理，即赋予该岛 75% 的效力。随后，1989 年波兰与瑞典的划界协议中效仿了这一处理。[②]

第四个阶段是苏联解体以来。苏联解体以及爱沙尼亚、立陶宛和拉脱维亚三国宣布独立，使得波罗的海产生了许多新边界并且出现了新的涉及多方划界的"三接点"。这些新的海洋边界大多已在苏联与相关国家的原划界协议基础上解决，包括爱沙尼亚和拉脱维亚(1996 年)、爱沙尼亚和芬兰(1996 年)、爱沙尼亚和瑞典(1998 年)、立陶宛和俄罗斯(1997 年)以及立陶宛和拉脱维亚(1999 年)。唯独爱沙尼亚与俄罗斯之间的海洋划界因领土争端而长期未能解决，两国自 1992 年已启动领土谈判，并于 1999 年达成了协议，但该协议尚

[①]　Erik Franckx, Maritime Boundaries in the Baltic Sea: Past, Present and Future, *Maritime Briefing*, Vol.2, No.2, International Boundaries Research Unit, 1996, pp.6-9.

[②]　Erik Franckx, Maritime Boundaries in the Baltic Sea: Past, Present and Future, *Maritime Briefing*, Vol.2, No.2, International Boundaries Research Unit, 1996, p.9.

未生效。在两国陆上边界划定之后,海上边界也会随之解决。① 波罗的海国家对三接点的处理,也被学者视为具有典范意义:在尚未延伸至潜在的三接点时便中止分界线,将三接点的坐标留待与相关第三方协议解决。以这种方法处理的三接点有:瑞典—拉脱维亚—爱沙尼亚(1997 年)、瑞典—芬兰—爱沙尼亚(2001 年)。②

如第一章所论及的,在半闭海的出口以及半闭海内的航行问题是沿海国扩展管辖海域中的焦点问题,波罗的海沿海国在这方面的相关实践也值得关注。首先,在前文提及的三个连接波罗的海与大西洋的三个海峡(统称为丹麦海峡),1857 年《哥本哈根条约》宣布了丹麦海峡内商业航行自由原则。其次,丹麦、德国和瑞典这三个沿海国一致选择不将领海扩展至 12 海里,从而留出一条法律地位属于专属经济区的通道,以此规避用于国际航行的海峡的过境通行制度。最后,如果爱沙尼亚和芬兰均主张 12 海里领海,那么俄罗斯包括军舰在内的船舶就会被迫从这两国领海通过。为了避免这种政治上很敏感的状况,1994 年爱沙尼亚与芬兰通过外交照会商定,两国均不将在芬兰湾的领海扩展至海湾中线 3 海里之内。这样两国芬兰湾相对海岸之间就留有一条至少 6 海里宽的通道。③

三、功能性区域合作概况

如有学者所指出的,波罗的海封闭程度较高的特殊地理条件,直接推动了海洋区域合作的展开。④ 在海洋科学研究方面,通过由斯堪的纳维亚国家发起、成立于 1902 年的国际海洋考察理事会的工作,波罗的海是世界上科学认

---

① "Estonia and Russia: Border negotiations completed", Ministry of Foreign Affairs, Republic of Estonia, 2007-11-8, https://vm.ee/en/estonia-and-russia-border-negotiations-completed,last accessed: Mar.30, 2020.

② [澳]维克托·普雷斯科特、克莱夫·斯科菲尔德:《世界海洋政治边界》,吴继陆、张海文译,海洋出版社 2014 年版,第 247 页;Erik Franckx, Baltic Sea Maritime Boundaries, in Jonathan I. Charney, L. M. Alexander ed. *International Maritime Boundaries*, Vol.I, Maritnus Nijhoff, 1993, pp.352-354.

③ [澳]维克托·普雷斯科特、克莱夫·斯科菲尔德:《世界海洋政治边界》,吴继陆、张海文译,海洋出版社 2014 年版,第 246 页、第 253 页。

④ Hanns J. Buchholz, The Baltic Sea: Lessons Learned, in Mark J. Valencia eds., *Maritime Regime Building: Lessons Learned and Their Relevance for Northeast Asia*, Martinus Nijhoff Publishers, 2001, p.19.

识最为全面的海域之一。在 1970 年前后，国际海洋考察理事会揭示了波罗的海污染的严重性。在渔业方面，1973 年《波罗的海及贝尔特海峡捕鱼及生物资源养护公约》(*Convention on Fishing and Convention of the Living Resources in the Baltic Sea and the Belts*)建立了区域渔业管理组织性质的波罗的海渔业国际委员会(International Baltic Sea Fishery Commission)。1974 年《保护波罗的海区域海洋环境公约》(*Convention on the Protection of the Maritime Environment of the Baltic Sea Area*，简称《赫尔辛基条约》)是第一个涵盖所有海洋污染源的区域性协议，对《联合国海洋法公约》中海洋污染条款的形成以及联合国环境规划署的区域海洋计划具有重要的影响。

区域内国际关系的变迁深刻影响着区域合作的进程。在冷战缓和的背景下，两德关系的正常化为上述渔业与海洋环境领域区域合作开展提供了契机。[①] 欧盟作为区域内超国家性质的经济一体化组织，特别是欧盟 2004 年东扩使得波罗的海沿海国中只有俄罗斯是非欧盟国家，如下文将详细论及的，这使得欧盟在波罗的海的治理中发挥着越来越重要的作用。

第二节　波罗的海的海洋环境区域合作实践

不同于地中海行动计划，波罗的海的海洋环境区域合作独立于联合国环境规划署区域海洋项目之外，这也是波罗的海海洋环境区域合作的发展受区域内国际政治氛围直接影响的原因之一。概括而言，波罗的海的海洋环境区域合作分为三个阶段。第一阶段始自 1974 年签订《赫尔辛基公约》；第二阶段始自 1992 年修订《赫尔辛基公约》并通过联合综合行动项目；第三阶段始于 2004 年欧盟东扩。[②]

一、前期准备：从次区域到区域合作

战后的波罗的海 7 国，即丹麦、瑞典、芬兰、苏联、波兰、民主德国及联邦德国实际处在冷战的最前线——丹麦、联邦德国属于西方阵营，苏联、波兰、民主

---

① 此外，作为对冷战结束的反应，1992 年成立的波罗的海国家委员会(Council of the Baltic Sea States)，成为促进区域内国际合作的政治论坛。

② Cf. Anne Christine Brusendorff, Case Study：The Success of Regional Solutions in the Baltic，*Sustainable Development Law & Policy*，Vol.7，No.1，2006，pp.65-66.

德国属于社会主义阵营，瑞典与芬兰则宣称中立。正因为这样的国际政治氛围，波罗的海的功能性海洋合作经历了一个从次区域层级到区域层级的前期过程。

波罗的海的海洋环境保护合作最先由北欧国家发起。1955 年丹麦与瑞典展开了关于厄勒海峡的双边合作，1960 年建立了厄勒海峡委员会（Sound Water Committee）以研究厄勒海峡的水质。1974 年两国进一步达成了保护厄勒海峡免受陆源污染的协议。1972 年芬兰与瑞典建立了波的尼亚湾委员会（Gulf of Bothnia Committee）以协调研究这一海域水质的项目。1968 年芬兰与苏联在芬兰湾展开防治污染的合作。1971 年丹麦、芬兰、挪威及瑞典这四个北欧国家达成了一项承诺合作落实 1954 年《国际防止海洋油污染公约》（International Convention for the Prevention of Pollution of the Sea by Oil）的协定。1972 年联合国人类环境会议在斯德哥尔摩召开则成为这一时期环境议题的高潮。在波罗的海环境问题日益受到关注但区域合作机制框架尚未形成的这一时期，区域内形成了一系列海洋科学领域的合作。这些合作项目推动了各沿海国对波罗的海污染状况的共识，其中最为重要的是由国际海洋考察理事会及非政府组织海洋学研究科学委员会（Scientific Committee for Oceanographic Research）联合建立的"波罗的海污染研究"特别工作组，该工作组因包含民主德国科学家，使研究更为全面的同时也弥合了当时冷战下的对立氛围。[①]

在区域层级，1969 年与 1970 年曾召开过两次由波罗的海各沿海国代表出席的会议，商讨起草防止石油污染波罗的海的国际协定。但这些努力因联邦德国拒绝承认民主德国而受挫。这一关键问题直到冷战缓和的背景下1972 年两德关系正常化才得以克服。渔业资源养护和管理问题率先取得突破，1973 年波罗的海 7 个沿海国签订《波罗的海及贝尔特海峡捕鱼及生物资源养护公约》。在海洋环境保护领域，在芬兰的倡议下，由政府代表、技术专家及法律专家组成的工作组于 1973 年与 1974 年年初举行两次会议起草《保护波罗的海区域海洋环境公约》。1974 年 3 月，波罗的海 7 个沿海国在赫尔辛

---

① Boleslaw A. Boczek, International Protection of the Baltic Sea Environment Against Pollution: a Study in Marine Regionalism, *The American Journal of International Law*, Vol.72, No.4, 1978, pp.796-797, 799-800.

基签署了该公约。①

二、第一阶段:1974 年《赫尔辛基公约》

不同于前文论及的地中海行动计划下的巴塞罗那公约体系,1974 年《赫尔辛基公约》采取了综合性公约的模式,在公约中对各种污染源进行了规定并在附件中规定了相关的技术细则。《赫尔辛基公约》经历了相对漫长的批准期,直到 1980 年 5 月才随着签署国中联邦德国最后一个批准公约(1980 年 3 月)而生效。类似于《巴塞罗那公约》,1974 年《赫尔辛基公约》的序言部分尤其强调了波罗的海的水文及生态特殊性:"考虑到波罗的海区域的独特的水文及生态特征及其生物资源对环境变化的敏感性";以及相应国际法规的不完善:"注意到相关新近国际公约即使在分别对缔约方生效之后,仍不能完全满足保护及提升波罗的海区域环境的需求"。

(一)功能区域

1974 年《赫尔辛基公约》第 1 条规定"公约区域"为:"为了本公约的目的,'波罗的海区域'应指波罗的海本身及波的尼亚湾、芬兰湾以及以斯卡格拉克海峡(Skagerrak)的斯卡(Skaw)海角处北纬 57°44′8″纬线为界的波罗的海入口。不包括缔约方的内水。"从地理区域来看,这一定义符合 1973 年国际海事组织将波罗的海指定为"特殊区域"时划定的范围。② 同时,结合第 4 条的规定,从水域的法律地位来看,1974 年《赫尔辛基公约》的功能区域覆盖了除缔约方内水之外的水域及海床,适用于领海时应"在不损害缔约方对领海的主权权利","通过缔约方的国家主管部门在领海内执行本公约的义务"。由于在处理陆源污染时不可避免地会涉及缔约方内水,1974 年《赫尔辛基公约》第 4 条第 3 款规定:"虽然本公约的规定不适用于各缔约方主权下的内水,但在不损害其主权权利的前提下,缔约方承诺本公约的目标将在这些水域得到实现。"③另外,1974 年《赫尔辛基公约》不适用于"军舰、海军辅助舰艇(naval auxiliary)、军用飞机"以及进行非商业目的作业的政府船舶,但同时,也要求

① Boleslaw A. Boczek, International Protection of the Baltic Sea Environment Against Pollution: a Study in Marine Regionalism, *The American Journal of International Law*, Vol. 72, No. 4, 1978, pp. 799-800.

② 1973 年《国际防止船舶造成污染公约》,附则 I,第 1 条第 11.2 款。

③ 在 1992 年对《赫尔辛基公约》的修订中,突破了这一限制。

缔约方采取适当的措施使此类船舶与飞机以与本公约相符的方式活动。①

（二）一般义务

1974 年《赫尔辛基公约》第 3 条规定了基本原则与义务：所有缔约方"应单独或共同采取一切适当的立法、行政或其他相关措施以防止并减少污染，保护并改善波罗的海区域的海洋环境"。第 2 条中则对"污染"进行了定义："'污染'指由人直接或间接向包括河口在内的海洋环境引入物质或能量，从而造成有害影响，如危害人类健康、损害生物资源或海洋生物、妨碍包括捕鱼在内的合法海洋使用、损害使用海水的质量以及降低舒适性。"1974 年《赫尔辛基公约》的第 3 条规定的基本义务适用于所有类型的污染，包括陆源污染、大气传播污染、船源污染或者倾倒。②

（三）针对各污染源的规定

1.陆源污染

1974 年《赫尔辛基公约》在第 2 条第 1 款中对陆源污染进行了定义："'陆源污染'指由水传播、大气传播或直接从海岸包括管道排污口到达海洋的陆地排放造成的海洋污染。"1974 年《赫尔辛基公约》第 6 条第 1 款要求缔约方采取措施"控制并极力减少"（control and minimize）陆源污染，缔约方对于陆源污染应采取的措施可分为三个部分。

首先，1974 年《赫尔辛基公约》第 5 条要求缔约方"阻止（counteract）本公约附件 I 中列明的危险物质通过大气传播、水传播或其他形式进入波罗的海区域"③。不同于 1974 年《防止陆源海洋污染公约》（*Convention for the Prevention of Marine Pollution from Land-Based Sources*）以及巴塞罗那公约体系下的 1980 年《陆源议定书》，1974 年《赫尔辛基公约》中没有要求缔约方"清除"该类物质的具体规定。附件 I 只要求："利用恰当技术手段、禁止或规范含有该类物质的产品的运输、贸易、处理、利用和最终处置。"④

其次，1974 年《赫尔辛基公约》第 6 条第 2 款要求缔约方采取措施"控制

①　1974 年《赫尔辛基公约》第 4 条第 4 款。

②　1974 年《赫尔辛基公约》第 2 条中特别定义了"陆源污染"及"倾倒"。

③　1974 年《赫尔辛基公约》第 2 条第 6 款对有害物质（harmful substance）进行了定义："'有害物质'指任何危险、有毒或其他物质，若该类物质进入海洋，易造成海洋污染。"对危险物质及有毒物质的区分则通过附件进行：附件 I 列举了危险物质，有毒物质则在附件 II 中列举。

④　Malgosia Fitzmaurice，The Helsinki Conventions 1974 and 1992，*The International Journal of Marine and Coastal Law*，Vol.13，No.3，1998，p.382.

并严格限制"（control and strictly limit）附件 II 中列出的有毒物质及材料。一般而言，附件 II 中所列物质比附件 I 中所列物质毒性要小。"控制并严格限制"也比"阻止"的义务要相对宽松。排放"数量显著"的附件 II 所列物质，应事先获得国家主管部门的特别许可，[①]并且，排放后应由适当的国家主管部门通知波罗的海海洋环境保护委员会，各缔约方应"努力制定并通过发放排放许可的统一标准"[②]。附件 II 指明，所列物质主要针对水传播，同时也要求缔约方"努力采用最佳的可行方式防止有害物质和材料以大气传播进入波罗的海海域"。

最后，附件 III"关于防止陆源污染物的目标、标准及措施"中规范了城市污水的处理与排放。其中规定市政污水"应通过恰当方式进行处理"，不对波罗的海含氧量造成有害影响，并且应"确保污水处理的卫生水平"。此外，由于波罗的海周边（特别是苏联）有许多核电站，[③]附件 III 其中还特别规定"核电站或大量使用水的其他类型的工厂排放的冷却水应最低程度地影响波罗的海的海洋环境"。

2.船源污染

1974 年《赫尔辛基公约》第 7 条第 1 款规定缔约方有义务防止船舶故意、疏忽或事故性排放石油、石油以外的有害物质，以及由排放污水或垃圾造成的污染，附件 IV"防止船源污染"中规定了具体措施。附件 IV 及其 5 份附录"不成比例地"占据了公约附录部分的大部分篇幅。博切克指出原因在于波罗的海已被指定为特殊区域，并且波罗的海国家认为《赫尔辛基公约》将早于《国际防止船舶造成污染公约》生效，因此《赫尔辛基公约》吸纳了许多《国际防止船舶造成污染公约》中关于船源污染的规定。[④] 附件中 IV 规则 4 规定，除紧急情况外，总吨位 400 吨以上的船只禁止在波罗的海区域排放石油；[⑤]规则 5 对排放有毒液体物质作了详尽的规定，将有害物质分为 4 类；规则 7 与规则 8 分

---

① 1974 年《赫尔辛基公约》第 6 条第 3 款。

② 1974 年《赫尔辛基公约》第 6 条第 4 款、第 5 款。

③ 波罗的海区域对核安全的关注参见：Martti Koskenniemi, Environment Cooperation in the Baltic Region, *Tulane Journal of International and Comparative Law*, Vol.1, 1993, pp.85-86.

④ Boleslaw A. Boczek, International Protection of the Baltic Sea Environment Against Pollution: a Study in Marine Regionalism, *The American Journal of International Law*, Vol.72, No.4, 1978, p.806.

⑤ 1974 年《赫尔辛基公约》，附件 IV，规则 4(B)1。

别规定了对排放污水与垃圾的要求。

另外,充足的接收污水的港口设备是防止船源污染的关键。1974年《赫尔辛基公约》第7条第2款规定缔约方应对接收石油残留物以及污水垃圾等非石油有害物质的设备制定并适用统一的要求。附件IV中进一步规定缔约方应建设接收有害物质的设备,其中特别要求缔约方应在1977年1月1日前确保所有石油装货码头及维修港口有足够的接收和处理压舱水及洗舱水的设备。① 此外,在确保相关规定得到执行的监管措施方面,附件IV规则5(F)要求缔约方在港口设立检验员,监督装载有害物质的油轮装卸货及清洗。

3.倾倒

1974年《赫尔辛基公约》关于倾倒的定义吸纳了1972年《防止倾倒废物和其他物质污染海洋的公约》中的定义,即(1)任何从船舶、航空器、平台或其他海上人工构筑物上有意地在海上倾弃废物或其他物质的行为;(2)任何有意地在海上弃置船舶、飞机、平台或其他海上人工构筑物的行为。由于波罗的海平浅的特征,1974年《赫尔辛基公约》对倾倒的规定较之1972年《防止倾倒废物和其他物质污染海洋的公约》更为严格,第9条要求缔约方"禁止"倾倒,以下两种例外情况除外:(1)倾倒疏浚泥需依照附件V的规定经事先特别许可;(2)在紧急情况下,允许为人员、船只或飞机安全的目的倾倒。②

4.勘探及开发海床及其底土

作为综合性公约,1974年《赫尔辛基公约》富有前瞻性地对勘探及开发海床及其底土的活动提出了环保要求。《赫尔辛基公约》第10条的规定一方面要求缔约方采取适当的措施防止勘探及开发海床及其底土造成海洋环境污染,另一方面还要求缔约方有足够的设备以应对石油溢出等情况。

(四)海洋污染应急合作制度

1974年《赫尔辛基公约》第11条规定缔约方有义务采取措施并合作消除或使石油或其他有害物质污染降至最低。附件VI建立了一套海洋污染应急合作制度,其要点包括:(1)缔约方应维持应对石油及其他有害物质溢出的能力,并在接到请求时提供援助③;(2)在发生落水损失时,合作打捞及回收包

---

① Baltic Convention, Annex IV, Beg. 4(E). 从1974年《赫尔辛基公约》实际于1980年生效来看,这一日期过于乐观了。

② Mikko Tulokas, The Baltic Sea and Pollution, *Scandinavian Studies in Law*, Vol.25,1981,p.221.

③ 1974年《赫尔辛基公约》附件VI,规则2、规则9。

裹、集装箱、油罐等形式的有害物质①；（3）制定并适用独立或合作的监测活动②；（4）制定并适用一套接收及发布重大石油或其他有害物质溢出的报告制度③；（5）向赫尔辛基委员会及其他缔约方提供应对污染的国内机构及立法等信息，以及交流应对污染的研究成果及经验④。

（五）制度安排：波罗的海海洋环境保护委员会

设于赫尔辛基的波罗的海海洋环境保护委员会（Baltic Marine Environment Protection Commission），简称赫尔辛基委员会（Helsinki Commission 或 HELCOM）是 1974 年《赫尔辛基公约》设立的常设机构。委员会主席由缔约方轮流担任，每年至少召开一次会议，特别会议可以在至少两个缔约方提请的情况下召开。每个缔约方持有一票，委员会的决议需全体一致通过。⑤ 委员会下设执行秘书负责行政事务。⑥ 委员会的财务预算原则上由缔约方平均承担。⑦

赫尔辛基委员会的职能包括：⑧（1）监督《赫尔辛基公约》的执行⑨；（2）制定具体的污染管制标准、降低污染的目标以及相关措施的目标，尤其是陆源污染方面⑩；（3）制定与《赫尔辛基公约》目的相关的建议（recommendation），包括对公约及附件的修订建议⑪；（4）推进在科学、技术及统计信息交流及开展相关项目方面的合作⑫；（5）在发生海上污染事故时，协调多边响应与合作。

赫尔辛基委员会制定的建议虽就法律效力而言不具有约束力，但在实践中发挥了重要的作用，尤其是自 1985 年赫尔辛基委员会引入了要求缔约方报告这些建议执行情况的制度之后，没有缔约方以无法律约束力为理由拒绝执

---

① 1974 年《赫尔辛基公约》附件 VI，规则 4。

② 1974 年《赫尔辛基公约》附件 VI，规则 3。

③ 1974 年《赫尔辛基公约》附件 VI，规则 5。

④ 1974 年《赫尔辛基公约》附件 VI，规则 9。

⑤ 1974 年《赫尔辛基公约》第 12 条。

⑥ 1974 年《赫尔辛基公约》第 14 条。

⑦ 1974 年《赫尔辛基公约》第 15 条。

⑧ "ABOUT US", HELCOM http://www.helcom.fi/about-us, last accessed: Mar. 30, 2020.

⑨ 1974 年《赫尔辛基公约》第 13 条 a)项。

⑩ 1974 年《赫尔辛基公约》第 13 条 d)项。

⑪ 1974 年《赫尔辛基公约》第 13 条 b)、c)项。

⑫ 1974 年《赫尔辛基公约》第 13 条 e)、f)项。

行这些经一致通过的建议。因此，赫尔辛基委员会在机制职能类型上具有特殊性，遵守制度的有效性使之更接近于制定共同措施与立法类型，而非单纯的提出建议与协调政策类型。至《赫尔辛基公约》于 1992 年进行修订时，赫尔辛基委员会制定了超过 130 项建议，起初这些建议集中于控制船源污染以及合作科学评估波罗的海状况方面，自 20 世纪 80 年代中叶起，赫尔辛基委员会制定的建议集中于减少陆源污染的措施。① 在 1974 年《赫尔辛基公约》生效之前，缔约方组建了波罗的海海洋环境临时委员会（Interim Baltic Marine Environment Commission），以制定程序规则与财务规则草案、审议相关科学问题以及考虑其他由缔约方提出的议题。在其存续期间，临时委员会已通过下属工作组的工作，通过了一系列与有毒物质及陆源污染相关的建议，并审议了波罗的海出现芥子气的问题。② 赫尔辛基委员会于 1980 年行使职能时有两个附属机构，即科学—技术工作组（Scientific-Technological Working Group）及海事工作组（Maritime Working Group），后历经 1982 年、1987 年、1990 年历次改组，形成了下设环境委员会（Environment Committee）、技术委员会（Technological Committee）、海事委员会（Maritime Committee）、防治委员会（Combatting Committee）四个附属机构的格局。③

三、第二阶段：1992 年《赫尔辛基公约》及"波罗的海联合综合环境行动项目"

在 1988 年赫尔辛基委员会的会议上，缔约方通过了《保护波罗的海区域海洋环境宣言》（*Declaration on the Protection of the Marine Environment of the Baltic Sea Area*），其中承诺在 1995 年之前减少 50％的总排放，尤其是重金属及有毒或持久性有机物。为落实该宣言，1990 年 9 月在瑞典龙内比召开了首相级的波罗的海环境会议（Baltic Sea Environment Conference），参会

---

① Peter Ehlers, The Helsinki Convention, 1992 Improving the Baltic Sea Environment, *The International Journal of Marine and Coastal Law*, Vol.8, No.2, 1993, pp. 192-193. 波罗的海海洋环境保护委员会通过的建议见："Recommendations", HELCOM http://www.helcom.fi/helcom-at-work/recommendations/, 最后访问时间：2020 年 3 月 30 日。

② Malgosia Fitzmaurice, The Helsinki Conventions 1974 and 1992, *The International Journal of Marine and Coastal Law*, Vol.13, No.3, 1998, p.383.

③ Helsinki Commission, *Intergovernmental Activities in the Framework of the Helsinki Convention*, Baltic Sea Environment Proceedings No.56, 1994, p.14. 第二阶段对工作组的相应改组见下文。

方中还有捷克斯洛伐克、挪威、欧共体以及包括世界银行在内的国际金融组织。这次会议建立了一个工作组以起草一份综合性的环境行动计划。与此同时,赫尔辛基委员会也启动了修订 1974 年《赫尔辛基公约》的程序。在对 1974 年《赫尔辛基公约》的回顾中,普遍认为其总体而言是成功的,但鉴于自 20 世纪 70 年代以来国际环境法、海洋法、实践经验的发展以及政治氛围的变化(包括欧洲一体化进程及东欧剧变),有必要对公约进行修订。[①] 因此,赫尔辛基委员会设立一个工作组考虑以下问题:(1)防治(污染)领域越来越多有法律约束力的规定;(2)适用预警原则;(3)控制扩散源污染的法律规范的发展;(4)将《赫尔辛基公约》适用于缔约方内水。[②]

1992 年 4 月在赫尔辛基举行的外交会议通过了经修订的《赫尔辛基公约》以及"波罗的海联合综合环境行动项目"(Baltic Sea Joint Comprehensive Environmental Action Programme)。1992 年《赫尔辛基公约》于 2000 年 1 月生效,缔约方包括欧共体(1994 年)、德国(1994 年)、立陶宛(1994 年)、瑞典(1994 年)、爱沙尼亚(1995 年)、芬兰(1995 年)、丹麦(1996 年)、立陶宛(1997 年)、波兰(1999 年)以及俄罗斯(1999 年)。[③]

(一)1992 年《赫尔辛基公约》

1992 年《赫尔辛基公约》保留了综合性的形式,并且没有触及赫尔辛基委员会职能类型(即"建议"法律效力)、损害责任认定等存在争议的问题。1992 年《赫尔辛基公约》的修订主要包括以下内容:

(1)功能区域扩展至缔约方内水。1992 年的修订保留了 1974 年《赫尔辛基公约》对"公约区域"地理范围的界定,同时明确规定了包括缔约方内水,基线向陆方向的内水界限由缔约方指定。[④] 在不损害各缔约方主权的前提下,公约中的规定通过国家主管部门在其领海及内水执行。[⑤]

(2)以"更现代"的术语更新了一般义务与基本原则。1992 年《赫尔辛基

---

① Peter Ehlers, The Helsinki Convention, 1992 Improving the Baltic Sea Environment, *The International Journal of Marine and Coastal Law*, Vol.8, No.2, 1993, pp. 193-195.

② Martti Koskenniemi, Environment Cooperation in the Baltic Region, *Tulane Journal of International and Comparative Law*, Vol.1, 1993, p.101.

③ "The Helsinki Convention", HELCOM, https://helcom.fi/about-us/convention/, last accessed: Mar. 30, 2020.

④ 1992 年《赫尔辛基公约》第 1 条。

⑤ 1992 年《赫尔辛基公约》第 4 条第 2 款。

公约》第 3 条第 1 款以"防止及消除(prevent and eliminate)污染"取代了 1972 年《赫尔辛基公约》中"防止并减少(prevent and abate)污染"的一般义务:"缔约方应单独或共同采取一切恰当的立法、行政或其他相关措施以防止并清除污染,以促进波罗的海区域的生态恢复并维持其生态平衡。"相应的,1992 年《赫尔辛基公约》第 5 条对有毒物质规定的义务比此前更严格,要求缔约方"防止和消除"所有来源的有害物质造成的污染,新的附件 I 除保留了原附件 I 中列举的禁止排放的物质外,还补充了必要的程序与措施。1992 年《赫尔辛基公约》第 3 条中还补充了新的基本原则,包括预警原则、最佳环境实践(best environmental practice)、可获得的最佳技术(best available technology)、污染者付费原则。① 其中,预警原则是首次在国际条约中被确立为基本原则,而最佳环境实践与可获得的最佳技术是预警原则的逻辑结果,新增的附件 II 进一步定义了最佳环境实践与可获得的最佳技术,并规定了运用标准。

(3)对陆源污染采取了更严格的规定。首先,1992 年《赫尔辛基公约》第 2 条第 2 款还扩展了对陆源污染的定义:"'陆源污染'指由水传播、大气传播或直接从海岸到达海洋的来自陆上各种来源的点式或扩散式输入的污染。包括从陆上入口通过隧道、管道或其他方式故意丢弃至海床下造成的污染。"其次,明确规定对陆源污染的控制扩展至"波罗的海流域(catchment)"。第 6 条第 1 款规定,在不损害主权的前提下,缔约方应在波罗的海流域采取"防止并消除"陆源污染的相关措施。最后,关于防止陆源污染的附件 III 也进行了大幅修订,对市政污水、工业厂房的水管理、工业污水、含有有害物质的污水的处理进行了规定,并要求对养殖业污染,包括农业在内的扩散源污染使用最佳环境实践与可获得的最佳技术,还规定了点源排放有害物质至波罗的海所需的事先特别许可的发放原则。②

(4)扩展了适用范围。1992 年《赫尔辛基公约》第 10 条禁止海上焚烧,第 15 条规定了保护自然栖息地、生物多样性及生态过程的义务。基于第 15 条的规定,赫尔辛基委员会 1994 年 15/5 号建议设立了波罗的海保护区网络制度。③

(5)适用环境影响评估。1992 年《赫尔辛基公约》第 7 条规定,当基于国

---

① 1992 年《赫尔辛基公约》第 3 条第 2 款至第 4 款。

② 1992 年《赫尔辛基公约》第 6 条第 3 款,附件 III。

③ HELCOM Recommendation 15/5 System of Coastal and Marine Baltic Sea Protected Areas. 2014 年 35/1 号建议修订并取代了 15/5 号建议。

际法或超国家性质的规章(supra-national regulations,如欧盟法规),缔约方有义务就可能对波罗的海海洋环境造成重大负面影响的活动进行环境影响评估时,该缔约方有义务通知赫尔辛基委员会以及可能受到跨界影响的其他缔约方;并且,基于国际法或超国家性质的规章的规定,缔约方有义务与可能受到跨界影响的其他缔约方进行磋商。

(6)报告制度。1992年《赫尔辛基公约》第16条要求缔约方定期向赫尔辛基委员会报告:"为执行本公约、公约附件以及据此通过的建议的规定所采取的法律、规章或其他措施";所采取措施的有效性以及执行中遇到的困难。[①]并且,基于其他缔约方或赫尔辛基委员会的要求,缔约方应提供关于排放许可、排放数据或关于环境质量的数据。[②] 基于该条款的规定,赫尔辛基委员会此前对"建议"执行的报告制度具有了法律约束力,赫尔辛基委员会可依此履行监督公约执行的职能。

(二)波罗的海联合综合环境行动项目

1992年设立的"波罗的海联合综合环境行动项目"(简称联合综合项目)为落实《赫尔辛基公约》目标提供了实践基础。除《赫尔辛基公约》的10个缔约方外,参与联合综合项目的还包括白俄罗斯、捷克、挪威、斯洛伐克以及乌克兰这些位于波罗的海流域内的非沿岸国;欧洲开发银行理事会(Council of Europe Development Bank)、欧洲复兴开发银行、欧洲投资银行、北欧环境金融公司(Nordic Environment Finance Corporation)、北欧投资银行(the Nordic Investment Bank)、世界银行等国际金融机构;波罗的海国际渔业委员会等政府间等国际组织;此外许多非政府组织作为观察员积极参与。在赫尔辛基委员会框架下设立的项目执行特别工作组(Programme Implementation Task Force)负责协调联合综合项目的执行。该特别工作组由欧盟、波罗的海流域各国、国际金融机构以及国际组织的代表组成。[③]

计划为期20年(1993年至2012年)的联合综合项目由以下6个要素构成:(1)政策、法律及法规;(2)强化制度及发展人力资源;(3)针对点源及非点源污染的投资活动;(4)针对沿海泻湖及湿地的管理项目;(5)应用性研究;

---

①　1992年《赫尔辛基公约》第16条第1款。

②　1992年《赫尔辛基公约》第16条第2款。

③　Helsinki Commission, *The Baltic Sea Joint Comprehensive Environmental Action Programme (JCP): Ten Years of Implementation*, Baltic Sea Environment Proceedings No.88, 2003, p.6.

(6)公众意识及环境教育。其主要目标是在波罗的海流域支持"预防"及"治疗"(curative)措施,以及通过减少污染负荷恢复波罗的海的生态平衡,具体涉及查明污染源并采取措施减少有机物质、营养物及其他有害物质的输入。查明并清理污染热点(hot spots)是项目的重要组成部分。①

联合综合项目原计划改造波罗的海的 132 个环境污染热点。1996 年 2月,4 个位于芬兰、4 个位于瑞典及 2 个位于德国的热点从原定清单中排除。在剩余的 122 个热点中绝大部分为市政、工业或农业点源污染。联合综合项目对市政或市政—工业联合污水处理提供支持,以升级旧有的设施、完成在建设施并建设新的污水处理设施。在工业方面,联合综合项目为 50 个热点提供污染控制支持。② 通过联合综合项目的投资与援助,许多热点已正式排除,至2002 年在原定的 132 个热点中总计排除 46 个,部分排除 3 个。③

改善这些热点需要相当大的投资,1992 年建立联合综合项目时预计需180 亿欧洲货币单位(Ecu),在 1999 年则预计还需要 100 亿以支持对剩余热点采取必要的措施。在具体实践中,资金来源在该热点的所有人、政府、捐助、国家银行、私营部门、国际金融机构之间分配。赫尔辛基委员会没有专门的资金支持联合综合项目的执行,而主要依赖于缔约方的出资及捐助项目。绝大部分的投资来自各缔约方的国内资源。④

如耶尼施(Uwe K. Jenisch)的评论,1992 年《赫尔辛基公约》中报告制度及联合综合项目的设立"意味着赫尔辛基委员会的重点从收集环境数据、定期评估以及制定建议转向第二个阶段,即通过设立雄心勃勃的时间表应对明显

---

① Helsinki Commission, *The Baltic Sea Joint Comprehensive Environmental Action Programme* (*JCP*)*: Ten Years of Implementation*, Baltic Sea Environment Proceedings No.88, 2003, p.7.

② Malgosia Fitzmaurice, The Helsinki Conventions 1974 and 1992, *The International Journal of Marine and Coastal Law*, 1998, Vol.13, No.3, p.390.

③ Helsinki Commission, *The Baltic Sea Joint Comprehensive Environmental Action Programme* (*JCP*)*: Ten Years of Implementation*, Baltic Sea Environment Proceedings No.88, p.4.

④ Helsinki Commission, *The Baltic Sea Joint Comprehensive Environmental Action Programme* (*JCP*)*: Ten Years of Implementation*, Baltic Sea Environment Proceedings No.88, pp.7-8.

的环境问题以合作减少污染"①。

四、第三阶段:2004 年欧盟东扩带来的变化

在欧共体成立时,成员国中只有联邦德国在波罗的海有一段不长的海岸线,在欧盟于 1995 年与 2004 年两次东扩之后,②波罗的海 9 个沿海国中只有俄罗斯不是欧盟成员,这使得在欧盟的框架内治理波罗的海及其流域成为可能。因此,波罗的海海洋环境区域合作在第三阶段最重要的变化是区域路径主要表现为两个层面。③ 一是赫尔辛基委员会所体现的国际制度或政府间合作:赫尔辛基委员会重新定位了其作用以及工作重点,并于 2007 年制订了"波罗的海行动计划"(Baltic Sea Action Plan)。二是欧盟框架内的超国家体制(supranational institutions):基于共同农业政策(Common Agricultural Policy)、共同渔业政策、水框架指令(Directive 2000/60/EC)、海洋战略框架指令(Directive 2008/56/EC),欧盟有职权管理许多与波罗的海海洋环境(以及下文要论及的渔业资源)有关的重要问题。④ 2009 年欧盟理事会通过了《欧盟波罗的海地区战略》(EU Strategy for the Baltic Sea Region),这份综合性战略主要涉及环境、经济、交通及安全问题,是欧盟第一份宏观区域(macroregion)发展战略。此外,由于欧盟的高度法治化,⑤欧洲法院也将会对波罗的海的治理发挥影响。例如,2007 年欧盟委员会以芬兰及瑞典未履行欧盟关于

---

① Uwe K. Jenisch, The Baltic Sea: The Legal Regime and Instruments for Co-operation, *The International Journal of Marine and Coastal Law*, Vol.11, No.1, 1996, p.63.

② 继 1995 年奥地利、芬兰和瑞典加入欧盟之后,2004 年塞浦路斯、捷克、爱沙尼亚、匈牙利、拉脱维亚、立陶宛、马耳他、波兰、斯洛伐克和斯洛文尼亚加入欧盟。

③ 除上述两个层面外,一些学者指出波罗的海围绕可持续发展的区域合作中还存在着跨国(transnationalization)层级,表现为越来越多的非政府或地方主体参与决策,例如 Baltic 21 以及 Union of the Baltic Cites。Cf. Kristine Kern and Tina Löffelsend, Governance beyond the Nation State: Transnationalization and Europeanization of the Baltic Sea Region; Kristine Kern, Marko Joas and Detlef Jahn, Governing a Common Sea: Comparative Patterns for Sustainable Development, in Marko Joas, Detlef Jahn and Kristine Kern eds., *Governing a Common Sea: Environmental Policies in the Baltic Sea Region*, Earthscan, 2008.

④ Joseph F. C. DiMento and Alexis Jaclyn Hickman, *Environmental Governance of the Great Seas: Law and Effect*, Edward Elgar, 2012, p.38.

⑤ [比利时]尤利·德沃伊斯特、门镜:《欧洲一体化进程——欧盟的决策与对外关系》,门镜译,中国人民大学出版社 2007 年版,第 77~90 页。

城市污水处理的相关指令为由向欧洲法院分别提起诉讼。[①]

（一）赫尔辛基委员会的调整

1.2003 年《不莱梅宣言》

2003 年赫尔辛基委员会部长级会议通过的《不莱梅宣言》（HELCOM Bremen Declaration）是一份承上启下的文件。这份文件考虑到欧盟于 2004 年 5 月 1 日将完成东扩的影响，届时《赫尔辛基公约》的 9 个缔约方中 8 个是欧盟成员，宣言指出"我们承认赫尔辛基委员会需要新的工作重点"，这份文件指出了对赫尔辛基委员会未来的作用及优先项目的共识。

（1）赫尔辛基委员会将作为"加强欧盟与俄罗斯的合作以确保在波罗的海流域执行相同环保措施"的平台，并且也是缔约方与欧盟、其他国际组织、区域海洋项目合作的平台。[②] （2）这份文件承诺赫尔辛基委员会将以"生态方法"（ecosystem approach）管理人类活动。所谓"生态方法"或者称"以生态为基础的方法"（ecosystem based approach）其内涵包括"以适应性的、预警性的及以知识为基础的措施，跨国家及行政区界线保护并恢复环境的关键生态功能"。[③]《不莱梅宣言》中相关表述为："赫尔辛基委员会将对近期的优先事项采取生态方法，包括自然保护及生物多样性，联合监测与评估，包括响应活动在内的海事安全及航运，以及对波罗的海有重要影响的富营养化及危险物质。"（3）《不莱梅宣言》还具体指出了 5 个优先领域，这些领域也成为这一阶段的合作重点，包括：航运对环境的影响；富营养化；自然保护及生物多样性；进一步执行和监督联合综合项目；遵守《赫尔辛基公约》的要求。在富营养化领域，宣言特别注意到波罗的海的半封闭地理特性："半封闭的波罗的海的水体交换缓慢，因此对富营养化尤其敏感。"

---

　①　C-438/07 Commission v Sweden，C-335/07 Commission v Finland. 在 2009 年作出的判决中，欧洲法院没有支持欧盟委员会的诉讼，芬兰与瑞典以赫尔辛基委员会波罗的海行动计划的相关规定证明没有必要为氮采取额外的措施。Joseph F. C. DiMento and Alexis Jaclyn Hickman，Environmental Governance of the Great Seas：Law and Effect，Edward Elgar，2012，p.47.

　②　2003 年波罗的海海洋环境保护委员会部长级会议同时也是第一届赫尔辛基委员会与 OSPAR 委员会联席会议（First Joint Ministerial Meeting of the Helsinki and OSPAR Commissions）。

　③　Hermanni Backer et al. HELCOM Baltic Sea Action Plan —A Regional Programme of Measures for the Marine Environment Based on the Ecosystem Approach，Marine Pollution Bulletin，Vol.60，2010，p.642.

2.2007 年《波罗的海行动计划》(*Baltic Sea Action Plan*,以下简称《行动计划》)

为执行《不莱梅宣言》,赫尔辛基委员会 2007 年部长级会议通过了《行动计划》,旨在使波罗的海于 2021 年前恢复良好的环境状态(good environmental status)。除富营养化、危险物质、生物多样性及海事活动 4 个部分外,《行动计划》还专门论及评估、资金及"执行与定期回顾行动计划的执行"。在细则方面,《行动计划》还包括了同期通过的 10 个技术性建议(其中包括一项对 1992 年《赫尔辛基公约》附件 III 农业部分的修订),监测及评估行动计划执行的指标等其他文件。

《行动计划》在制定具体的目标与相应的措施时区分了在区域层面(即在赫尔辛基委员会的框架内)、欧盟层面及全球层面执行的措施。区域层面主要包括赫尔辛基委员会制定的建议(以及各国据此制订的国家计划),欧盟层面包括共同渔业政策、共同农业政策以及对化学品的市场管制,全球层面主要包括国际海事组织框架下的法规。《行动计划》关于富营养化、危险物质、生物多样性及海事活动 4 个部分以及行动计划的执行方面的主要规定如下:

(1)免受富营养化影响

《行动计划》指出富营养化是波罗的海当前的主要问题,氮负荷和磷负荷主要来自陆源。[①] 针对这一问题制定的"营养物减排方案"是行动计划的核心,该方案包括两个主要组成部分。一是最大容许输入值(maximum allowable inputs),指为实现非富营养化目标容许氮负荷和磷负荷通过水传播和空气传播输入波罗的海各次区域的最大值。二是国家分配减排目标(country-allocated reduction targets),指通过比较参考期(1997—2003 年)的排放量与最大容许输入值所得出的各国应减排量。[②] 为执行国家分配减排目标,各国同意制订相应的国家项目并提交赫尔辛基委员会评估。[③] 在削减营养物排放的具体措施方面,赫尔辛基委员会同期通过了 4 项建议作为《行动计划》的附件,此外是欧盟成员国的缔约方还将在欧盟相关指令的框架下采取措施。

---

① HELCOM, *Baltic Sea Action Plan*, 2007, p.7.

② "Nutrient Reduction Scheme", HELCOM, http://www.helcom.fi/baltic-sea-action-plan/nutrient-reduction-scheme/, last accessed: Mar.30, 2020. 2013 年回顾并更新行动计划的部长级会议所设定的最大容许输入值及国家分配减排目标见:HELCOM, Copenhagen Ministerial Declaration, *Taking Further Action to Implement the Baltic Sea Action Plan —Reaching Good Environmental Status for a healthy Baltic Sea*, 2013,pp.5-6.

③ HELCOM, *Baltic Sea Action Plan*, 2007, p.9.

（2）不受危险物质侵害

《行动计划》指出，监测表明有些有害物质的输入负荷在过去的 20 年至 30 年内已有相当大的减少，但是问题仍然存在，尤其是一些新物质的聚集甚至有所上升。[①]《行动计划》重点关注了 9 种有机物及 2 种重金属，对 1992 年《赫尔辛基公约》及赫尔辛基委员会相关建议形成补充，其中如溴化阻燃剂（brominated flame retardants）及全氟化学物（perfluoro-chemicals），此前从未在《赫尔辛基公约》框架中予以规制。行动计划要求采取查明这些物质的来源，并要求重要的行业在一定期限内禁止并替代这些物质的使用。[②]

（3）良好的生物多样性状态

《行动计划》指出，良好的生物多样性养护状态是波罗的海海洋生态系统能够快速恢复并适应环境条件变化的前提条件。如前文所述，1992 年《赫尔辛基公约》第 15 条已将维护生物多样性纳入赫尔辛基委员会的框架。《行动计划》则首先强调了多层级的义务，全球性、国际性公约包括 1992 年《生物多样性公约》、1971 年《拉姆萨尔湿地公约》、1979 年《欧洲野生动物与自然环境保护伯尔尼公约》、1979 年《保护野生动物迁徙物种波恩公约》；欧盟层级包括栖息地指令（Directive 92/43/EEC）、鸟类指令（Directive 79/409/EEC）、水框架指令以及拟议中的海洋战略指令。[③]

《行动计划》指明应采取如下三个方面的措施。一是开展大范围的海洋空间规划（marine broad-scale spatial planning），对海洋使用的空间规划将是跨海洋边界的，同期通过的第 28E/9 号建议进一步指出，大范围的海洋空间规划是一种总领性的空间管理方法，为海岸及海洋综合管理提供了工具；区域内已有的海洋空间规划要素包括：海洋保护区、分道通航制以及欧盟及欧盟与俄罗斯之间对禁渔区域的规定；并建议缔约方联合制定海洋及海岸大范围的海洋空间规划的共同原则，并保障对空间数据的共享。[④]二是完善波罗的海保护

---

① HELCOM，*Baltic Sea Action Plan*，2007，p.13.

② HELCOM，*Baltic Sea Action Plan*，2007，pp.14-16. Hermanni Backer et al. HELCOM Baltic Sea Action Plan —A Regional Programme of Measures for the Marine Environment Based on the Ecosystem Approach，Hermanni Backer et al. HELCOM Baltic Sea Action Plan —A Regional Programme of Measures for the Marine Environment Based on the Ecosystem Approach，*Marine Pollution Bulletin*，Vol.60，No.5，2010，p.645.

③ HELCOM，*Baltic Sea Action Plan*，2007，p.18.

④ HELCOM，*Baltic Sea Action Plan*，2007，p.19，pp.57-58.

区网络,尤其是在领海以外的沿海区域建立新的保护区。^① 三是渔业资源的养护,各国的渔业主管部门与在欧盟共同渔业政策框架下建立的波罗的海区域咨询委员会(Baltic Regional Advisory Council)及赫尔辛基委员会合作,采取包括最大可持续捕捞量(maximum sustainable yield)在内的基于可获得的最佳科学证据的养护措施。^②

(4)环境友好型海事活动

《行动计划》首先承认了国际航运由全球性公约规制,尤其是国际海事组织框架性制定的公约与规章。《行动计划》指出航运对波罗的海环境的影响主要在如下两个方面:首先,由于波罗的海的海峡狭窄、水深浅、冰封期长的航行条件,面临着航运事故的风险;其次,在波罗的海航运密集的情况下,航运及其他海上活动对环境的负面影响包括空气污染,非法或事故性排放石油、危险物质及其他废物,以及经由船只压舱水及船体引入外来生物。^③

为应对非法排放问题,《赫尔辛基公约》缔约方应在 2010 年之前批准《国际防止船舶造成污染公约》附件六,并通过 1982 年《巴黎备忘录》(*Paris Memorandum of Understanding on Port State Control*)、欧洲海事安全局(European Maritime Safety Agency)、赫尔辛基委员会的船舶自动识别系统加强监督。^④ 为应对海上事故的风险,首先要提升有冰条件下航行的安全性与效率。同期通过的 28E/11 号建议"提高在波罗的海有冰条件下航行安全的进一步措施",建议缔约方政府采取必要的步骤以确保备有充足的破冰设备为驶向其港口的船只提供协助,并在次区域应急响应方面加强合作,包括:在 2008 年之前制定评估风险及紧急响应能力充分性的共同方法;在 2009 年之前实现对石油及化学品污染风险的评估,并实现对次区域层级足以应对上述风险的响应资源的量化;在 2010 年之前基于风险评估,查明次区域层级响应资源的缺口,并制订详细计划在 2013 年之前补齐缺口;在 2010 年之前基于敏感性映射(sensitivity mapping)查明、量化对海岸线反应的需求,并制订详细计划在 2013 年之前达成。

(5)行动计划的执行

《行动计划》指出执行计划的主要资金来源为国家预算以及欧盟框架下的

① 　HELCOM,*Baltic Sea Action Plan*,2007,p.19.

② 　HELCOM,*Baltic Sea Action Plan*,2007,p.20.

③ 　HELCOM,*Baltic Sea Action Plan*,2007,p.23.

④ 　HELCOM,*Baltic Sea Action Plan*,2007,p.24.

建设基金，包括旨在帮助新成员国执行欧盟指令的凝聚基金（Cohesion Fund）。非欧盟成员国可获得通过双边协议以及北方维度环境合作基金（Northern Dimension Environmental Partnership Fund）为高度优先环境项目提供的资金援助。① 为加速行动计划的执行，2009 年设立了波罗的海行动计划基金，该基金由北欧投资银行（Nordic Investment Bank）与北欧环境金融公司（Nordic Environment Finance Corporation）管理，这两个国际金融机构长期参与了波罗的海地区的环境管理。②

应《行动计划》的要求，各缔约方制定了国家执行项目（National Implementation Programmes）。③ 赫尔辛基委员会将监测与评估行动计划的执行，明确规定 2013 年的赫尔辛基委员会部长级会议将评估行动计划的执行效果，并制定相应的修订。2014 年赫尔辛基委员会调整了其附属机构，现设有 8 个工作组，包括 5 个常设工作组：执行生态办法工作组、海事工作组、降低来自波罗的海流域的压力工作组、响应工作组、环境状况及自然养护工作组；以及 3 个有期限的工作组：鱼类工作组、农业工作组、海事空间规划联合工作组。④

（二）《欧盟波罗的海地区战略》

《欧盟波罗的海地区战略》（*EU Strategy for the Baltic Sea Region*）的制定始自 2007 年，在制定过程中尤其注重了利益相关者参与和公众参与，包括与地区内各级政府和其他官方机构的非正式交流；由官员、非政府组织和私营行业代表参加的利益相关者活动；通过欧盟网络进行的公众协商。⑤ 通过这些协商得到的信息有：《欧盟波罗的海地区战略》将不设立新的机构，将不仅仅是战略而必须有行动，欧盟委员会将直接参与战略的执行。⑥ 2009 年 6 月欧

---

① HELCOM，*Baltic Sea Action Plan*，2007，p.33.

② "Baltic Sea Action Plan Fund"，NEFCO，https://www.nefco.org/fund-mobilisation/funds-managed-by-nefco/baltic-sea-action-plan-fund/，last accessed：Mar. 31, 2020.

③ "Follow-up concent"，HELCOM，http://www.helcom.fi/baltic-sea-action-plan/follow-up/，last accessed：Mar.31, 2020.

④ "HELCOM at Work"，http://www.helcom.fi/helcom-at-work，last accessed：Mar.31, 2020.

⑤ [瑞典]约瑟芬·古斯塔夫森、波基塔·丽斯·里梅尔、安东·厄尔：《欧盟利益相关者参与水资源管理手册——欧盟的实践与经验》，水利部国际合作与科技司、水利部国际经济技术合作交流中心译，中国水利水电出版社 2012 年版，第 62～63 页。

⑥ Communication-concerning the European Union Strategy for the Baltic Sea Region-10.6.2009-COM(2009) 248 final, p.10.

盟委员会以通讯形式出台了《欧盟波罗的海地区战略》[COM（2009）248 final]，随后欧盟理事会予以通过。作为欧盟第一份宏观区域战略，《欧盟波罗的海地区战略》及其"行动计划"被寄予厚望，其成功将为欧盟其他区域的治理提供范本。①

《欧盟波罗的海地区战略》有助于协调欧盟、欧盟成员国、地方政府、波罗的海区域组织、金融机构以及非政府组织之间的行动，以促进波罗的海地区更加平衡地发展。该战略还有助于动员所有相关的欧盟资金与政策。海洋环境是这份战略的核心，但也涵盖了区域内其他的"挑战与机遇"，战略旨在让欧洲的这一次区域：实现环境可持续性（如减少海洋污染）；增进繁荣（如促进中小型企业创新）；提升连通性和吸引力（如改善交通运输）；确保安全可靠性（如提高应对事故的能力）。综合性是这份战略的首要特点："综合路径对于波罗的海区域的可持续发展是必不可少的。这些问题是彼此相关的：比如，改善海洋[环境]质量将带来更多的就业，因为会有更多海洋经济潜力，而这也要求有更好的交通。通过一份综合战略，各方都可以从共同方法中获益。"②

2012 年 3 月欧盟委员会修订了 2009 年的战略[COM（2012）128 final]，将战略的主要目标调整为"拯救海洋"、"连通本区域"以及"增进繁荣"。③ 其中首的环境目标是波罗的海在 2020 年达到"良好的环境状态"以及"良好的养护状态"，这一目标的制定既是欧盟框架下海洋战略框架指令及栖息地指令的要求，也考虑到了赫尔辛基委员会"波罗的海行动计划"设定的目标。2015 年 9 月欧盟委员会修订了 2009 年制订的"行动计划"[SWD（2015）177 final]，新的行动计划对上述目标进行了细化，其中拯救海洋的次目标包括："清洁的海水""丰富且健康的野生动物""清洁且安全的航运""更好的合作"。其中前三项与赫尔辛基委员会"波罗的海行动计划"高度重合，而"更好的合作"是为了应对跨界问题，"通过更好的合作，战略旨在加速赫尔辛基委员会'波罗的海行动计划'的执行，在整个区域内落实适用生态方法的跨界性质的

---

　　①　此后欧盟为多瑙河区域、亚德里亚与爱奥尼亚区域制定了区域战略。

　　②　Communication-concerning the European Union Strategy for the Baltic Sea Region-10.6.2009-COM（2009）248 final，pp.3-4.

　　③　Communication-concerning the European Union Strategy for the Baltic Sea Region-23.03.2012-COM（2012）128 final，p.3.

海洋空间规划"。①

2009 年的行动计划包括了 15 个优先领域的 80 个旗舰(flagship)项目,每个领域有一个主导国家或其他伙伴方负责。② 2015 年对行动计划进行了重新架构,包括 13 个政策领域及 4 个横向行动(horizontal actions),其中"体现了战略可以对其改善有所贡献的主要领域"③。在战略与行动计划的执行中,欧盟委员会将起到协调、评估及报告进展的作用。在资金来源方面,行动计划没有设立新的财政手段,而是旨在更高效地利用既有的基金,包括凝聚政策(Cohesion Policy)及其他的欧盟基金。④

五、波罗的海环境合作的特点

波罗的海海洋环境领域的区域合作在发展历程上有如下突出的特点:(1)在区域合作的起始阶段经历了从次区域至区域的发展过程,在区域内政治氛围稳定之后,《赫尔辛基公约》框架下的区域合作才得以有效开展;(2)1995年对《赫尔辛基公约》的修订反映了全球性国际环境法的发展,是第一个依据《21 世纪议程》进行修订的区域性协定;(3)在欧盟东扩之后,波罗的海海洋环境合作呈现多层次的特征,一方面是欧盟框架下的超国家层次,另一方面《赫尔辛基公约》框架下的政府间区域合作继续发挥作用,并且,这两个层次在具体目标、措施及执行上相互交叉。

在区域合作的框架方面,综合性是首要特点:(1)1974 年《赫尔辛基公约》是第一个覆盖各种污染源的区域性协定;(2)在 1992 年《赫尔辛基公约》对陆

---

① Action Plan-Working document accompanying the Communication concerning the European Union Strategy for the Baltic Sea Region-SEC(2009) 712-September 2015 update, p.40.

② "From the Baltic Sea to the Danube Basin – A Macro-regional Strategy for the EU: Commissioner Samecki to Present New Type of EU Cooperation at Ministerial Conference (Stockholm)", European Commission, 2009-9-16, http://europa.eu/rapid/press-release_IP-09-1326_en.htm? locale=en>. 已完成及进行中的旗舰项目见:Annex to the Action Plan: ongoing and completed flagships.

③ Action Plan -Working document accompanying the Communication concerning the European Union Strategy for the Baltic Sea Region -SEC(2009) 712 -September 2015 update, p.8.

④ Christoph Schewe, Legal Aspects of the Baltic Sea Strategy -International Law in a European Macro -Region, *Baltic Yearbook of International Law*, Vol.10, 2010, p.191.

源污染的规定中以及联合综合项目的设置,其考虑的范围不仅限于海域还包括整个波罗的海流域;(3)欧盟框架下的活动,如《欧盟波罗的海区域战略》,因与区域经济政治一体化相结合而更具综合性。

在对具体污染源的控制方面,一般而言,区域路径更适合应对陆源污染,而船源污染由全球性法规予以规范,波罗的海的区域合作则对船源污染予以了特别的关注。这种现象根植于波罗的海不利的航行条件。从实质上而言,《赫尔辛基公约》及赫尔辛基委员会对船源污染的规定与建议仍仅是对全球性法规的补充,尤其是在全球性法规生效前保障其实施。[①] 另外,由于波罗的海的生态价值越来越受到重视,"以生态为基础的方法"在波罗的海环境合作中被提到了指导性原则的地位,在欧盟框架下,跨界性质的海洋空间规划已成为区域环境合作的新热点。

第三节　波罗的海的渔业资源养护和管理区域合作实践

波罗的海长久以来被认为是渔业资源贫乏的海域,但自 20 世纪 50 年代中期,随着渔业的发展、捕鱼技术的提升,波罗的海的渔获量有了相当大的提升,1955 年总渔获量约 40 万吨,至 1973 年已达到 88.6 万吨,养护和管理的需求也随之而来。[②]

波罗的海渔业资源养护和管理的区域合作也随着区域内国际关系的变化历经了两个阶段的发展。第一阶段始自 1974 年波罗的海渔业国际委员会依1973 年《波罗的海及贝尔特海峡捕鱼及生物资源养护公约》建立,该渔业区域管理组织的职权覆盖了区域内所有鱼类种群及其他海洋生物资源。除其他养护和管理措施外,波罗的海渔业国际委员会对波罗的海的主要商业鱼种鳕鱼、鲱鱼、西鲱及鲑鱼设立了总可捕捞量及配额制度。第二阶段始自欧盟 2004 年东扩,波罗的海的渔业资源养护和管理区域合作格局发生了彻底的变化。一

---

① Tullio Treves:《海洋环境保护的区域性方法》,载《弗吉尼亚大学海洋法论文三十年精选集》,傅崐成等译,厦门大学出版社 2010 年版,第 1005~1006 页。

② J. E. Carroz, The Management of Living Resources in the Baltic Sea and the Belts, *Ocean Development and International Law Journal*, Vol.4, No.3, 1977, pp.214-215.

方面,区域内欧盟成员国的渔业活动受欧盟共同渔业政策规制;另一方面,随着 2006 年欧盟与俄罗斯签订双边性质的渔业协定,波罗的海渔业国际委员会于 2007 年正式关闭。

一、波罗的海国际渔业委员会

波罗的海沿岸国在渔业资源养护和管理领域的合作始自 1962 年瑞典政府发起的《保护波罗的海鲑鱼数量协定》(*Agreement Concerning the Protection of the Salmon Population in the Baltic Sea*),该协定覆盖整个波罗的海,并设立了常设委员会,但未包括波罗的海全部沿海国,缔约国为丹麦、联邦德国、波兰及瑞典。[①] 如前文已提及的,两德关系正常化为波罗的海区域的功能性合作提供了契机,1973 年 5 月,波兰政府向波罗的海的其他沿海国提交了一份关于渔业资源养护的公约草案,1973 年 6 月在波兰的格丹斯与克索波特两地举行了专家会议审议该草案。[②] 1973 年 9 月波罗的海 7 个沿海国(丹麦、芬兰、民主德国、联邦德国、波兰、瑞典、苏联)在格但斯克签订了《波罗的海及贝尔特海峡捕鱼及生物资源养护公约》。1974 年 7 月公约生效后,波罗的海国际渔业委员会根据该公约第 5 条成立。《波罗的海及贝尔特海峡捕鱼及生物资源养护公约》之后于 1982 年及 1994 年经修订,其中 1982 年对成员标准的修订影响了波罗的海国际渔业委员会后来的存续问题。

(一)功能区域

1973 年《波罗的海及贝尔特海峡捕鱼及生物资源养护公约》第 2 条第 1 款规定的"公约区域"为"波罗的海与贝尔特海峡除内水外的全部水域,西部的界线为从 Hasenore Head 至 Gniben Point、从 Korshage 至 Spodsbierg 以及从 Gilbierg Head 至 Kullen 的连线"。第 2 条第 2 款规定,"本公约适用于公约区域内的所有鱼类资源和其他海洋生物资源"。《波罗的海及贝尔特海峡捕鱼及生物资源养护公约》签订于第三次联合国海洋法会议开幕之际,领海宽度及专属渔区或专属经济区的制定尚无定论。因此,该公约在排除适用于内水的同时,第 3 款规定了"权利保留":"本公约的任何内容都不应视为影响任何缔约国依据国际法关于领海界限及对渔业管辖权范围的权利、主张或观点。"

---

① 波兰与苏联在相当长时间内是波罗的海区域最大的两个捕鱼国。

② J. E. Carroz, The Management of Living Resources in the Baltic Sea and the Belts, *Ocean Development and International Law Journal*, Vol.4, No.3, 1977, p.217.

（二）成员标准

1973年《波罗的海及贝尔特海峡捕鱼及生物资源养护公约》第18条第2款规定，公约向任何有意维护及合理开发波罗的海生物资源的国家开放，只要该国受到缔约方的邀请。1982年的修订使得公约也向"成员国已将本公约规制事项的权限向其渡让的政府间经济一体化组织"开放。同时，第18条的附件中指出，基于丹麦及联邦德国的要求，缔约国向欧共体发出邀请，在公约对欧共体生效时，上述两国将依据第19条的规定退出公约。对该规定的实践此后得到了沿用，芬兰及瑞典也在1995年1月1日成为欧洲共同体成员时同样退出了公约。而在2004年东扩之后，欧盟及4个新成员国（爱沙尼亚、拉脱维亚、立陶宛和波兰）退出了公约，使得俄罗斯成为唯一的缔约方，无法履行其职能的波罗的海国际渔业委员会最终于2007年正式关闭。①

（三）宗旨与职能

《波罗的海及贝尔特海峡捕鱼及生物资源养护公约》的宗旨为保持并增加波罗的海及贝尔特海峡的生物资源，获得最适渔获量（optimum yield），特别是扩大和协同进行以此为目的的科学调查；在平等和公正的基础上制定和实施有关生物资源养护和增殖的组织及技术项目，以及采取合理而有效地利用生物资源的其他措施。② 为此，委员会的职责包括：（1）持续评估公约区域内的生物资源；（2）协调公约区域内的科学研究；（3）准备并向缔约方提交相应的养护和管理措施的建议。③ 为履行评估与科学研究方面的职能，《波罗的海及贝尔特海峡捕鱼及生物资源养护公约》规定委员会应利用由"缔约国官方机构"提供的信息，并应在适当的情况下寻求国际海洋考察理事会及其他国际技术及科学组织的服务。④

委员会制定的建议须经2/3多数表决通过，并在90天的反对期后生效。⑤ 委员会的建议有约束力，缔约国应对其公民及船只采取适当的措施确保建议得到适用，在缔约国的领海及有渔业管辖权的海域，委员会的建议通过

① "Commission Proposes Adoption of Bilateral Fisheries Agreement with Russia for the Baltic Sea", European Commission，2006-12-22，http://europa.eu/rapid/press-release_IP-06-1897_en.htm? locale＝en.

② 1973年《波罗的海及贝尔特海峡捕鱼及生物资源养护公约》第1条。

③ 1973年《波罗的海及贝尔特海峡捕鱼及生物资源养护公约》第9条第1款。

④ 1973年《波罗的海及贝尔特海峡捕鱼及生物资源养护公约》第9条第2款。

⑤ 1973年《波罗的海及贝尔特海峡捕鱼及生物资源养护公约》第8条第3款、第11条。

缔约国的国家机构予以执行。① 并且,为监督建议的执行,公约设立了报告制度,基于委员会的要求,缔约国应提供为执行委员会建议所采取的一切行动的信息。②

《波罗的海及贝尔特海峡捕鱼及生物资源养护公约》第 10 条规定了委员会可制定的养护和管理措施包括:"a)任何规制渔具、辅助装置及捕鱼方法的措施;b)任何规制留于船上或卸载上岸的、陈列或标价出售的鱼类规格的措施;c)任何设立禁渔期的措施;d)任何设立禁渔区的措施;e)任何改善及增加海洋生物资源的措施,包括对鱼类和其他生物体的人工繁殖和移植;f)依不同物种、种群、区域及捕鱼期制定总可捕捞量或渔获努力,包括缔约国有渔业管辖权的区域内的总可捕捞量;g)与海洋生物资源保护和合理利用相关的其他措施。"

(四)委员会制定的养护和管理措施

波罗的海国际渔业委员会于 1974 年制订了一组养护和管理措施,其中包括将公约区域划分为 11 个次区域、对渔获及渔获努力数据的详细要求、禁渔期、最小鱼类体积以及最小网眼等。③在委员会存续的 35 年里,如下养护和管理措施尤其值得关注。

1.总可捕捞量及配额制

1977 年,波罗的海国际渔业委员会率先对鲱鱼和西鲱建立总可捕鱼量及配额制度,但就鳕鱼和鲑鱼这两种更为重要的经济鱼种达成总可捕鱼量及配额极为困难。1988 年就鳕鱼总可捕量达成一致。1991 年才就鲑鱼在总可捕鱼量和配额上达成协议。波罗的海国际渔业委员会在 1970 年代中期建立总可捕捞量时,由于波罗的海仍有大面积公海,沿岸国几乎可以进入波罗的海所有渔场。随后,1982 年《联合国海洋法公约》的通过以及沿岸国开始主张专属渔区和专属经济区,使得配额须在新的法律框架下制订。在制订具体的配额时,主要考虑了历史渔获量、鱼类种群的空间分布,以及对捕鱼业依赖程度高的地区等因素。与渔业无关的因素没有被计入分配过程中。自 20 世纪 90 年代末,缔约方间的配额主要基于各国各种群(鳕鱼、鲱鱼、西鲱、鲑鱼)的固定百

---

① 1973 年《波罗的海及贝尔特海峡捕鱼及生物资源养护公约》第 11 条第 1 款、第 12 条。

② 1973 年《波罗的海及贝尔特海峡捕鱼及生物资源养护公约》第 12 条第 3 款。

③ J. E. Carroz, The Management of Living Resources in the Baltic Sea and the Belts, *Ocean Development and International Law Journal*, Vol.4, No.3, 1977, p.225.

分比。

波罗的海国际渔业委员会也是最早适用配额转让制度的区域渔业管理组织之一。考虑到缔约各方对某些鱼类和渔场的特别关注,配额转让和相互入渔成为常见的双边协定。值得注意的是,当缔约方间发生配额转让或相互入渔时,这些配额并非永久性转让(期限仅为一年),并且配额转让通常是以某些种群的配额交换委员会管辖下的另外种群,也有将配额用以交易发展补助金的例外情况。[①]

2.应对非法、未报告且未加管制捕捞问题

在联合国粮农组织《关于预防、制止和消除非法、未报告和未加管制捕捞的国际行动计划》的影响下,波罗的海国际渔业委员会 1994 年通过的《波罗的海国际渔业委员会管制与执法规则》(*IBSFC Fishery Rules on Control and Enforcement*)中包含了如下应对非法、未报告且未加管制捕捞的措施:(1)每月向委员会报告渔获量以及可捕捞量的利用率;(2)每月报告在其港口内其他缔约方的卸载量;(3)每年报告授权在波罗的海捕捞鳕鱼的船只数量及名称。此外,波罗的海渔业国际委员会还建立了交换检查员的联合检查计划(Joint Inspection Programmes)。[②]

3.生态方法捕鱼

联合国环境规划署 2001 年的一份报告将波罗的海国际渔业委员会奉为在渔业管理中适用生态方法的先驱。波罗的海国际渔业委员会与赫尔辛基委员会的合作始自 1992 年,而波罗的海国际渔业委员会“渔业可持续发展行动项目”(Action Program for Sustainable Development of the Fisheries)被报告誉为“区域海洋公约与区域渔业组织合作的领导性典范”。该行动项目对可持续渔业的定义融合了可持续渔业与可持续生态系统:“当适当的管理确保种群有高概率能够在合理的生态系统中长时间地自我修复,同时为所有属于捕鱼社群的人提供稳定的经济与社会条件时,就可实现可持续的、多产的渔业。”

波罗的海国际渔业委员会在渔业资源养护和管理中对生态系统的顾及包

①　Walter Ranke, Cooperative Fisheries Management Issues in the Baltic Sea, FAO, http://www.fao.org/docrep/006/y4652e/y4652e0a.htm ♯ bm10, last accessed: Mar. 31, 2020.

②　Judith Swan, *Summary Information on the Role of International Organizations or Arrangement and Other Bodies Concerned with the Conservation and Management Living Aquatic Resources*, FAO Fisheries Circular No.985, FAO, 2003, p.29.

括如下几个方面:(1)污染与鱼类种群的相互作用;(2)需要降低对鱼类种群有负面影响的污染;(3)富营养化的影响;(4)污染物的影响;(5)人类活动对鱼类种群的影响;(6)全球变暖;(7)渔业对生态系统的影响,需要保护物种及栖息地。

"渔业可持续发展行动项目"具体涉及许多与生态相关的措施,包括为主要渔业种群制订长期战略;①改善对海岸区域资源的管理;增进在管控及执法方面的合作;提高种群及渔业评估的质量。此外,关于生态过程的研究对行动计划十分重要,例如,在种群评估中,需要进一步研究渔业与生态系统中其他要素间的相互作用。为此,行动计划提出改善调查研究及生物取样,进一步研究鱼类与依附物种间的相互作用,以及捕鱼活动对生态系统的影响等。②

二、欧盟东扩之后波罗的海渔业资源养护和管理合作

首先,在波罗的海行动计划中,赫尔辛基委员会提出了以生态办法管理渔业活动的目标。为此,赫尔辛基委员会于 2008 年成立了波罗的海渔业与环境论坛,此后又于 2014 年成立了以生态系统为基础的可持续渔业工作组(Group on Ecosystem-based Sustainable Fisheries)。该工作组的职责包括:(1)为委员会履行《赫尔辛基公约》第 20 条提供建议;(2)为执行波罗的海行动计划、部长宣言及赫尔辛基委员会的建议提供支持。③

其次,如前文已论及的,欧盟 2004 年东扩对波罗的海渔业区域合作的影响更为直接,在波罗的海国际渔业委员会于 2007 年关闭之后,波罗的海的渔业区域养护和管理主要是在欧盟共同渔业政策框架下进行的。2009 年欧盟与俄罗斯签订了《波罗的海渔业合作及海洋生物资源养护协定》,旨在确保养护、可持续开发和管理波罗的海内的跨界种群,但该协定尚未生效。

---

① Salmon Action Plan 1997 - 2010 to restore the wild salmon stocks in the Baltic Sea region (February 1997); Long Term Management Strategy for the cod stocks in the Baltic Sea (September 1999); Long Term Management Strategy for the sprat stock in the Baltic Sea (September 2000); Cod Recovery Plan (September 2001).

② UNEP, *Ecosystem-based Management of Fisheries: Opportunities and Challenges for Coordination between Marine Regional Fishery Bodies and Regional Seas Conventions*, UNEP Regional Seas Reports and Studies No.175, UNEP, 2001, pp.20-21.

③ Terms of Reference of Fish group as approved by HELCOM Heads of Delegation in September 2014 (HOD 46-2014).

（一）欧盟共同渔业政策

如在第一章所论及的,第三次联合国海洋法会议上的"区域专属经济区"设想是以区域合作应对沿海国扩大管辖海域所造成的地理条件不平衡与资源分配问题的理想途径。欧盟的共同渔业政策在一定程度上实现了这一设想:基于该政策,欧盟成员国获得了开发共同体水域内海洋生物资源的公平机会。同时,该政策要求成员国采取一致的养护和管理措施,这一点在波罗的海这样的半闭海内尤为重要。

1.共同渔业政策的框架

欧盟法的基本原则是共同体仅有权在成员国通过《建立欧共体条约》(*Treaty Establishing the European Community*)向其渡让的职权范围内制定共同政策及立法。共同渔业政策与共同农业政策的法律基础相同,即《建立欧共体条约》的第 32 条至第 38 条。① 共同渔业政策通过欧盟的次级立法(条例、决定及指令)逐步成形,概括而言,共同渔业政策由如下四个支柱构成:结构政策(1970 年)、共同市场组织(1970 年)、与第三方国家的渔业协议(1976年)以及资源保护及管理政策(1983 年)。②

欧共体 6 个创始国于 1970 年制定的两个条例(Council Regulation No. 2141/70,No.2142/70)奠定了共同渔业政策最重要的基本原则,即在共同体水域的平等入渔(equal access),此外,还规定了渔业结构政策和水产品营销的共同市场。结构政策旨在通过给予经济支援对欧盟成员国渔船进行改造及现代化,以限制其过度捕捞能力。共同市场组织大体上沿用了共同农业政策规定的原则,旨在为鱼类产品成立一个共同市场,以稳定渔业产品的价格。

1976 年,为应对沿海国扩大管辖海域的挑战,在欧洲委员会的提议下,欧洲理事会通过了"海牙决议",同意欧共体成员国在北海与北大西洋沿海的渔区扩展至 200 海里,并赋予欧共体(而非各个成员国)与第三方国家就渔业问题进行谈判的职权,包括传统上成员国船只在其沿海捕鱼的第三方国家,以及传统上在欧共体成员国沿海捕鱼的第三方国家。

在经过长时间对配额与入渔问题的讨论之后,1983 年的三个条例为共同

---

① Cf. Robin Churchill and Daniel Owen, *The EC Common Fisheries Policy*, Oxford University Press, 2010, p.4.

② Eugénia da Conceição-Heldt, *The Common Fisheries Policy in the European U-nion: A Study in Integrative and Distributive Bargaining*, Routledge, 2004, pp.17-19.

渔业政策的最后一个支柱渔业资源保护和管理奠定了基础。[①] 其中最为关键的是第 170/83 号条例。首先,该条例提出了管理体系的目标,即"确保渔场保护,海洋生物资源养护,以及在持续的基础上和适当的经济社会条件下对海洋生物资源的平衡开发"。其次,确立了总可捕捞量和配额制度。渔业资源的分配主要基于平等入渔和相对稳定(relative stability)的配额分配原则。配额的分配基于三大核心因素:历史捕获量、基于"关键需求"的特殊可捕量,以及对引入专属经济区域后对管辖权损失的补偿。此外,该条例还要求理事会应采取"技术性养护措施",如设定休渔期及休渔区域以保护产卵及未成熟鱼群,限制最小体积以及限制捕鱼装置等。[②]

2.共同渔业政策下的波罗的海渔业资源养护和管理

共同渔业政策下的资源保护及管理政策最初只适用于北海及东北大西洋,在 20 世纪 80 年代开始扩展其适用的地理范围,1986 年一组技术养护措施适用于波罗的海。芬兰与瑞典加入欧盟之后,欧盟开始为波罗的海设立总可捕捞量与配额。如丘吉尔(Robin Churchill)与欧文(Daniel Owen)所言,4 个波罗的海国家加入欧盟意味着就渔业而言波罗的海已几乎全部是共同体水域。[③]

2002 年,欧盟对共同渔业政策进行了第二次重大修订主要涉及以下几个方面:①设立长期渔业管理机制,保证水域中不同种类鱼龄结构合理,促进鱼类资源养护,并开始实施多年期渔业资源恢复和管理计划;②实行新的渔船政策,根据成员国的捕捞能力和捕获量减少渔船数目,鼓励减船、拆船和赎买渔权;③加强各成员国渔业部门合作,加大执法检查力度,更好地贯彻渔业管理条例;④建立区域咨询委员会,使渔民、渔业相关企业和其他利益相关方能够更好地参与渔业政策的制定。[④] 这次修订对波罗的海的渔业管理有重要的影响,突出表现为 2006 年设立的波罗的海咨询理事会(Baltic Sea Advisory Council)以及 2007 年为波罗的海鳕鱼制订的多年期养护计划。

---

① Council Regulation No.170 /83, Council Regulation No.171 /83, Council Regulation No.2908 /83.

② Robin Churchill and Daniel Owen, *The EC Common Fisheries Policy*, Oxford University Press, 2010, pp.6-11.

③ Robin Churchill and Daniel Owen, *The EC Common Fisheries Policy*, Oxford University Press, 2010, p.23.

④ 阮雯等:《欧盟共同渔业政策发展历程及最新改革浅析》,载《渔业信息与战略》2014 年第 3 期。

（1）波罗的海咨询理事会

2006 年设立的波罗的海咨询理事会正是应共同渔业政策 2002 年的改革而设立的，以便渔业部门的利益相关方参与欧盟的渔业管理。波罗的海咨询理事会的主要目标是为波罗的海的渔业管理提供建议，确保欧盟共同渔业政策的成功实施。波罗的海咨询理事会由渔业部门以及其他受共同渔业政策影响的利益集团的代表组成。渔业部门包括渔业协会、生产方组织、加工方、市场组织。其他利益集团包括环境领域的非政府组织、消费者、妇女网络（women's networks）、休闲与体育渔民以及捕鱼为生的渔民。[1]

波罗的海咨询理事会可以以信函的形式就包括总可捕捞量在内的渔业管理问题向欧盟委员会提出建议，欧盟委员会以及相关的成员国应在 2 个月内予以回复。此外，波罗的海咨询理事会也承担研究项目。2013 年 1 月至 2014 年 4 月，波罗的海咨询理事会在欧盟波罗的海区域战略海事安全与安保优先领域框架下开展了题为"为制订降低渔业事故数量计划奠定基础"（To Lay the Groundwork to Develop a Plan to Reduce the Number of Accidents in Fisheries）的旗舰项目，通过调研各国的实践形成了建议性的报告。[2]

（2）波罗的海鳕鱼多年期计划

共同渔业政策框架性下针对各重要鱼类种群的多年期计划，大都包括如下要素：总可捕捞量或最大可持续捕捞量，实现这一目标的期限，相应的技术性养护措施，履行卸载义务（landing obligation）的措施，以及定期回顾计划的执行。[3]

2007 年 9 月欧盟理事会通过了第 1098/2007 号决议《为波罗的海鳕鱼种群以及这些种群的渔业开发建立多年期计划》。[4] 计划序言部分指出，计划的宗旨是落实渔业管理的生态办法，波罗的海东部的鳕鱼种群必须重新达到安全水平，为此，适当的办法是通过制订总可捕捞量逐步降低渔获努力。第 4 条提出的具体目标是通过逐渐降低或维持东波罗的海 3 岁至 6 岁龄的鳕鱼死亡

① "About the Baltic Sea AC", Baltic Sea Advisory Council，http://www.bsac.dk/ BSAC/About-the-BSAC, last accessed: Mar.31, 2020.

② 建议的重点在于加强教育与培训。EU Strategy for the Baltic Sea Region Flagship Project, "To lay the groundwork for developing a plan to reduce the number of accidents in fisheries", Baltic Sea Advisory Council Secretariat, April 2014.

③ "Multi-annual plans", European Commission http://ec.europa.eu/fisheries/cfp/fishing _rules/multi_annual_plans/index_en.htm, last accessed: Mar.31, 2020.

④ COUNCIL REGULATION (EC) No. 1098/2007 establishing a multiannual plan for the cod stocks in the Baltic Sea and the fisheries exploiting those stocks.

率不低于 0.6,4 岁至 7 岁龄的鳕鱼死亡率不低于 0.3,以确保可持续开发。为此,第 5 条要求每年在科学评估的基础上制订总可捕捞量。

在具体的技术性养护措施方面,计划的适用对象为"总长度等于或大于 8 米的在波罗的海的共同体渔船,以及位于波罗的海沿岸的成员国"。为限制渔获努力,计划设置了对渔具的限制(第 8 条),限制捕鱼区域(第 9 条)。关于监督、检查与监视(monitoring, inspection and surveillance)的规定占据了计划的大部分篇幅,具体包括:渔船有保留详细航海日志(第 11 条)、提交渔获及渔获努力数据的义务(第 12 条至第 13 条)、进入港口前事先通知港口国(第 17 条)的义务,以及原则上禁止转运及转载鳕鱼(第 21 条);船旗国须对捕捞鳕鱼特别授权(第 10 条),采取特别措施监督渔船进出特定区域(第 16 条);港口国须指定卸载鳕鱼的港口并进行检查(第 18 条,附件 I 第 4 条);此外,计划还要求相关成员国采取联合检查与监视项目(第 23 条),并制订相应的国家监控行动项目(第 24 条,附件 II)。

计划对后续活动作出了规定,要求欧盟委员会在渔业科学、技术及经济委员会(Scientific, Technical and Economic Committee for Fisheries)以及波罗的海咨询委员会的建议基础上评估相关鱼类种群的状况及计划的执行情况。并在渔业科学、技术及经济委员会的建议基础上修订最低死亡率(minimum fishing mortality rate)。

(二)欧盟与俄罗斯的双边合作

欧盟与俄罗斯于 2009 年签订了《欧盟委员会与俄罗斯联邦政府间关于波罗的海渔业及海洋生物资源养护合作协定》(*Agreement between the European Community and the Government of the Russian Federation on Cooperation in Fisheries and the Conservation of the Living Marine Resources in the Baltic Sea*)。如协定序言中所指出的,在欧盟东扩之后,欧盟与俄罗斯有必要就波罗的海的海洋生物资源,尤其是双方专属经济区间的跨界种群达成新的合作框架,以代替 1973 年《波罗的海及贝尔特海峡捕鱼及生物资源养护公约》。

协定的功能区域在地理范围上与 1973 年《波罗的海及贝尔特海峡捕鱼及生物资源养护公约》一致,覆盖了波罗的海与贝尔特海峡,在法律地位上排除了内水。① 协定的宗旨是"确保在公平与互惠的基础上确保养护、可持续开发和管理波罗的海任何跨界性的附属或独立种群"(第4条)。为此,双方的合作应基于可获得的最佳科学建议并适用预警原则及生态系统为基础的渔业管理方法。协定第12条特别规定双方应寻求国际海洋考察理事会提供科学建议,并在国际海洋考察理事会框架内合作展开相关的科学研究。协定第14条规定将设立波罗的海渔业联合委员会(Joint Baltic Sea Fisheries Committee)。联合委员会的职责包括调查跨界种群及其开发状况、监督协定的执行、确保必要的联络、作为解决争端的平台,以及向缔约方提供养护和管理的建议。

在管理措施方面,协定将之分为联合管理措施与自主管理措施两个部分。联合管理措施部分首先规定,双方可基于互惠原则允许对方的渔船在其位于波罗的海的专属经济区内捕鱼,并且双方可交易配额;②其次,双方应通过波罗的海渔业联合委员会共同采取如下管理措施:(1)对跨界种群建立总可捕捞量与配额制度,配额的分配应基于捕鱼机会(fishing possibilities)的历史分布,并考虑国际海洋考察理事会的建议;(2)为跨界种群建立长期养护计划;(3)限制渔获努力;(4)制订技术性养护措施。③ 自主管理措施即双方为各自专属经济区及领海制订的养护和管理措施,这些措施应基于客观且科学的标准,并且应是非歧视性的,④具体可包括:(1)对非跨界种群建立总可捕捞量及长期管理计划;(2)在联合委员会的建议不能得到双方同意的情况下,各方可自主制订管理措施以确保达成协定的宗旨;(3)除联合委员会的建议外,各方可自主制订必要的管理措施以实现协定的宗旨。协定中形成对自主管理措施的规定,意在确保双方在各自管辖水域内的渔业资源养护和管理措施以协定

① *Agreement between the European Community and the Government of the Russian Federation on Cooperation in Fisheries and the Conservation of the Living Marine Resources in the Baltic Sea*, Article 2.

② *Agreement between the European Community and the Government of the Russian Federation on Cooperation in Fisheries and the Conservation of the Living Marine Resources in the Baltic Sea*, Article 5(1)-(2).

③ *Agreement between the European Community and the Government of the Russian Federation on Cooperation in Fisheries and the Conservation of the Living Marine Resources in the Baltic Sea*, Article 5(3).

④ *Agreement between the European Community and the Government of the Russian Federation on Cooperation in Fisheries and the Conservation of the Living Marine Resources in the Baltic Sea*, Article 6(5).

所确定的共同目标、客观的科学标准以及非歧视性为限,从而谋求养护和管理措施的"协调"或者说"互不抵触"。

在确保养护和管理措施得到执行方面,协定第 8 条首先规定双方有义务确保其渔船遵守对方为专属经济区内开发渔业资源制定的规则与规范。其次,第 9 条规定,"缔约方应在波罗的海的管制与执法上进行合作",建立交流管制与执法策略的计划。最后,第 10 条规定,双方同意在对方专属经济区内的渔船接受对方主管部门的检查。依据第 11 条,在对对方渔船进行逮捕及扣留的情况下,主管部门应及时通知对方,并对船只进行快速释放。

三、波罗的海渔业资源养护和管理合作的特点

历经两个阶段的发展,波罗的海渔业资源养护和管理合作虽然在形式上从区域性质转变为双边性质,但是从 1973 年《波罗的海及贝尔特海峡捕鱼及生物资源养护公约》与 2009 年《欧盟委员会与俄罗斯联邦政府间关于波罗的海渔业及海洋生物资源养护合作协定》的功能区域可以看到,合作始终以半闭海为基础。

波罗的海渔业资源养护和管理合作实践的特点可从波罗的海是一个不存在公海的半闭海的角度予以归纳。首先,在功能区域(即半闭海区域)不存在公海的情况下,半闭海沿岸国仍存在"协调海洋生物资源的管理、养护、勘探和开发"的需求,而为此建立的"适当区域组织"即先后成立的波罗的海国际渔业委员会与波罗的海渔业联合委员会在职能类型上均为区域渔业管理组织。①其次,围绕渔业资源管理与养护,波罗的海区域的区域渔业组织、海洋科学研究组织(国际海洋考察理事会)以及海洋环境保护机制(赫尔辛基委员会)之间合作密切。合作需求既源自为落实生态捕鱼方法而重视鱼类种群评估以及探究渔业资源与生态系统间的关联,也源自波罗的海的"自然特征"。再次,在具体养护和管理措施方面,波罗的海渔业国际委员会时期就主要的商业种群制定了总可捕捞量及配额制度,在功能区域不存在公海的情况下,具体配额的制定尤其考虑了鱼类种群的空间分布。最后,《欧盟委员会与俄罗斯联邦政府间关于波罗的海渔业及海洋生物资源养护合作协定》中的联合措施与自主措施之间的关系值得关注。《联合国海洋法公约》第 63 条第 1 款规定:"如果同一种群或有关的鱼种的几个种群出现在两个或两个以上沿海国的专属经济区

---

① 波罗的海国际渔业委员会于 1974 年成立时,波罗的海仍存有公海,在沿岸国先后主张专属渔区与专属经济区之后,其职能类型未受影响。

内,这些国家应直接或通过适当的分区域或区域组织,设法就必要措施达成协议,以便在不妨害本部分其他规定的情形下,协调并确保这些种群的养护和发展。""协调"是本条的关键词,同样,《联合国海洋法公约》第 123 条(a)项也以"协调"为合作方式。欧盟与俄罗斯的双边协定采取了两个层面的措施以求实现"协调":一是在波罗的海渔业联合委员会框架内达成并实施联合措施;二是确保彼此自主措施符合共同目标、基于科学标准以及不在"事实或法律上"歧视另一方。

第五章　比较与经验

　　第三章与第四章分别以 1982 年《联合国海洋法公约》第 123 条为框架论述了地中海与波罗的海这两个半闭海的海洋区域合作实践。这两个区域的合作普遍被认为是成功的,并且有着成为典范供其他区域效仿的自觉。本章作为上述两章的小结,一方面将对这两个半闭海区域合作实践进行比较,分析两个区域在海洋环境与渔业资源养护和管理领域区域合作实践的异同,另一方面将总结其中对中国周边海域区域合作的展开富有启示的经验。中国周边海域——黄海、东海以及南海——都是典型的半闭海,本书最后一章还将以此为出发点,思考我国的海洋政策。

　　如在第一章论及的,半闭海在地理条件上的特殊性是《公约》设立闭海或半闭海条款的原因之一。地中海与波罗的海都因海域的封闭程度高而面临着易受污染的问题,又因面积相对狭窄存在着合作养护和管理海洋渔业资源的需求,此外还面临着由于各种海洋使用密集带来的其他问题。这两个区域也存在着明显的差异:一是地中海的面积更大、海岸线更长,也有着更多的沿海国;二是地中海的沿海国之间存在着明显的南北差异,而波罗的海沿海国的发展水平较为平均;三是地中海因沿岸国未充分主张国家管辖海域,长时间内留有公海,而波罗的海内已不存在公海。这些差异进而影响了两个区域在海洋环境保护与渔业资源养护和管理方面区域合作实践的构建与发展。

第一节　地中海与波罗的海区域合作实践的比较

一、海洋环境保护区域合作方面

(一)发展历程的比较

　　在对地中海与波罗的海海洋区域合作实践发展历程的比较中,一个视角是《联合国海洋法公约》第 123 条(d)项的规定,即在何种"适当情形下","邀请其他有关国家或国际组织与其合作以推进本条约的规定"。在地中海与波罗

的海的实践中参与的国际组织众多,有联合国环境规划署及联合国粮农组织
这样的联合国专门机构,有国际海洋学委员会、国际海洋考察理事会等众多科
学研究组织,有欧洲开发银行、世界银行等国际金融机构,有世界自然基金会
等以环境问题为宗旨的非政府组织,还有欧盟这样特殊的区域一体化组织。
在对两个半闭海区域合作发展历程的比较中,我们可以看到共同点在于海洋
科学研究组织在区域合作的建立阶段起到了揭示半闭海内共同问题进而促进
区域内合作共识的作用。两者的差异显然在于联合国环境规划署之于地中海
行动计划的始创性作用。联合国环境规划署为地中海行动计划提供了行政与
财政支持,这些支持对于地中海区域内的发展中国家尤为重要。此外,联合国
环境规划署更发挥了“建构区域”的作用,如在第三章中论及的,地中海沿海国
之间存在巨大的经济政治及社会差异,许多邻国之间还存在着包括领土争端
在内的长期矛盾,联合国环境规划署为这些国家提供了就海洋环境问题共同
磋商与行动的稳定平台。与之相对,波罗的海在海洋环境保护领域的区域合
作在起始阶段主要靠区域内北欧国家的推动,在发展上直接受区域内国家间
关系走势的影响:在区域合作的建立阶段曾一度因冷战背景下两德关系而陷
入僵局,随着冷战结束以及欧盟的发展与东扩,欧盟在制定共同环境政策与调
配金融与财政支持方面发挥了越来越重要的作用。

　　在“邀请其他有关国家”与其合作的“适当情形”方面,两个半闭海区域的
实践有相似之处。首先,《公约》将区域合作主体表述为“沿岸国”(第 123 条)、
“各国”(第 197 条、第 276 条),因此特定海域内所有沿海国均是参与区域合作
的法定主体。在两个半闭海海洋环境保护区域合作的起始阶段,均以确保半
闭海所有沿岸国参与合作为限,没有沿岸国以外的国家参与,特别是地中海沿
海国一致反对域外大国涉足。但随着针对陆源污染的合作需求展至沿岸国之
外,两者均将功能区域扩展至“流域”。相比之下,波罗的海流域国家的参与更
为深入。在地中海行动计划下,虽然 1996 年对《陆源议定书》的修订将“议定
书区域”扩大至地中海流域,但是对流域的定义局限于“缔约方领土内汇入地
中海区域的整个分水岭区域”。而由于波罗的海流域的特殊性,即流域范围大
且海水主要来自陆上河流,波罗的海区域的沿岸国在治理陆源污染方面着重
“邀请”流域内非沿海国的参与合作。1992 年《赫尔辛基公约》明确规定对陆
源污染的控制扩展至波罗的海流域,1992 年联合综合环境行动项目邀请了白
俄罗斯、捷克、挪威、斯洛伐克以及乌克兰这些位于波罗的海流域的非沿海国
参与。

　　另外一个比较两者发展的视角是第二章中所提出的“海洋区域主义”中全

球性法规与具体区域合作机制之间的互动。在此视角下，两个半闭海的海洋环境保护区域合作受全球性法规的推动效果明显。首先，巴塞罗那公约体系与《赫尔辛基公约》都在 20 世纪 90 年代初进行了修订，吸纳了《21 世纪议程》的相关规定，包括预警原则，采用可获得的最佳环境、最佳环境实践等原则。因此，1976 年《巴塞罗那公约》与 1974 年《赫尔辛基公约》也被称为第一代公约，而经修订的 1995 年《巴塞罗那公约》与 1992 年《赫尔辛基公约》被称为第二代公约。① 但在具体的执行重点上，两个区域呈现出差异。由于地中海沿海国存在着明显的南北差异，可持续发展尤其是海岸区域综合管理成为地中海行动计划第二个阶段的重点。波罗的海区域则由于其生态系统的特殊性，重点在于落实以生态为基础的路径。由此也形成了合作机制发展上的差异：在地中海行动计划的第二个阶段可持续发展成为重点，以 2008 年《地中海海岸区域综合管理议定书》为代表，合作领域向海岸与海洋资源开发利用问题扩展，但海洋生物资源养护和管理、海洋环境保护的区域合作仍因循功能路径，由两套分立的法律框架与合作机制承担；而波罗的海的海洋区域合作呈现出更多的综合性路径，波罗的海国际渔业委员会与赫尔辛基委员会先后力求将海洋环境保护与渔业资源养护相互整合。其次，其他全球性公约也影响了针对相应问题的区域合作。在地中海，这种影响主要表现为全球性公约影响了新议定书的拟定。例如，1989 年《控制危险废料越境转移及其处置巴塞尔公约》对《防止地中海区域受有害废物越境转移及处理导致污染议定书》的影响，1992 年《生物多样性公约》对 1995 年《地中海特别保护区和生物多样性议定书》的影响。在波罗的海区域，这种直接的影响集中于船源污染问题，表现为要求缔约国在一定期限内批准并履行全球性公约，如 2007 年"波罗的海行动计划"要求《赫尔辛基公约》缔约方应在 2010 年之前《国际防止船舶造成污染公约》附件六。

　　（二）巴塞罗那公约体系与《赫尔辛基公约》的比较

　　在对地中海与波罗的海两个半闭海海洋环境保护区域合作的法律框架（即《巴塞罗那公约》及相关议定书与《赫尔辛基公约》）的比较中，汉语学界首

---

　　① 　Tullio Treves：《海洋环境保护的区域性方法》，载《弗吉尼亚大学海洋法论文三十年精选集》，傅崐成等译，厦门大学出版社 2010 年版，第 1008～1010 页。

要关注的是不同的立法模式。① 巴塞罗那公约体系呈现出框架性公约加议定书的模式,而《赫尔辛基公约》为综合性模式,在一份公约中对各种污染源进行了规定。框架性公约的灵活性尤其受到赞誉:在不修改框架性公约的情况下可增补针对具体问题的议定书。巴塞罗那公约体系在对污染问题排列优先性方面具有优势,尤其适合沿岸国呈现出显著差异的区域。但《赫尔辛基公约》并非就丧失了灵活性:一方面,针对各种污染源的具体措施与技术标准由公约的附件规定,附件的修行程序较为简便;另一方面,在国际环境法领域,软法同样重要,② 赫尔辛基委员会框架下的部长级宣言以及赫尔辛基委员会的建议也具有相当强的约束力。

除立法模式外,巴塞罗那公约体系与《赫尔辛基公约》作为区域合作的基本文件具有建立合作机制的职能,参照第二章中指出的"机制设计"框架,两者的比较如下:

(1)都规定了明确的功能区域。半闭海本身是相对明确的地理区域,《巴塞罗那公约》与《赫尔辛基公约》对功能区域的界定都首先明确覆盖地中海与波罗的海"本身"。在水域的法律地位问题上,在第一代公约中都仅排出了适用于缔约方内水,所不同的是,1976 年《巴塞罗那公约》第 1 条第 2 款明确规定议定书可以规定例外情况。因此,巴塞罗那公约体系下的一些议定书在功能区域有所突破,如 1980 年《陆源议定书》就将"议定书区域"扩展至缔约方内水。在第二代公约中适用范围都有扩大。一方面,1995 年《巴塞罗那公约》与 1992 年《赫尔辛基公约》都将适用范围扩大到了缔约方内水,基线向陆方向的内水界限由缔约方指定。另一方面,在对陆源污染的规定中,1992 年《赫尔辛基公约》与 1996 年对《陆源议定书》的修订都引入了"流域"概念。在地中海实践中较为独特的是,1995 年《特别保护区和生物多样性议定书》以及 2008 年《海岸区域综合管理议定书》反映出海洋环境保护合作向公海和海岸区域扩展的趋势。

(2)在制度安排上存在差异。类似于立法模式上的差异,《赫尔辛基公约》的制度安排呈现出综合性,而巴塞罗那公约体系的制度安排呈现出分散性。

---

① 　姚莹:《东北亚区域海洋环境合作路径选择——"地中海模式"之证成》,载《当代法学》2010 年第 5 期;张相君:《区域合作保护海洋环境法律制度研究》,载《中国海洋大学学报(社会科学版)》2011 年第 4 期;朱建庚:《区域海洋环境保护的模式探析》,载《海洋开发与管理》2013 年第 3 期。

② 　[英]帕特莎・波尼、埃伦・波义尔:《国际法与环境》,那力等译,高等教育出版社2007 年第 2 版,第 21～22 页。

地中海区域合作中的相关常设机构在地中海行动计划的框架下组建，《巴塞罗那公约》只对缔约方的定期会议进行了规定。地中海行动计划协调机构起到行政组织的作用，各区域活动中心才是制度安排的核心，具体协助长期项目及相关议定书的执行。相应的，各个协定书与合作项目规定了区域活动中心的职能。赫尔辛基委员会职权更具综合性，除监督公约的执行并推进在科学研究领域的合作外，尤其重要的具有就各类污染源的防治制定"建议"的职能。

（3）在财政支持上存在差异。两个区域合作机制的成员国均分别依据《巴塞罗那公约》与《赫尔辛基公约》中的财务条款制定了《财务规则》，又依据该内部规章设立了接纳成员国纳款与其他捐助的信托基金。两个区域在财政支持上的差异则在于成员国份额的分配。首先，联合国环境规划署在地中海行动起始阶段提供了资金支持，这是波罗的海区域所不具备的。其次，地中海沿海国之间的南北差异决定了缔约方承担的款项差距很大，区域内的发达国家法国、意大利和西班牙长期承担了80％左右的份额。而赫尔辛基委员会的财政预算由缔约方平均承担。两个区域的具体项目与措施都获得国际金融组织的支持，波罗的海区域的特殊性是在2007年"波罗的海行动计划"的执行过程中成立了专门性质的"波罗的海行动计划基金"，其中欧盟框架内的资金支持发挥了关键作用。

（4）遵约制度的异同。首先，报告制度在两个区域的实践中都起到了至关重要的作用。其次，两个区域的特殊实践分别在于：巴塞罗那公约缔约方会议下设的遵约委员会着重为应对未遵约行动制订了方案；而波罗的海区域则由于9个沿海国中8个为欧盟国家，欧洲法院为确保《赫尔辛基公约》框架下的义务得到执行提供了特殊的司法途径。

二、渔业资源养护和管理区域合作方面

（一）发展历程的比较

地中海与波罗的海在渔业资源养护和管理方面区域合作的发展历程与两个半闭海区域的海洋环境保护方面呈现出类似的特征。首先，国际科学研究组织对区域内渔业资源的调查与评估为区域合作的开展提供了奠基性的作用。其次，国际组织在地中海渔业资源养护和管理区域合作的起始阶段起到了更重要的作用。地中海渔业总理事会由联合国粮农组织建立，至1997年对《建立地中海渔业总理事会协定》的修订，地中海渔业总委员会才与粮农组织在财政上脱钩。这次修订也使得地中海渔业总委员会从咨询建议性质转向具备制定养护规则和管理措施的职能。与此相对，波罗的海国际渔业委员会由

区域内的渔业大国波兰推动建立,而随着欧盟东扩,波罗的海的渔业区域管理的格局发生了变革,比海洋环境领域更深入地嵌入了欧盟的一体化进程。除欧盟共同渔业政策在波罗的海的适用之外,在波罗的海国际渔业委员会关闭之后,波罗的海的渔业资源养护和管理区域合作已转化为欧盟与俄罗斯之间就跨界种群的双边合作。

在邀请"其他国家与国际组织"参与合作方面,地中海与波罗的海的渔业资源养护和管理区域合作实践各有特点。由于地中海海域面积更大,海洋生物资源更丰富,并且区域内仍留有公海,因此地中海渔业资源的区域养护和管理需要远洋捕鱼国的参与。地中海渔业总委员会的成员资格更开放,2014 年经修订的《建立地中海渔业总委员会协定》第 4 条明确规定接纳在区域内进行或有意进行捕鱼活动的国家。此外,地中海渔业总委员会与大西洋金枪鱼养护国际委员会之间的合作也是该区域养护和管理高度洄游鱼类种群的特点。在波罗的海实践中,法定地邀请其他海洋科学组织参与合作是其突出的特点。1973 年《波罗的海及贝尔特海峡捕鱼及生物资源养护公约》第 9 条第 2 款规定,波罗的海国际渔业委员会为履行其评估与科学研究职能可寻求国际海洋考察理事会及其他国际技术及科学组织的服务。在波罗的海国际渔业委员会关闭之后,2009 年欧盟与俄罗斯签订的《欧盟委员会与俄罗斯联邦政府间关于波罗的海渔业及海洋生物资源养护合作协定》延续了这一实践,第 12 条规定双方应寻求国际海洋考察理事会提供科学建议,并在国际海洋考察理事会框架内合作展开相关的科学研究。

(二)养护和管理措施上的比较

如在第二章中所论及的,由于地中海渔业总委员会是在联合国粮农组织框架下建立的,因此与联合国粮农组织有着更密切的联系,一方面表现为享有联合国粮农组织在渔业相关科学研究与评估上的支持,另一方面则表现为执行联合国粮农组织框架下制定的硬法与软法,如地中海渔业总委员会对 2009 年《港口国措施协定》的执行。而相对的,由于波罗的海的绝大部分水域已成为欧盟的"共同体水域",因此,波罗的海的渔业管理当前主要是在欧盟共同渔业政策下进行的。通过比较地中海渔业总委员会制订的养护和管理措施以及波罗的海区域两个阶段一贯适用的养护和管理措施可以进一步发现:区域合作机制的原则与宗旨以及半闭海的"自然特征"共同决定了两个区域在渔业资源养护和管理的侧重点与具体措施。

1.区域性养护和管理措施的侧重点不同。两个半闭海区域都在区域层面适用了包括限制捕鱼方式、渔具、限制渔获卸载地、规定禁渔期、限制捕鱼区等技术性措施。但两个半闭海区域性措施的侧重点不同，在地中海区域，受联合国粮农组织的直接影响，应对非法、未报告且未加管制捕捞问题的港口国措施是区域措施的重点。而在波罗的海区域，由于重视以生态为基础的综合路径的，对通过包括长期养护计划在内的方式落实渔业管理的生态办法先后成为波罗的海国际渔业委员会、赫尔辛基委员会、欧盟框架内以及欧盟及俄罗斯双边协定的重点。

2.在适用总可捕捞量与配额制以及非船旗国海上执法上存在差异。自波罗的海渔业国际委员会时期起，波罗的海区域就对主要的商业种群适用了总可捕捞量及配额制度，《欧盟委员会与俄罗斯联邦政府间关于波罗的海渔业及海洋生物资源养护合作协定》第 10 条至第 11 条还设立了非船旗国海上执法制度。地中海区域未适用这两项制度的原因正在于半闭海的"自然特征"。当半闭海内留存有公海时，依据《鱼类种群协定》第 8 条第 5 款的规定，沿岸国与捕鱼国应建立区域渔业管理组织。但依据"有关闭海或半闭海的自然特征"，半闭海内区域渔业管理组织在制订养护和管理措施以及采取的执法措施上具备了一定程度的自主权。由于地中海鱼类种群的巨大差异，地中海渔业总委员会未采取 1995 年《鱼类种群协定》第 10 条(b)项提及的总可捕捞量与配额制度，又由于地中海渔业主要为近岸小规模捕鱼且区域内存在着许多海域管辖权争端，地中海渔业总委员会也未适用《鱼类种群协定》第 21 条有明确规定的海上非船旗国执法制度。地中海渔业资源养护和管理实践中对"自然特征"的考虑还表现在对"次区域路径"的强调。如 2014 年经修订的《建立地中海渔业总委员会协定》第 5 条(e)项所指出的，次区域路径旨在"更好地应对地中海及黑海的特殊性"。

第二节　地中海与波罗的海区域合作实践的经验

中国周边海域黄海—东海、南海均是典型的半闭海，既符合地理上的定义，也符合 1982 年《联合国海洋法公约》第 122 条的定义。在南海、东海已有一些渔业资源养护管理、海洋环境保护方面的区域合作实践，但相对于其他区域的合作以及《21 世纪议程》与《鱼类种群协定》的目标而言发展滞后。从地中海与波罗的海的区域合作实践中，如下经验尤其具有启示意义：

1.以半闭海"本身"为功能区域。如前文已分别阐明的，地中海与波罗的海的区域性海洋合作机制的基本文件，即《巴塞罗那公约》第 1 条、《赫尔辛基公约》第 1 条、《建立地中海渔业总委员会协定》第 3 条、《波罗的海及贝尔特海峡捕鱼及生物资源养护公约》第 2 条、《欧盟委员会与俄罗斯联邦政府间关于波罗的海渔业及海洋生物资源养护合作协定》第 2 条,均明确地以这两个半闭海"本身"或"全部"为功能区域。以此方式规定功能区域,首先有利于区域性问题的查明。从《公约》的起草史可以看到,"闭海或半闭海"的法律定义以地理上的半闭海为基础,这是因为半闭海的特殊性很大程度上产生自其自然特征,在地理与生态条件上是一个相对明确的区域。以半闭海"本身"或"全部"为功能区域,也就将合作建立在半闭海的自然特征之上,建立在由自然特征催生的合作需求之上。《巴塞罗那公约》与《赫尔辛基公约》的序言部分均强调了由地理特征带来的合作需求。另外,对半闭海区域合作中"半闭海"与"共同问题"之间关联的一个特殊的反例是《建立地中海渔业总委员会协定》第 3 条还将黑海纳入的功能区域,但在实践中长时间未能在黑海的渔业资源养护和管理中发挥作用。其次,以半闭海"本身"或"全部"为功能区域同时也就明确了成员资格——半闭海沿岸国均可参与合作。在沿岸国较多的地中海区域,1976 年《巴塞罗那公约》最初的签署方为 14 个国家与欧共体,当前已缔约方已达到 22 个。但在中国周边海域的区域合作中,往往存在功能区域界定不明确的问题。如在区域海洋项目中,西北太平洋行动计划覆盖了黄海,但其对功能区域的界定在地理上相对模糊。1997 年《西北太平洋海洋和海岸地区环境保护、管理和开发行动计划》所涉及的海洋环境和海岸带的地理区域大致为东经 121 度至 143 度,北纬 52 度至 33 度。[①] 南海区域合作机制的功能区域不明确问题将在下一章中详述。

2.对海洋问题采取功能性区域合作路径。就东海与南海而言,海洋划界及岛礁主权争端是阻碍海洋区域合作进一步展开的原因之一。但是也应该看到,此类问题在地中海与波罗的海区域同样存在,甚至普遍存在各个半闭海区域。地中海与波罗的海经验表明,功能性区域合作路径因以特定海洋使用为对象,能够在一定程度上不受区域内存在的领土与海洋权益争端影响,或者说功能路径能够与海域路径并行不悖。比较而言,波罗的海后一阶段的海洋区域合作深刻地卷入了欧盟的一体化进程,《公约》第 123 条所体现的功能性区域合作路径及其优势在地中海表现得更为充分。首先,在功能性海洋区域合作中,联合国专门机构可发挥"由上而下"建立合作机制的作用。在联合国环

[①]　NOWPAP, *The Action Plan for the Protection, Management and Development of the Marine and Coastal Environment of the Northwest Pacific Region*, 1994, para. 9.

境规划署建立地中海行动计划以及联合国粮农组织建立地中海渔业委员会的过程中,这两个联合国专门机构均相当积极主动,这是因为保护海洋环境与养护渔业资源分别在其职能范围内。其次,巴萨罗那公约体系将海洋环境保护进一步细化为多个功能领域。巴萨罗那公约体系中的各项议定书各自成为一个功能领域,排列了共同问题的先后顺序,也有助于各成员国依据自身发展程度平稳地接受国际义务。最后,"权利保留"条款进一步防范了功能性区域合作对海域管辖权问题的可能影响。在地中海沿岸国开始以功能性国家管辖海域或专属经济区扩展管辖海域之后,1995 年《巴塞罗那公约》、1995 年《地中海特别保护区和生物多样性议定书》、2008 年《海岸区域综合管理议定书》以及2014 年经修订的《建立地中海渔业总委员会协定》均特别设立了"权利保留"条款,申明本条约不影响缔约方依据海洋法享有的权利或持有的立场。

3.海洋区域合作是一个动态过程,全球性海洋法推动其发展。地中海与波罗的海海洋区域合作实践中法律框架的修订直接受到《21 世纪议程》与《鱼类种群协定》等全球性法规的推动。但两个半闭海区域在接受新的原则与措施时,具体执行有所差异。例如,1992 年《赫尔辛基公约》与 1995 年《巴塞罗那公约》作为"第二代公约"均接纳了《21 世纪议程》所提出的可持续发展、综合管理、预警原则、最佳技术等原则与措施,但在实践中,地中海区域明显更重视以海岸区域综合管理等方式落实可持续发展原则,而波罗的海区域更着重执行"以生态为基础的方法"。两个区域不同的自然特征、经济社会发展水平决定了这种差异。

4.欧盟在波罗的海治理中发挥的作用具有例外性。欧盟与东盟虽都是当今重要的区域化组织,但其路径截然不同,"欧洲的一体化部分是由对限制或至少联合主权的渴望所推动,而东盟的区域化是受在东南亚巩固民族国家的建设及主权的渴望所推动"[①]。正因为如此,欧盟在波罗的海区域海洋治理中起到的作用是例外性的,东盟尚不具备形成"共同渔业政策"或"海洋战略框架指令"相应的法律基础。换言之,在南海的海洋环境保护以及渔业资源管理方面的区域合作上,海洋的主要使用国或利益方(如环境问题之于北欧国家、渔业问题之于波兰)与联合国专门机构应起到更大的作用。

5.平衡"区域内"与"区域外"间的张力。如在第一章中所提及的,在第三次联合国海洋法会议上,反对为"闭海和半闭海"的专属经济区适用、航行以及

---

① Jens-Uwe Wunderlich, *Regionalism*, *Globalisation and International Order*, Ashgate Publishing, 2007, p.5.

划界问题制定特殊规定的意见是担心半闭海的特殊性走向"闭锁",或者说区域规则与全球性规则相违背。在波罗的海,历史上确实有限制航行自由的主张,[①]并且在当前仍对船源污染问题予以额外的关注。但总体而言,"区域内"与"区域外"间的张力在两个区域仍处于较为平衡的状态。首先,地中海与波罗的海的"出口"的航行自由受到了特别处理,如丹麦、德国和瑞典三国在丹麦海峡留出了一条法律地位属于专属经济区的通道,土耳其海峡由1936年《蒙特勒公约》规制,英国在直布罗陀海峡只主张3海里领海,从而留有公海通道[②]。但如大贝尔特海峡通行权案(芬兰诉丹麦)所表明的,半闭海出口处的航行自由始终是一个敏感问题[③]。其次,在区域外国家的航行权利得到保障的情况下,半闭海内水域的法律性质使沿岸国合法地居在海洋治理中的主导地位。从《联合国海洋法公约》第122条的定义可见,半闭海内水域在法律地位"全部或主要由两个或两个以上沿海国的领海和专属经济区构成",该定义也就承认了半闭海沿岸国在各自国家管辖水域内的主权与主权权利。即使在地中海沿岸国长期未充分主张200海里界限的情况下,区域内留存的公海也可被理解为"潜在的专属经济区",也正因为如此,2002年法国、意大利以及摩纳哥联合设立的"派拉格斯保护区"虽覆盖公海且三国主张对保护区内非缔约方船只的管辖权,但并未引起争端。最后,《联合国海洋法公约》第123条(d)项在地中海与波罗的海实践中的体现进一步维护了合作的开放性。一方面,观察员制度的设立有助于提升信息透明;另一方面,依各功能领域的合作需求,邀请或接纳半闭海沿岸国之外的国家与其他国际组织参与合作。如在防治陆源污染方面,需要流域内非沿海国的实质参与;在半闭海内存在公海情况下,渔业资源的养护和管理也需要区域外的远洋捕鱼国的参与。

---

　　① 　cf. Toivo Miljan, The Baltic Sea: Mare Clausum or Mare Liberum? *Cooperation and Conflict*, Vol.9, No.1, 1974.

　　② 　西班牙对直布罗陀及其领海持有异议,在签署《公约》时主张:"本行为不能被解释为承认关于直布罗陀海洋空间的任何权利或状况。"

　　③ 　芬兰的诉讼理由为丹麦在大贝尔特海峡修建的悬索桥致使从波罗的海驶入北海的高度在65米以上的船舶(包括钻探船和石油钻机以及可预见的未来船舶)无法通过,从而影响芬兰船舶的航行权以及造船业的发展。案情详见邵沙平主编:《国际法院新近案例研究(1990—2003)》,商务印书馆2006年版,第60～71页。

第六章　"半闭海"与中国的
海洋政策

从第一章对海洋法律秩序变革的梳理中可以看到,一国的地理条件以及利用海洋及其资源的能力在相当大的程度上决定了其海洋政策。本章将基于"中国是半闭海国家"这一地理现实以及十八大明确提出"建设海洋强国"目标的历史契机,结合前文对海洋区域合作法律基础的理论分析以及对合作机制的实践研究,对我国的海洋政策,尤其是针对在南海参与并推进区域合作的展开提出建议。

第一节　中国海洋政策的再定位

在 1982 年《联合国海洋法公约》(以下简称《公约》)通过并生效之后,"海洋政治"围绕着海洋法展开的方式更为多样。首先,联合国大会与联合国专门机构上的多边谈判仍是海洋法发展的重要途径,由《公约》建立的国际海底管理局近年来作为造法平台的职能也越发凸显。其次,主张权利的单边行为仍继续存在,并且行为的"法律确信"表现为对海洋法的法律解释问题。例如,尚未加入《公约》的美国,其"自由航行计划"的目标即以军事行动在挑战沿海国主张的同时,宣示美国对特定法律地位的海域内航行与飞越权利的解释。最后,争端解决程序始终有着政治与法律两个维度。在一般情况下,许多国际法院与仲裁庭的裁决并不直接被执行,而往往是争端当事方谈判的一个环节。[①]在这些海洋法的缔造、解释与适用的过程中,第一章所指出"海洋法的三组内在张力"即沿海国与海洋大国间的张力、发展中国家与发达国家间的张力以及特殊地理条件与一般海洋法规则间的张力,依旧为理解各方立场分歧或利益矛盾之所在的重要线索。

十八大报告提出的建设海洋强国目标,不仅是"提高海洋资源开发能力",也是"经略海洋"、维护国家海洋权益、维护国际海洋秩序的进程,换言之,是积

---

① 　谢琼:《〈联合国海洋法公约〉附件七仲裁条款研究》,武汉大学 2016 年博士论文。

极主动参与以海洋法缔造与实践为核心的海洋政治的进程。在此进程中,"海洋法的三组内在张力"亦是我国面临着立场或政策选择的问题。

一、中国是世界最大的发展中国家

自 1971 年恢复联合国席位以来,中国就在联合国平台上支持发展中国家的主张,支持以专属经济区为反对帝国主义海洋霸权的手段,并将《公约》的缔结视为发展中国家主导海洋秩序的成果。[①] 如中国代表团团长韩叙 1982 年 12 月 9 日在第三次联合国海洋法会议闭幕会上的发言中所指出的,《公约》"对维护人类的共同继承财产和各国的正当海洋权益,规定了一系列重要法律原则和制度,打破了旧海洋法片面地有利于少数大国的局面"[②]。换言之,中国在第三次联合国海洋法会议上将沿海国与海洋大国间的张力等同于发展中国家与发达国家间的张力,支持发展中国家扩大管辖海域以及将国家管辖海域外的海底区域作为人类共同遗产的主张。

十九大报告指出"我国是世界最大发展中国家的国际地位没有变",这在很大程度上已明确中国在面临海洋法中"发展中国家与发达国家间张力"时的政策选择:一方面,中国应利用好《公约》对发展中国家的优待;另一方面,应主动协调、领导发展中国家的共同立场。

《公约》对发展中国家的优待体现在许多具体条款中,如开发外大陆架的收益分享(第 82 条)、公海生物资源养护措施的确定(第 119 条)、各国际组织在海洋环境保护方面给予优待(第 203 条)等,并且集中于《公约》第十一部分"区域"制度。2015 年 7 月,中国五矿集团获得国际海底多金属结核保留区的勘探权,就是以发展中国家身份利用《公约》的成功实践——依据《公约》附件三第 9 条的规定,保留区仅向"任何发展中国家缔约国,或该国所担保并受该国或受具有申请资格的另一发展中国家缔约国有效控制的任何自然人或法人,或上述各类的任何组合"开放申请。

本着十九大报告提出的"加强同发展中国家团结合作""加大对发展中国家特别是最不发达国家援助力度""支持扩大发展中国家在国际事务中的代表

---

① 《安致远代表在海底委员会全体会议上发言阐明我国政府关于海洋权问题原则立场(一九七二年三月三日)》,载北京大学法律系国际法教研室:《海洋法资料汇编》,人民出版社 1974 年版,第 13～18 页。

② 赵理海:《〈联合国海洋法公约〉的批准问题》,载《北京大学学报(哲学社会科学版)》1991 年第 4 期。

性和发言权"的方针,当海洋政治中发展中国家与发达国家之间的张力集中体现时,我国需要协调、领导发展中国家的立场。一是海洋法中许多对发展中国家的优待并未在实践中落实到位,特别是技术发展和转让的相关条款与制度①。我国在落实《"一带一路"建设海上合作设想》所提出的"共建智慧创新之路"时,可依据《公约》中的相关条款,在海洋技术的发展和转让领域有所设计、有所作为。二是在洋底基因资源这一前沿问题上,我国应在联合国平台上的谈判中主动协调、领导发展中国家的立场。第三次联合国海洋法会议上发展中国家内部的分歧曾令"人类共同遗产"的倡导者帕多大使感到遗憾,认为《公约》错过了实现"公平"的机遇。② 如前文已指出的,其中的原因很大程度上在于发展中国家受制于能力,对海洋资源欠缺客观、科学的认识。因此,在领导、协调发展中国家立场的过程中,我国应在提供客观、准确的科学研究与数据上作出服务与领导。

二、"一带一路"建设海上合作

在国际上,尤其是在美国的评论者眼中,我国往往被视为坚持强硬沿海国立场的代表,尤其表现在我国关于外国军舰在领海内的无害通过权问题上的立场。技术的发展、利用海洋能力的提升是海洋政治发展的推动力之一,也是一国形成海洋政策的主要推动力③。在国家远洋能力大幅提升的背景下,我国将更明显地表现出兼具沿海国与海洋强国两种政策倾向,平衡两者是我国海洋政策的一个重点。

2017 年 6 月 20 日国家发改委、海洋局发布的《"一带一路"建设海上合作设想》阐明了我国将以"维护国际海洋秩序""共商共建,利益共享"为原则从事远洋活动。"一带一路"框架下的海上合作涵盖两个部分:一是与 21 世纪海上丝绸之路沿线国之间的经贸投资合作与文化交流;二是在 21 世纪海上丝绸之路重点方向所覆盖的海域(包括南海、阿拉伯海和亚丁湾等重点海域)围绕特

① 集中于《公约》第十四部分"海洋技术的发展和转让",散见于海洋环境保护(第 202 条)、国际海底区域制度以及 1995 年《鱼类种群协定》第七部分"发展中国家的需要"等处。

② Arvid Pardo, The Convention on the Law of the Sea: A Preliminary Appraisal, *San Diego Law Review*, Vol.20, No.3, 1983, pp.502-503.

③ 还可作为例证的是苏联在战后海洋政治中的立场变化。在 1958 年第一次联合国海洋法会议上,苏联持沿海国立场,但自 50 年代着手执行的一些计划大大提高了其远洋渔业与海洋科研能力,在 60 年代奠定了海洋大国地位之后,从沿海国立场转向海洋大国的立场。

定海洋使用与沿线国展开合作,具体包括海洋生态环境保护、海洋生物资源养护和管理、海洋科学研究与技术转让、海上航行安全、海上搜寻与救助等。

在本书的视角下,海洋区域合作是"一带一路"建设海上合作中不可或缺的一环。首先,21世纪海上丝绸之路的重点方向覆盖了许多被明确界定的区域。在"中国—印度洋—非洲—地中海"、"中国—大洋洲—南太平洋"以及"经北冰洋连接欧洲"三个方向上,超过20个现有区域性海洋合作机制在不同功能领域上界定了相应的"功能区域"[①],"重点海域"中南海与亚丁湾则属于由《公约》界定的半闭海。《"一带一路"建设海上合作设想》中许多明确以区域合作为方式的"合作重点"将与这些既有的区域及其合作机制形成关联,如"推动区域海洋环境保护"、"积极参与北极相关国际组织的活动"以及共建区域性"海洋科技合作平台"等。其次,"维护国际海洋秩序"是"一带一路"建设海上合作的首要原则,海洋区域合作对国际海洋秩序有着多方面的影响。海洋区域合作之于国际海洋秩序不仅是一种应对区域性海洋治理问题的工具;在区域合作机制的层面,海洋区域合作是化解海洋使用与管辖权冲突的一种途径;在全球性法规层面,海洋区域合作又是推动海洋法发展的途径之一。

海洋区域合作是一个动态过程,"海洋区域主义"是对之的概括也是分析框架。从海洋区域主义的两个层面出发,就推动"一带一路"建设海上合作的具体建议有:

(一)考虑批准1995年《鱼类种群协定》

"依法合作"是海洋区域合作的首要特征,因此,在推进"一带一路"建设海上合作的过程中,需广泛挖掘区域合作在全球性公约中的法律基础。如前文已论及的,1995年《鱼类种群协定》是公海生物资源养护和管理区域合作的重要全球性法律基础。我国于1996年11月6日签署了该协定,但尚未批准。从签署时所作声明来看,我国对该协定中非船旗国执法行动的权限以及程序有一定程度的保留。[②]

---

① 在海洋环境保护领域,西向有东亚海行动计划、南亚海行动计划、红海及亚丁湾环境项目、科威特行动计划、《保护、管理及开发东非区域海洋及海岸环境内罗毕公约》、地中海行动计划等;东向有东南太平洋行动计划等;北冰洋有北极理事会。在渔业资源管理与养护领域,西向有印度洋金枪鱼委员会、南印度洋渔业协定、地中海渔业总委员会等,东向有南太平洋区域渔业管理组织、中西太平洋渔业委员会、太平洋岛国论坛渔业局等。在海洋科学研究领域,西向有地中海科学委员会,东向有北太平洋海洋科学组织。

② 中华人民共和国政府关于《执行1982年12月10日〈联合国海洋法公约〉有关养护和管理跨界鱼类种群和高度洄游鱼类种群的规定的协定》的有关规定的声明,参见中华人民共和国渔政渔港监督管理局编:《渔业法律法规规章全书》(上册),中国法制出版社1999年版,第570页。

在《"一带一路"建设海上合作设想》提出"在双多边框架下推动海上执法合作,建立完善海上联合执法、渔业执法"等合作设想的背景下,我国对待区域渔业管理组织框架下的非船旗国执法问题,可采取以推动完善执法程序为核心的更为积极的行动。此外,建议考虑批准《鱼类种群协定》的理由还在于其第七部分"发展中国家的需要"包含了"直接或通过分区域、区域或全球组织"与发展中国家展开合作的法律基础。《鱼类种群协定》第 25 条所规定的这些合作领域与《"一带一路"建设海上合作设想》中"加强海洋资源开发利用合作""提升海洋产业合作水平"等合作重点可形成有机衔接,也与该文件所秉持的"促进发展中国家消除贫困,推动形成海上合作的利益共同体"原则相符。

（二）广泛参与 21 世纪海上丝绸之路重点方向上的区域合作机制

我国作为"区域外"国家,当前在 21 世纪海上丝绸之路重点方向上以成员国身份参与了印度洋金枪鱼委员会、大西洋金枪鱼养护国际委员会、南太平洋区域渔业管理组织、中西太平洋渔业委员会等区域渔业管理组织。所谓"广泛参与"不仅是空间上覆盖 21 世纪海上丝绸之路重点方向,也应是多层次的,需下沉至现有合作机制的内部机构安排以及具体的合作项目。2009 年《关于制止西印度洋与亚丁湾海盗和武装劫船的行为守则》(简称《吉布提行为守则》)是 21 世纪海上丝绸之路重点方向上重要的海上安全合作机制,其基本文件首先细化了参与国打击海盗和武装抢劫可采取的行动,然后将合作重点落脚于通报、分享相关信息与提升成员国打击海盗的能力。我国虽在这一区域执行反海盗任务并为商船护航,并且在"一带一路"框架下与该区域内的国家有广泛的经贸投资合作,但参与该机制的程度十分有限。《吉布提行为守则》由国际海事组织发起,成员资格向区域内沿岸国开放,又由于国际海事组织提供行政支持,并未特别设立观察员制度,但区域外国家实际参与广泛。作为发展中区域,吉布提行为守则信托基金主要来源于区域外国家,其中日本居于首位,此外日本还资助了"吉布提区域培训中心"的场所建设。北约以及土耳其则在能力培训项目上提供了主要支持。① 近年来,该合作机制有着进一步扩展合作领域的趋势。2017 年对《吉布提行为守则》的修订(又称为《吉达修订案》)强调"蓝色经济"包括航运、渔业以及旅游业等的重要性,进而将打击海上跨国

---

① "Djibouti Code of Conduct Project Implementation Unit", IMC http://www.imo.org/en/OurWork/Security/PIU/Documents/PIU_Brochure_1st_edition.pdf，last accessed：Mar.31，2020.

有组织犯罪与非法、不报告、不管制捕鱼纳入机制的功能领域。① 该区域合作机制与《"一带一路"建设海上合作设想》中的原则与合作重点高度契合,我国可考虑通过提供资金支持、技术与能力培训等方式"下沉式"地深入参与。

三、中国是半闭海国家

通过第一章对第三次联合国海洋法会议的回顾,我们可以看到,中国没有积极地参与关于半闭海议题的讨论。但是,如曾任中国代表团团长出席第三次联合国海洋法会议的凌青先生在回忆录中所言,中国在支持专属经济区的同时,忽略了对自身地理条件的判断:就地理条件而论,"我国是半闭海国家",由于无法充分主张专属经济区、大陆架,是"地理条件相对不利国家"。② 即使从更大的地理范围上来看,从新加坡海峡一直延伸至白令海的太平洋的亚洲外缘都呈现出半封闭的特征,白令海、鄂霍次克海、日本海、东海—黄海、南海、苏禄海都是符合《公约》第122条定义的半闭海。③ 并且,中国当前在周边海域面临的海洋划界、航行、海洋生物资源养护和管理以及海洋环境保护等问题都是世界上各主要半闭海所面临的典型问题。"半闭海"不仅提供了一个理解中国在周边海域所面对各种海洋问题的视角,《公约》第九部分还以区域合作应对海洋生物资源养护和管理、海洋环境保护等具体问题提供了法律基础。

当前,南海正在形成独特的区域秩序。《南海各方行为宣言》已构成了区域规则框架,④拟议中的"南海行为规则"将成为区域秩序形成的标志。在此背景下,我国需在各功能领域的区域合作上采取积极行动,通过具体的区域性海洋合作机制支撑南海的区域秩序。而与此同时,"区域外"国家则可能急于主张在南海的"权利",换言之,"区域内"与"区域外"之间的张力、区域特殊性与全球性规范之间张力将在南海越发明显。《公约》第123条提供了在"稳步

---

① "Revised Code of Conduct Concerning the Repression of Piracy, Armed Robbery Against Ships, and Illicit Maritime Activity in the Western Indian Ocean and the Gulf of Aden Area", IMO http://www.imo.org/en/OurWork/Security/PIU/Pages/DCoC.aspx, last accessed: Max.31, 2020.

② 凌青:《从延安到联合国:凌青外交生涯》,福建人民出版社2008年版,第169页。

③ [澳]维克托·普雷斯科特、克莱夫·斯科菲尔德:《世界海洋政治边界》,吴继陆、张海文译,海洋出版社2014年版,第292页。

④ 《2016年9月8日外交部发言人华春莹主持例行记者会》,外交部网站,2016年9月8日,http://www.fmprc.gov.cn/web/fyrbt_673021/t1395888.shtml,最后访问日期:2020年3月31日。

推进南海沿岸国合作"过程中应对这组张力的法律途径：①南海沿岸国均应是区域性合作的参与方，"在适当情形下"可邀请区域外国家与国际组织参与合作，并且，第 123 条的鼓励而非强制性质符合南海局势需要平稳发展的总体事态，也与区域内以"协商一致"与"不干涉"为核心的既有合作方式相契合。②

第二节　半闭海视角下的南海海洋问题

舆论往往存在将我国主张的"断续线"内水域等同于"南海"或"南中国海"的误解，实际上南海的范围远大于后者。"南海北靠中国大陆和台湾岛，南接加里曼丹岛和苏门答腊岛，东临菲律宾群岛，西接中南半岛和马来半岛"，"是一个东北—西南走向的半闭海"，③南海既符合海洋地理学对半闭海的定义，④也符合《公约》第 122 条对"闭海或半闭海"的法律定义。许多专家学者已注意

---

①　《稳步推进南海沿岸国合作——在博鳌亚洲论坛 2017 年年会南海分论坛上的演讲》，外交部网站，2017 年 3 月 27 日，http://www.fmprc.gov.cn/web/wjb_673085/zygy_673101/t1448859.shtml，最后访问日期：2020 年 3 月 31 日。

②　张蕴岭：《东盟 50 年：在行进中探索和进步》，载《世界经济与政治》2017 年第 7 期。

③　《中国坚持通过谈判解决中国与菲律宾在南海的有关争议》，国务院新闻办公室网站，2016 年 7 月 13 日，http://www.scio.gov.cn/zfbps/ndhf/34120/Document/1483610/1483610.htm，最后访问日期：2020 年 3 月 31 日。

④　南海这一概念是指位于亚洲大陆东南方，介于中国大陆、中南半岛、马来半岛、婆罗洲、巴拉旺岛、吕宋岛与台湾岛之间的一片广阔水域。海域受陆地的封闭程度达 90%，经巴士海峡、巴林丹海峡与太平洋相通，经民答诺海峡、巴拉巴克海峡与苏璐海相通，经台湾海峡与东海相通，经马六甲海峡与安达曼海相通，经卡瑞马塔（Karimata）海峡、加斯帕尔（Gaspar）海峡与爪哇海相通。傅崐成：《南（中国）海法律地位之研究》，123 资讯有限公司 1995 年版，第 118～119 页。地理上的南海是否包括泰国湾存在分歧，如亚历山大在对半闭海的研究中明确将泰国湾作为南海的次区域，在国际海道测量组织的界定中则排除了泰国湾，但许多研究南海问题的学者赞同将泰国湾作为南海的次区域，因为这两个海域在生态系统上与海洋使用上密切相关。Lewis M. Alexander, Regionalism and the Law of the Sea: The Case of Semi-enclosed Seas, *Ocean Development and International Law*, Vol.2, No.2, 1974, p.183. *Limits of Oceans and Seas*, 3rd edition, International Hydrographic Organization, 1953, pp.30-31. Ian Townsend-Gault, The Contribution of the South China Sea Workshops: The Importance of a Functional Approach, in Sam Bateman and Ralf Emmers eds., *Security and International Politics in the South China Sea: Towards a Cooperative Management Regime*, Routledge, 2009, pp.191-192.

南海作为半闭海的地理特征,但往往并未深入地以半闭海为地理与法律基础探讨南海的海洋问题。[①] 下文将以半闭海为出发点思考南海面临的海洋问题,并重点就推进南海区域合作提出建议。

一、半闭海内及"出口"的航行自由与安全问题

南海的航行自由与安全问题近年来备受关注。一方面,"航行自由"被区域外大国用作主张其利益的"权利依据",进而予以炒作。另一方面,如我国外交部发言人在 2012 年 6 月 4 日的例行记者会上所言,"中国是南海航道的主要使用国,南海的航行自由与安全是中国的利益所在"。"21 世纪海上丝绸之路"的提出,为我们提供了审视南海航行自由的新视角。

如前文所述,在半闭海的地理条件下,航行自由问题包括海域内部及出口两个方面。在南海内部,由于存在众多岛屿、环礁及暗礁,南沙群岛海域历史上在英国航海图中被标注为"危险区域"(dangerous ground)。另外,保障航行安全的基础设施仍比较薄弱,体现在航行资料不完备、助航设施缺乏规划等方面。[②] 2015 年 3 月 28 日,国家发改委、外交部、商务部联合发布的《推动共建丝绸之路经济带和 21 世纪海上丝绸之路的愿景与行动》中指出,"基础设施互联互通是'一带一路'建设的优先领域"[③]。为此,我国可以直接或在国际海事组织的协调下,与南海其他沿海国就水道测量、助航设施规划、清理妨碍航行的垃圾等方面进行合作。作为半闭海的南海范围远大于争议集中的断续线内水域,这项工作可有序开展。

另外,《推动共建丝绸之路经济带和 21 世纪海上丝绸之路的愿景与行动》

---

① 如赵理海:《关于南海诸岛的若干法律问题》,载《法制与社会发展》1995 年第 4 期;Zhiguo Gao and Bing Bing Jia, The Nine-Dash Line in the South China Sea: History, Status, and Implications, *The American Journal of International Law*, Vol.107, No.1, 2013,; Mark J. Valencia, Regional Maritime Regime Building: Prospects in Northeast and Southeast Asia, *Ocean Development & International Law*, Vol.31, No.3, 2000,; Nien-Tsu Alfred Hu, Semi-enclosed Troubled Waters: A New Thinking on the Application of the 1982 UNCLOS Article 123 to the South China Sea, *Ocean Development & International Law*, Vol.41, No.3, 2010.

② 史春林:《当前影响南海航行安全主要因素分析》,载《新东方》2012 年第 2 期。

③ 《授权发布:推动共建丝绸之路经济带和 21 世纪海上丝绸之路的愿景与行动》,新华网,2015 年 3 月 28 日,http://www.xinhuanet.com/world/2015-03/28/c_1114793986.htm,最后访问日期:2020 年 3 月 31 日。

勾勒了 21 世纪海上丝绸之路的两个重点方向："从中国沿海港口过南海到印度洋，延伸至欧洲；从中国沿海港口过南海到南太平洋。"连接南海与印度洋的马六甲海峡的重要性不言而喻，而我国作为马六甲海峡的主要使用国，需加强与新加坡、印度尼西亚、马来西亚三个海峡沿岸国的合作。依据《公约》第 43 条的规定，在国际海事组织的组织下，马六甲海峡的沿岸国与包括中国在内的使用国于 2006 年建立了"马六甲与新加坡海峡航行安全及环境保护合作机制"。该机制包括"合作论坛""项目协调委员会""协助航行基金"三个部分。① 当前该合作机制下已开展"移除残骸提升航行安全""提高准备与响应有害及有毒物质事故加强海洋环境保护的合作/能力建设""建立风、潮汐及海流测量系统以提升航行安全"等项目，项目由海峡沿岸国领导实施，由海峡使用国提供经费支持。通过这一机制，我国可以实际参与提升马六甲海峡的航行安全及环境保护方面的活动，并起到重要的作用。

"从南海到南太平洋"则需通过菲律宾与印度尼西亚的群岛水域，因此尤其需要关注两国执行《公约》第 53 条指定群岛航道的活动。1996 年印度尼西亚在群岛国当中率先向国际海事组织提交了划定三条南北向群岛海道的提案。1998 年国际海事组织认定印度尼西亚的提案仅为"部分指定"，因为印度尼西亚未按照《公约》第 53 条第 4 款的要求指定"所有用作通过群岛水域或其上空的国际航行或飞越的航道的所有正常通道"，尤其是缺少东西向的群岛航道。② 对此，我国有权依《公约》第 53 条及国际海事组织《关于采纳、制定及替换群岛海道的一般规定》(General Provisions for the Adoption, Designation and Substitution of Archipelagic Sea Lanes)第 6.7 段的规定，在正常用于国际航行的航道，行使群岛海道通过权。另外，菲律宾尚未向国际海事组织提交指定群岛航道的提案。在菲律宾国内，已出现相关的立法草案，包括 2011 年 3 月提交至菲参议院的 Senate Bill No.2738，其中第 11 条仅指定了 3 条海道；③2014 年 8 月提交至菲众议院的 House Bill No.4888，该草案未具体指定

① 　Joshua H. Ho，Enhancing Safety，Security，and Environmental Protection of the Straits of Malacca and Singapore：The Cooperative Mechanism，*Ocean Development & International Law*，Vol.40，No.2，2009，pp.237-238.

② 　Dhiana Puspitawait，The East/West Archipelagic Sea Lanes Passage Through the Indonesian Archipelago，*Maritime Studies*，2005，Vol.2005，No.140，pp.5-6.

③ 　Senate Bill No.2738，Fifteenth Congress of the Republic of the Philipiness，First Regular Session，Mar 10 2011.

群岛海航,而是建议授权菲总统以行政令公布群岛航道①。我国需为此做好准备,待菲律宾向国际海事组织正式提出群岛海道指定时,在国际海事组织平台上督促菲律宾指定符合《公约》第 53 条规定的"所有用作通过群岛水域或其上空的国际航行或飞越的航道的所有正常通道"。

二、南海国家管辖海域问题与功能性区域合作之间的关系

本书第一章已阐明,半闭海在海域路径与功能路径上都具有特殊性。在海域路径上,半闭海沿岸国在适用专属经济区等国家管辖海域制度时面临着复杂的划界问题以及海域法律地位变化引发的其他问题。在功能路径上,受陆地封闭程度高的自然特征直接催生出了在海洋生物资源养护和管理、海洋环境保护等功能领域的区域合作需求。《公约》第九部分的规定虽然只直接回应了半闭海在功能路径上的特殊性,但是通过海洋区域合作本身的作用,功能性海洋区域合作可缓和半闭海沿岸国在海域路径上的固有困难。

南海沿岸国的国家管辖海域实践反映了半闭海沿岸国在海域路径上的固有困难,"半闭海和闭海"的特殊性却未得到沿岸国的充分重视。南海沿岸国均是发展中国家,在《公约》的形成过程中支持沿海国扩展管辖海域的主张,大多在 20 世纪 70 年代末 80 年代初已主张专属经济区,然而却未能像北海、波罗的海及地中海那样区域性地考虑南海岛屿、群岛罗列的复杂地貌以及专属经济区对区域内密集且历史悠久的海洋使用可能产生的影响。在泰国湾这一南海的次区域,由于沿岸散落的岛屿以及越南与柬埔寨对历史性权利的主张,沿岸国之间存在长期性的专属经济区主张重叠与划界问题。在南海断续线内,或者特定指称的"南海问题"上,南沙岛礁的主权归属是核心问题,而海洋法的发展在赋予周边国家扩展管辖海域的权利基础的同时,也加剧了对南海岛礁及其海域的争夺。在有关国家达成海域划界之前,南海面临着国家管辖海域不确定的问题,进而导致对资源的无序争夺,特别是渔业权益斗争尖锐复杂。②针对南海区域内国家管辖海域不确定并进而对一些功能领域(如海洋生物资源养护和管理、海洋环境保护、海洋科学研究以及水下文化遗产保护等)造成负面影响的问题,或者说海域路径与功能路径在南海的关系问题,地

---

①　该提案更名为 House Bill No.5487 后于 2015 年 5 月 19 日在众议院三读通过。另见 2016 年的另一份主旨相同的提案 House Bill No.3285,Republic of the Philippines House of Representatives,Seventeenth Congress,First Regular Session,24 Aug 2016.

②　贾宇:《南海问题的国际法理》,载《中国法学》2012 年第 6 期。

中海经验值得重视。

首先,功能性区域合作可以具有相对独立性。在地中海沿岸国普遍未主张专属经济区或者说 200 海里界限的时期,留存作为潜在专属经济区的公海实际上是管辖海域不确定的另一种表现形式。通过地中海行动计划与地中海渔业总理事会等区域性合作机制,功能性区域合作在这一时期起到了防止地中海内公海落入"公共地悲剧"的作用。在地中海沿岸国开始以功能性国家管辖海域或专属经济区扩展管辖海域之后,"权利保留"条款进一步防范了功能性区域合作对海域管辖权问题的可能影响。其次,功能性区域合作需要国家管辖权予以支持。如西班牙对主张渔业保护区的论证所揭示的,功能性区域合作不能对区域外国家形成有效约束。相应的,在 2003 年第三届地中海渔业可持续发展部长级会议的《威尼斯宣言》中,呼吁考虑建立渔业保护区是为了更有效地执行区域性的养护措施。① 换言之,区域性海洋合作机制平台上达成的共同措施需要通过国家管辖权执行。意大利主张生态保护区的第 209 号总统令特别将《巴塞罗那公约》等区域性法规作为主张的法律基础之一,因而,生态保护区这一功能性国家管辖海域也是执行巴塞罗那公约及其议定书下海域环境保护义务的工具。最后,区域性海洋合作机制的成员国可通过示范作用或积极推动使其在管辖海域内的政策法规成为区域性标准或规则。这种形式在地中海的特殊例证是欧盟在"共同渔业政策"下的目标与措施越来越多地被地中海渔业总委员会所接纳。②

面对当前南海在海域路径上的僵局,我国需要海域路径与功能路径并重。一方面,借助《公约》中半闭海条款的基础性作用,推动南海功能性海洋区域合作以满足南海在海洋生物资源养护和管理、海洋环境保护等功能领域的治理需求。另一方面,在无争议和争议较小的海域,我国仍需要通过明确功能性管

---

① *Declaration of the Ministerial Conference for the Sustainable Development of Fisheries in the Mediterranean*, Venice, 25-26 November 2003.

② 欧盟对之影响的新进表现,参见"42nd annual session of the General Fisheries Commission for the Mediterranean:Milestones for the Mediterranean and Black Seas", European Commission,2018 年 10 月 10 日,https://ec. europa. eu/fisheries/press/42nd-annual-session-general-fisheries-commission-mediterranean-milestones-mediterranean-and _ en,最后访问时间:2020 年 3 月 31 日。

辖权范围进行更为有效的管理①,积极寻求通过示范作用或积极推动使我国在管辖海域内的政策法规成为区域性标准或规则。就此,地中海沿岸国的功能性管辖海域实践不失为可考虑借鉴的经验。② 总而言之,逐步明确划定管辖海域并在各功能领域制订更为科学的管理办法为我国履行包括《公约》在内的国际法义务所需要,为更有效地执行《渔业法》《海洋环境保护法》《水下文物保护管理条例》等功能性国内法所需要,也为我国推动南海区域合作所需要。

三、南海功能性区域合作的现状、问题及相应建议

在检视南海的海洋区域合作现状时,首先要明确的一点是油气资源联合开发并不以区域为基础。《公约》第123条在对合作事项的列举中排除了开发非生物资源的活动,这是因为即使是在共同开发的情况下,合作的实质是当事方之间的,而非区域性质的。有学者以《公约》第123条的首句"闭海或半闭海沿岸国在行使和履行本公约所规定的权利和义务时,应相互合作",论证"联合开发"具有法律义务性质。③ 这种观点的首要错误在于曲解了《公约》第123条的性质,如第一章结尾处所指出的,第123条首句中"should"明确为建议性质而非强制性的义务。并且,从旨在为区域合作作出框架性规定的角度来看,第123条首句不可与随后对合作领域的罗列割裂开。"半闭海"与油气资源联合开发的关联只在于半闭海的地理特征:在半闭海相对狭窄的环境中,很可能出现单一地质石油结构跨越了边界线的情况,因此应重视划界谈判、协定中的

----

① 我国现有的一些在南海细化管辖权范围的法规也不甚明确,例如1987年《中华人民共和国渔业法实施细则》第14条第3款以等深线划分"南海近海渔场"与"南海外海渔场",前者为"东经112度以东之80米等深线",后者为"东经112度以西之100米等深线"。

② 郑凡:《地中海功能性管家管辖海域实践及对我国的启示》,载《法学杂志》2019年第6期。

③ David M. Ong, Joint Development of Common Offshore Oil and Gas Deposits: "Mere" State Practice or Customary International Law? *The American Journal of International Law*, Vol. 93, No. 4, 1999, pp. 781-783. Christopher Linebaugh, Joint Development in a Semi-Enclosed Sea: China's Duty to Cooperate in Developing the Natural Resources of the South China Sea, *Columbia Journal of Transnational Law*, Vol. 52, No. 2, 2014.

"矿物资源条款",以谋求共同开发。① 此外,巴塞罗那公约体系下的《离岸议定书》以及《赫尔辛基公约》均对缔约方探勘及开发海床及其底土的活动提出了环保要求,不同于应急响应制度,这些规定的重点不是合作行动,而在于要求确保缔约方进行负责任的勘探与开发活动,一方面事前做好环境影响评估,另一方面保障有足够的设备应对石油溢出的状况。以"海洋石油 981"为代表,近年来我国加快了在南海的油气勘探活动,对环境因素的考量可以以上述两点为切入点。

当前南海的海洋区域合作因循两条路径展开。一是综合性经济区域合作框架下的涉海合作。如亚太经合组织经济与技术合作委员会高级官员会议下设立了海洋和渔业工作组(Oceans and Fisheries Working Group),作为保护亚太地区海洋环境与资源的官方常规活动机构。② 但这种安排存在着决策效率低下、难以形成有制度与财政支持的具体行动项目等问题。③ 二是围绕特定海洋使用的功能性区域合作机制,其中渔业资源养护和管理以及海洋环境保护是合作集中的领域。2017 年 6 月 20 日国家发改委、海洋局发布的《"一带一路"建设海上合作设想》指出南海为 21 世纪海上丝绸之路的重点海域之一,在推进合作的方式上论及这两种路径,从海洋区域主义沿功能性路径发展的特性与经验出发,我国作为区域内国家在共建开放性的南海区域合作的过程中应充分发挥《公约》中半闭海条款的基础性作用。

(一)渔业资源养护和管理的区域合作现状

由于有利的自然条件,包括存在大量珊瑚礁、季风以及潜流,南海有着丰富的海洋生物资源及生态多样性,栖息着 3500 种有鲫鱼及无脊椎动物。底层经济鱼类主要有蛇鲍、带鱼、金线鱼、石斑鱼等,中上层经济鱼类主要有金色小沙丁、刺鲳、蓝圆鲹等,在南海的中南部还有金枪鱼、旗鱼和其他大型上层鱼

---

① 萧建国:《国际海洋边界石油的共同开发》,海洋出版社 2006 年版,第 9 页。例如:《中华人民共和国和越南社会主义共和国关于两国在北部湾领海、专属经济区和大陆架的划界协定》第 7 款规定:"如果任何石油、天然气单一地质构造或其他矿藏跨越本协定第二条所规定的分界线,缔约双方应通过友好协商就该构造或矿藏的最有效开发以及公平分享开发收益达成协议。"

② "Ocean and Fisheries", APEC http://www. apec. org/Groups/SOM-Steering-Committee-on-Economic-and-Technical-Cooperation/Working-Groups/Ocean-and-Fisheries.aspx, last accessed: Mar.31, 2020.

③ 张丽娜、王晓艳:《论南海海洋环境合作保护机制》,载《海南大学学报(人文社会科学版)》2014 年第 6 期。

类。自 20 世纪 70 年代以来,尤其是自 80 年代广泛使用拖网捕鱼以来,南海的渔获率出现下降态势。① 当前所面临的问题除过度捕捞、过度投资、非法捕捞外,还有养护措施不利:一方面,各国采取的单方措施相对落后,主要为投入控制法,具体表现为捕捞许可证、渔具渔法限制。我国还采用了禁渔区和禁渔期、机动船和主功率总指标控制、渔业捕捞产量"零增长"等技术。另一方面,由于水域的法律地位存在争议,渔业管辖权存在冲突,渔业资源养护和管理措施也缺少协调。②

南海区域尚无任何区域渔业管理组织。亚太渔业委员会(Asia-Pacific Fishery Commission)功能区域覆盖南海,其职能类型为提出建议与协调政策性质。亚太渔业委员会是在联合国粮农组织支持下于 1948 年依《亚太渔业委员会协定》(*Asia-Pacific Fishery Commission Agreement*)建立的区域渔业组织,在"粮农组织亚太区域办事处"下设秘书处,办公地点为泰国曼谷。亚太渔业委员会的功能区域十分模糊,《亚太渔业委员会协定》第 6 条界定的区域为"亚太地区"。亚太渔业委员会成员资格向任何粮农组织成员或准成员的国家开放,其他是联合国或其专门机构或国际原子能机构成员的国家可提出申请,依亚太渔业委员会 2/3 多数成员赞成予以接纳(第 1 条、第 10 条)。当前的成员国有 21 个。③

《亚太渔业委员会协定》第 4 条指出亚太渔业委员会成立的宗旨为"通过发展与管理捕鱼及养殖行动,以及通过发展与成员国目标相符的相关加工及市场活动,推进水生生物资源的充分与合理利益"。因此,亚太渔业委员会的

---

① 傅崐成:《南(中国)海渔业资源区域合作护养管理研究》,载《中国海洋法学评论》2005 年第 1 期。David Rosenberg, Fisheries Management in the South China Sea, in Sam Bateman and Ralf Emmers eds., *Security and International Politics in the South China Sea: Towards a Cooperative Management Regime*, Routledge, 2009, pp.61-63.

② 傅崐成:《南(中国)海渔业资源区域合作护养管理研究》,载《中国海洋法学评论》2005 年第 1 期。Ma. Carmen A. Ablan and Len R. Garces, Exclusive Economic Zones and the Management of Fisheries in the South China Sea, in Syma A. Ebbin, Alf Håkon Hoel, and Are K. Sydnes eds., *A Sea Change: The Exclusive Economic Zone and Governance Institutions for Living Marine Resources*, Springer, 2005, pp.139-144.

③ 分别为:澳大利亚、孟加拉国、柬埔寨、中国、法国、印度、印度尼西亚、日本、马来西亚、缅甸、尼泊尔、新西兰、巴基斯坦、菲律宾、韩国、斯里兰卡、东帝汶、泰国、英国、美国、越南。"Membership", Asia-Pacific Fishery Commission, http://www.fao.org/apfic/background/about-asia-pacific-fishery-commission/membership/en/, last accessed: Mar. 31, 2020.

职能涵盖亚太地区内的海洋及内陆水产品资源,其职能具体包括:(1)持续评估资源与产业的状况;(2)就渔业与水产业的可持续发展、资源的养护和管理制定建议,并发起项目;(3)持续评估渔业与水产业的经济与社会方面,并就渔民及其他工人的工作条件等制定建议;(4)推进提升海鱼养殖及沿海渔业的项目;(5)鼓励、推荐、协调并进行培训活动;(6)鼓励、推荐、协调并进行研究活动;(7)收集、出版或传播信息。[①] 当前,亚太渔业委员会的工作重点除评估渔业资源及渔业产业发展状况,就养护和管理措施提供指南与培训外,还包括推广生态系统办法、水产养殖业可持续集约化发展等技术及实践。[②]

另外,总部位于曼谷、成员国局限于东盟 10 国和日本的东南亚渔业发展中心(The Southeast Asian Fisheries Development Center)通常也被认为是南海渔业区域合作机制之一。东南亚渔业发展中心于 1967 年依《建议东南亚渔业发展中心协议》(*Agreement Establishing the Southeast Asian Fishers Development Center*)成立,协议序言指出"认识到为了推动本区域渔业发展,应在渔业技术人员培训、渔业技术研究、渔业资源调查以及其他相关领域做进一步的努力"。2017 年其宗旨更新为"推动并便利成员国之间的具体行动,以确保东南亚渔业与水产业的可持续性"[③]。该中心与亚太渔业委员会一样,海洋渔业仅是其部分职能领域,且具体的功能区域并不明确。从其下设的海洋渔业研究部(Marine Fisheries Research Department)与海洋渔业资源发展与管理部(Marine Fishery Resources Development and Management Department)的具体职能来看,科学研究是其主要职能,[④]近年来其工作重点包括维持渔业

---

① 《亚太渔业委员会协定》第 4 条。

② 《亚洲及太平洋渔业委员会》,粮农组织亚洲及太平洋区域办事处,http://www.fao.org/asiapacific/apfic/zh/,最后访问时间:2020 年 3 月 31 日。

③ "About SEAFDEC", Southeast Asian Fisheries Development Center, http://www.seafdec.org/about/, last accessed: Mar. 31, 2020.

④ "Marine Fisheries Research Department (MFRD), Functions & Activities", http://www.seafdec.org/mfrd/, last accessed: Mar.31, 2020; "About SEAFDEC/MFRD-MD, Function", Southeast Asian Fisheries Development lenter, http://seafdec.org.my/about-seafdec-mfrdmd/, last accessed: Mar.31, 2020.

数据库、研究捕鱼实践、评估渔场与种群以及促进可持续捕鱼实践。[①] 值得注意的是,1967 年《建议东南亚渔业发展中心协议》第 11 条要求成员国"依据各自国内法律与规章并在年度预算拨款"提供财政资助,但该机制自建立起其机制设置与具体项目依赖日本的资助。[②]

(二)海洋环境保护的区域合作现状

关于南海的海洋环境状况,共识是沿岸人口与经济增长在陆源污染方面、航运的密集在船源污染方面、油气探勘与开发活动在石油溢出风险方面使南海的海洋环境面临挑战,过度捕捞、红树林与珊瑚礁的破坏则使生物多样性面临威胁。[③] 但南海的海洋环境状况并未得到长期性与综合性的检测与评估,其原因很大程度上又在于当前南海海洋环境保护区域合作机制存在的不足。例如 1990 年由联合国环境规划署与 2010 年由东亚海协调机构发布的《东亚海海洋环境状况》均以过于宽泛的"东亚海"为对象,"包括的海洋生态系统与区域海有:东中国海、南中国海、泰国湾、苏禄海—西里伯斯海、印度尼西亚海、北澳大利亚陆架、西北澳大利亚陆架以及安达曼海"。[④] 扭转南中国海与泰国湾的环境退化趋势项目下设的"陆源污染区域工作组"2007 年发布的《南海陆源污染》虽然以南海为对象,但是仅分析了污染来源、提供了评估方案,随着该

[①] Joseph F.C. DiMento, Alexis Jaclyn Hickman, *Environmental Governance of the Great Seas: Law and Effect*, Edward Elgar, 2012, p.77. David Rosenberg, Fisheries Management in the South China Sea, in Sam Bateman and Ralf Emmers eds., *Security and International Politics in the South China Sea: Towards a Cooperative Management Regime*, Routledge, 2009, p.73.

[②] Cf. Southeast Asian Fisheries Development Lenter, Fish for the People, A Special Publication for the Promotion of Sustainable Fisheries for Food Securtiy in the ASEAN Region, Vol.15, No.3, 2017.

[③] Joseph F.C. DiMento, Alexis Jaclyn Hickman, *Environmental Governance of the Great Seas: Law and Effect*, Edward Elgar, 2012, p.71-74. 刘丹:《南海海洋环保合作的困境与出路——兼及对"南海仲裁案"相关仲裁事项的辩驳》,载《外交评论》2017 年第 5 期。

[④] E.D. Gomez, *et al.*, *State of the Marine Environment in the East Asian Seas Region*, UNEP Regional Seas Reports and Studies No.126, UNEP, 1990. UNEP/COBSEA, *State of the Marine Environment in the East Asian Seas* 2009, COBSEA Secretariat, 2010.

项目于 2008 年终止,最终未建立起有效的检测与评估机制。[①]

1.东亚海项目

在联合国环境规划署区域海洋计划发起的 13 个项目中,东亚海项目(East Asian Seas Programme)覆盖了南海。相较于联合国环境规划署区域海洋计划框架下的其他地区,东亚海项目的特点之一是未订立区域性公约。东亚海项目的运作方式是促进成员国遵守已有的环境公约并基于成员国的友好协作推进行动计划与具体项目的执行,因此在职能类型上属于提出建议与协调政策的性质。

1981 年,印度尼西亚、马来西亚、菲律宾、新加坡及泰国 5 国出于对海洋污染的影响和来源的关切,在联合国环境规划署的支持下通过了《东亚海区域海洋环境和沿海区域保护及发展行动计划》(*An Action Plan for the Protection and Development of Marine Environment and Coastal Areas of the East Asian Seas Region*)(以下简称《行动计划》)。《行动计划》的适用范围即功能区域为上述五国的"海洋环境以及沿海区域",主要目标是"发展和保护海洋环境及沿海区域,以提升当代与后代的健康与幸福","为适合该区域需求的沿海区域发展提供有利环境的综合办法"。[②]《行动计划》具体由环境评估、环境管理、协调措施,以及制度与财政安排四个部分构成。环境管理部分就石油污染控制与污染控制机废物管理作了具体的规定,所采取的措施主要是加强培训、提供科技支持以及合作调查研究。[③]《行动计划》主要通过协调的国家次区域或区域活动,由参加国的国家机构执行,并在相关问题上邀请国际组织参与。[④] 在制度与财政安排方面,《行动计划》建立了东亚海协调机构(Co-ordination Body on the Seas of East Asia)评估《行动计划》的执行、制订工作计划以及审批预算,[⑤]此外还指定了各国的联络单位。《行动计划》的资金来自参加国的捐助以及联合国环境规划署的支持,为了管理资金还设立了

---

① Regional Working Group on Land-based Pollution, *Land-based Pollution in the South China Sea*, UNEP, 2007.

② UNEP, *An Action Plan for the Protection and Development of Marine Environment and Coastal Areas of the East Asian Seas Region*, UNEP Regional Seas Reports and Studies No 24, 1983, p.1.

③ Ibid., p.7.

④ Ibid., p.3.

⑤ Ibid., p.9.

信托基金。①

　　受《21世纪议程》的影响,《行动计划》于1994年得到修订,新增加了澳大利亚、柬埔寨、中国、韩国及越南5国②。主导此次修订的两个主要方面:一是"扩大东亚海协调机构以包括更宽泛的东亚海区域";二是形成长期的战略,"长期战略应当'问题导向且管理驱动',在方法上具有综合性,以'切实改善沿海及海洋环境质量为最终目标'"③。1994年《行动计划》由"管理导向的科学活动"、"环境管理"、"行动计划的执行"以及制度与财政安排4个部分构成。在科学活动方面提出的要求包括:(1)建立涵括海洋生态系统基线信息、石油及非石油物分布、区域内科研机构及数据来源的名录以及相关环境问题出版物书目的区域数据库;(2)继续进行长期监测与环境评估;(3)鼓励和支持关于寻求恢复重要生态系统并恢复经济上重要的种群、海洋保护区、海洋资源利用与保护、污染对生物及生态的影响的科学研究;(4)通过培训与科技支持加强关于污染监测的质量。在环境管理部分,1994年《行动计划》重点强调了《21世纪议程》第17章所指出的综合管理路径,在对具体管理活动的列举中,首先回应了科学研究部分的规定:维持区域数据库、制定并维持监测与环境评估项目、采取实际措施以恢复受损的自然栖息地并恢复已遭耗竭的种群、建立海洋保护区网络。其次强调了加强能力建设,包括进行环境影响评估的能力。之后,在要求"采取适当的技术防止和管理污染"方面,行动计划强调了预警原则,并鼓励参与国落实全球性的项目与公约,包括《关于保护海洋环境免受陆源污染的蒙特利尔指导准则》(*Montreal Guidelines for the Protection of the Marine Environment from Land-Based Sources of Pollution*)、《联合国海洋法公约》、《防止船舶污染国际公约》、《防止倾倒废物和其他物质污染海洋的公约》、《国际油污防备、反应和合作公约》(*Convention on Oil Pollution Preparedness Response and Cooperation*)中关于海洋环境合作的规定。④ 在随后《行动计划》的实施过程中,珊瑚礁养护是环境管理的重要部分并取得了一定

---

　　① Ibid., pp.11-12.

　　② 澳大利亚已退出该行动计划,当前成员国有柬埔寨、中国、印度尼西亚、韩国、马来西亚、菲律宾、新加坡、泰国以及越南。"COBSEA Participating Countries", COBSEA, https://www.unenvironment.org/cobsea/who-we-are/cobsea-participating-countries, last accessed: Mar. 31, 2020.

　　③ UNEP, *An Action Plan for the Protection and sustainable Development of Marine Environment and Coastal Areas of the East Asian Seas Region*, 1994, p.ii.

　　④ Ibid., pp.4-6.

的成效。一是资助地方社群以保护覆盖珊瑚礁的海洋保护区，二是以提供培训与赞助的方式建立了珊瑚礁监督、评估体系。① 1994 年《行动计划》将执行问题单独作为一个部分，凸显了对该问题的重视。在项目的执行方式上虽没有实际的变化，即主要由参加国的国家机构执行同时国际组织将起到重要的作用，但 1994 年《行动计划》补充了设立项目的程序和项目的管理以及对项目的评估与修订，其中在项目的管理上建议适用进展报告以及科学报告。此外，1994 年《行动计划》提出将研究制定法律框架的可行性。② 在制度安排方面，增设了东亚海行动计划区域协调机构（Regional Coordinating Unit for the East Asian Seas Action Plan）作为行动计划的秘书处，提供总体的科技协调并监督行动计划的执行。在财政支持方面，1994 年《行动计划》指出"最终预期是通过东亚海信托基金或其他经批准的适当机制在财政上自我维持。与此同时，预计联合国环境规划署环境基金将为行动计划提供财产支持，但是最终将削减至只作为年度总费用的一部分"③。

2008 年东亚海协调机构发布了对长期战略的第 4 次修订，题为《东亚海协调机构新战略方向（2008—2012）》（*New Strategic Direction for COBSEA*）。这份文件首先概括了东亚海项目所面临的问题：（1）东亚海协调机构的活动主要集中于收集关于海洋污染、沿海资源的状况及海洋学等问题的信息，然而还需要将这些信息转变成为政策性的建议以及适当的管理政策与战略；（2）在东亚海区域已发起了其他关于海洋及海岸区域环境的区域项目，但由于彼此间缺少协调，造成了重叠及人力与资金浪费；（3）东亚的经济增长也伴随着海岸区域的工业化及海岸与海洋资源的加速开发，但是若得不到集体性的、生态可持续性的管理，环境的恶化将抵消经济成就，并将威胁东亚海区域独特的生物多样性；（4）新出现的环境威胁对东亚海协调机构成员国构成新的挑战；（5）在联合国环境规划署减少财政支持的同时，成员国对东亚海信托基金的捐赠并未适当增加，甚至有拖欠的情况。④ 鉴于此，东亚海协调机构提出了如下 4 项战略：（1）信息管理，要点包括组建协调中心（Coordinating Centre）以提升信息

---

① Hugh Kirkman, The East Asina Seas UNEP Regional Seas Programme, *International Environmental Agreements: Politics, Law and Economics*, Vol.6, No.3, 2006, p.307.

② Ibid., pp.7-10.

③ Ibid., pp.11,13.

④ UNEP, COBSEA Secretariat, *New Strategic Direction for COBSEA* (2008—2012), 2008, p.4.

交流以及查明国家能力建设的需求,制作海洋环境状况报告;(2)国家能力建设,要点包括查明国家的具体需求及优先事项,协助国家履行义务,协助成员国之间转让知识及分享经验,协助提升管理海洋环境的能力;(3)战略性及新出现的问题,要求包括发起相关研究,提升意识,建议能力建设措施并寻求资金支持;(4)区域合作,要点包括通过适当的正式或非正式协议提升针对具体领域的合作,确定与区域伙伴组织在建立协调中心上的共建机制。①

2018 年 4 月 25 日至 26 日在泰国曼谷举行的东亚海协调机构第二次特别政府间会议上通过了《东亚海协调机构战略方向(2018—2022)》,该文件包括两个实质性主题:一是关注海洋陆源污染,修订区域内海洋垃圾问题的唯一政府间框架"2008 年海洋垃圾行动计划";二是提升海洋和沿海规划和管理,推动各国建立海洋保护区和制订海洋空间规划。在环境管理的具体项目上,海洋垃圾与海洋空间规划将成为新阶段的重点。

2.东亚海域环境管理伙伴关系计划

"东亚海环境管理伙伴关系计划"(Partnerships in Environmental Management for the Seas of East Asia)由全球环境基金资助,由联合国开发计划署实施,并由国际海事组织负责具体执行。该计划的建立基于 1994 年至 1999 年"防止和管理东亚海海洋污染"(Prevention and Management of Marine Pollution in the East Asian Seas)的旗舰项目,即在中国厦门、菲律宾八打雁及马六甲海峡设立海岸带综合管理示范区的成功。"东亚海环境管理伙伴关系计划"的目标是为地方、国家和区域层面的利益相关者建立伙伴关系,开展方式是在一系列地点示范性地适用海岸区域管理的综合路径。2003 年 12 月,计划参加国的代表聚首马来西亚,召开了第一次东亚海大会和部长会议。会议通过了《东亚海可持续发展战略》和《普曲加亚宣言》,标志着东亚海项目进入了一个新的阶段。

2006 年第二次东亚海大会及部长会议在中国海南省海口市举行,会议签署的《海口伙伴协议》(Haikou Partnership Agreement)确立东亚海环境管理伙伴关系计划为执行《东亚海可持续发展战略》的区域协调机制。每三年召开部长级的东亚海大会(East Asian Seas Congress),作为提供关于执行《东亚海可持续发展战略》的政策方向及承诺的途径。另外,东亚海伙伴理事会(East Asian Seas Partnership Council)作为常设机构监督并评估战略的执行。2007 年 6 月全球环境基金批准了执行《东亚海可持续发展战略》的第一期项目,为

---

① Ibid.,pp.5-6.

期 10 年(2007—2017 年),其中的重点是海岸区域综合管理。这也使得东亚海环境管理伙伴关系计划转变为独立的区域合作机制。[1] 当前计划的参与国包括柬埔寨、中国、印度尼西亚、日本、朝鲜、老挝、菲律宾、韩国、新加坡、东帝汶、越南,以及包括联合国开发计划署、国际海洋学院、海岸带管理中心、东盟生物多样性中心等国际组织在内的众多非国家伙伴。[2]

(三)推动南海海洋区域合作的相关建议

概括而言,在南海既有海洋生物资源养护与海洋环境保护两个功能领域的区域合作实践中,包括联合国粮农组织、联合国环境规划署、国际海事组织以及全球环境基金在内的全球性国际组织起到了发起与赞助区域合作机制的作用。同时,作为由发展中国家构成的发展中区域,这些机制又十分依赖国际组织以及区域外国家(如日本之于东南亚渔业发展中心)的资助。由此产生的一个突出问题是资金状况成了决定机制收效甚至存续的首要因素。普遍认为资金的缺乏已成为阻碍东亚海行动计划进行的主要原因之一,[3]"扭转南中国海与泰国湾的环境退化趋势项目"(Project on Reversing Environmental Degradation in the South China Sea and the Gulf of Thailand)是又一个突出的例子。该项目由全球环境基金资助,联合国环境规划署执行,南海沿岸国中国、柬埔寨、印度尼西亚、马来西亚、菲律宾、泰国和越南 7 国共同参与。项目1996 年启动,2002 年开始全面运行。项目的总体目标是在区域层级营造集体应对南海环境问题的环境,提升参与国政府将环境考量融入国家发展规划的能力。中期目标是在政府间层面制定并通过包含具体目标及行动的战略行动项目。项目包括了 4 个构成部分,即栖息地退化及损失、泰国湾渔业过度开发、陆源污染,以及项目协调与管理。但随着全球环境基金停止资助,该项目在 2008 年 12 月结束前仅完成了通过举行会议促进共识以及通过国家报告等

---

① "History",PEMSEA http://pemsea.org/about-PEMSEA/history,last accessed:Mar.31,2020。"新闻背景:东亚海环境管理伙伴关系计划",中央人民政府网站,2006 年12 月 12 日,http://www.gov.cn/jrzg/2006-12/12/content_467933.htm。Nien-Tsu Alfred Hu, Semi-enclosed Troubled Waters: A New Thinking on the Application of the 1982 UN-CLOS Article 123 to the South China Sea, *Ocean Development & International Law*, Vol. 41, No.3, 2010, p.304.

② "Our Partners", PEMSEA http://pemsea.org/about-pemsea/our-partners, last accessed:Mar.31, 2020.

③ Joseph F.C. DiMento, Alexis Jaclyn Hickman, *Environmental Governance of the Great Seas: Law and Effect*, Edward Elgar, 2012, p.75.

方式调查现状的工作。① 我国推动"一带一路"建设海上合作,并承诺以"搭建合作平台""加大资金投入"为行动措施,这将会为南海各个区域性海洋合作机制提供发展的契机。

在对南海海洋环境保护区域合作机制的研究中,许多学者均将缺少有约束力的法律框架作为缺陷之一。与之相似,南海尚未建立区域渔业管理组织也被认为是南海渔业区域合作的缺陷。但本书认为南海的区域性海洋合作机制以提出建议与协调政策为职能类型符合区域内存在长期性岛礁主权争端的现状,其中的缺陷首要地在于未明确以"半闭海"这一地理—法律概念为基础,进而可以说尚未建立起完整的海洋"区域合作"。

首先,过于宽泛的功能区域不利于问题的聚焦。以"亚太"或"东亚海"界定功能区域,不仅分散了亚太渔业委员会与东亚海行动计划原本就有限的资源,也不利于具体问题的识别与优先领域的设置。亚太渔业委员会还因职能涵盖了海洋及内陆水产品资源,进一步分散了需要采取区域性共同措施的问题。这些问题进而有损成员国对合作机制的尊重与参与性,澳大利亚退出东亚海行动计划的原因则在于实际并不能形成与其有关的海洋环境保护项目,也无法获得相关的资助。② 换言之,过于宽泛的功能区域不利于形成"区域内"的规范认同与身份认同。从地中海经验可以看到,优先领域的设立建立在地中海的半闭海自然特征之上,从海洋环境保护合作机制的总体原则与明确地理区域的特殊性两个方面识别出需要采取共同措施的具体问题。其次,在合作机制以半闭海的空间范围明确界定功能区域的同时也就决定了成员国的范围并保障了合作最基本的开放性:区域内的沿岸国均是合作的参与方,区域外的国家或国际组织可依"邀请"参与合作。在本书的研究视角下,东南亚渔业发展中心的缺陷不仅在于功能领域覆盖了"东南亚"的海洋渔业与内陆水产业,还在于其成员资格反映的"东盟＋"的模式,即依据 1967 年《建议东南亚渔业发展中心协议》第 3 条局限于"东南亚国家与日本"。然而,《公约》对海洋区域合作有着开放性的要求:《公约》将区域合作主体表述为"沿岸国"(第 123

---

① Christopher John Paterson, *Terminal Report of the UNEP/GEF South China Sea Project*, Reversing Environmental Degradation in the South China Sea and the Gulf of Thailand, 2009.

② Hugh Kirkman, The East Asian Seas UNEP Regional Seas Programme, *International Environmental Agreements*: *Politics*, *Law and Economics*, Vol.6, No.3, 2006, p.308.

条）、"各国"（第 197 条、第 276 条），因此特定海域内所有沿海国均是参与区域合作的法定主体。最后，一旦合作机制以半闭海的空间范围明确界定功能区域，即使建立机制的基本文件未明确提及"半闭海"，《公约》中的半闭海条款也提供了区域合作的法律基础。从海洋区域主义由全球性法规提供的海洋区域合作基础以及具体区域性海洋合作机制两个层面构成的角度，与其说南海的海洋环境保护区域合作机制缺少有约束力的法律框架，不如说是两者间缺乏互动。不但南海的区域合作机制未充分以全球性法规为基础，而且南海的区域合作机制也未能很好地将全球性法规转化为区域性的措施，或者说未体现出全球性法规推动具体区域合作机制发展的作用。

　　针对上述区域性海洋合作机制存在的其他一些具体问题，我国在推动南海功能性区域合作发展的过程中，可以考虑的应对策略有：

　　1.针对机制职能重叠与制度安排分散的现状，我国可通过接纳常设机构的方式资助具体项目。在海洋环境保护与海洋生物资源养护和管理领域分别并存多项机制是当前南海海洋区域合作的特征之一。以东亚海行动计划《东亚海协调机构新战略方向（2008—2012）》中的相关论述为代表，机制竞争问题已成为一个现实问题。在波罗的海与地中海经验中，应对类似问题的方式是机制间建立规范性的稳定合作机制。当前南海各机制间实际采取的对应方式是在具体工作重点与项目上有所差异，如东亚海行动计划以陆源海洋垃圾为工作重点，而东亚海域环境管理伙伴关系计划以海岸带综合管理为主要工作。对于我国而言，较之简单寻求整合机制，更切实的应对方式是从区域合作机制下一层的制度安排入手。南海的海洋环境区域合作在制度安排上呈现出类似于地中海行动计划的分散性特征。值得注意的是，上述机制框架下的常设机构均未落户我国，这与我国作为区域大国的角色不相匹配。结合我国的经济转型，我国可在落实可持续发展、控制陆源污染、海岸区域综合管理等领域更多地主动发起或承接相应的旗舰项目，并提供资金与制度支持。如地中海行动计划中的"蓝色计划"实际上由法国发起，所建立的蓝色计划区域活动中心也由法国支持。在这方面我国已有一些行动，如 2014 年 12 月国家海洋局与东亚海环境管理伙伴关系计划协商在青岛成立的中国－PEMSEA 海岸带可持续管理合作中心将为国家海洋局与东亚海环境管理伙伴关系计划之间的深入合作提供平台。该中心由国家海洋局第一海洋研究所协助运行，是国家海洋局与东亚海环境管理伙伴关系计划共同支持和指导的海岸带可持续管理技术服务机构。① 这种方式可在最低程度影响机制框架性结构的同时,影响机制的具体工作重点,通过我国主导项目的设立与实施过程,化解机制间竞争可能对我国产生的负面影响。

2.针对难以在南海争议海域开展有效合作的问题,我国可寻求改善各区域性海洋合作机制"政策协调"的具体方式。可以预计的是,海域法律地位问题将继续对南海的功能性区域合作深化与发展形成障碍。因而"政策协调"是推进南海海洋区域合作的可循方式,即各沿岸国在《公约》第123条以及《南海各方行为宣言》第6条所列明的功能领域协调规制本国公民与法人海洋使用的法规政策。② 当前南海的合作机制以"政策协调"为工作方式,收效有限的原因在于其职能停留于提出供成员国参考的政策建议。借鉴其他此类职能类型区域合作机制的经验,寻求达成"协调"的方式,一是将全球性法规转化为区域性措施与标准,并提升成员国的执行能力;二是采取报告制度,审议成员国执行所建议的共同措施的阶段性情况;三在形成更多的区域性海洋科学研究与海洋监测项目,以此为机制成员国提供决策基础。③ 在这三种方式中,前两者建立在机制的有效运转之上,或者说建立在成员国对机制的规范性认同与身份认同之上,而海洋科学研究的作用更为基础,如地中海与波罗的海经验所表明的,通过区域性海洋科学研究项目发现的问题是共同行动的出发点。此外,从联合国环境规划署区域海洋计划的经验来看,区域内各国的科技能力是行动计划取得成效的保障。因此,建议重视海洋科学研究与海洋技术的发展和转让的内在联系,依据《公约》第123条"邀请"政府间海洋学委员会等国际组织发起覆盖整个半闭海区域的"联合的科学研究方案",同时可考虑在现有合作机制框架下激活《公约》第276条与第277条中关于"区域性海洋科学和技术中心"的规定。

3.针对南海区域渔业合作的前景不明朗的问题,建议以半闭海的"自然特

---

① 《东亚海环境管理伙伴关系计划中国第四期项目启动》,2014年12月10日,http://www.huaxia.com/sd-tw/jrsd/qlsk/2014/12/4185732.html,最后访问时间:2020年3月31日。

② 易先良:《构建开放性的南海区域合作机制——外交部边海司司长易先良在博鳌亚洲论坛2018年年会南海分论坛上的主旨演讲》,载《边界与海洋研究》2018年第4期。

③ 上述措施在北极理事会框架下均有体现,其一如在2001年《关于持久性有机污染物的斯德哥尔摩公约》通过之后,北极理事会持续推动其执行;其二如2015年在"提升黑炭和甲烷减排"(Enhanced Black Carbon and Methane Emissions Reductions)框架下引入了分享国家报告和政策制度;其三如"北极监测与评估项目"及由此形成的系列报告。

征"为应对出发点。亚太渔业委员会的职能类型为提出建议与协调政策职能性质，那么是否会形成以南海为功能区域的区域渔业管理组织，这是一个不甚明朗的问题。虽然从南海沿岸国的管辖海域主张来看，南海不存在公海，因此并不适用 1995 年《鱼类种群协定》第 8 条第 5 款关于建立区域渔业管理组织的规定，但是半闭海内实际上可能形成具备制订共同措施职能的区域性渔业合作机制①。首先，半闭海全部"由两个或两个以上沿海国的领海和专属经济区构成"并不排除建立区域渔业管理组织。《公约》第 123 条(a)项"协调海洋生物资源的管理、养护、勘探和开发"与沿海国依《公约》第 56 条在专属经济区内享有的对生物资源的主权权利相对应("以勘探和开发、养护和管理为目的")。当半闭海沿岸国通过"适当区域组织"协调各自专属经济区内渔业资源的"管理、养护、勘探和开发"时，该区域组织可以具备 1995 年《鱼类种群协定》第 10 条所列举的职能。其次，在实践中，波罗的海国际渔业委员会虽建立于专属经济区制度形成之前，但自沿岸国主张专属经济区即波罗的海内不再事实上存在公海至 2007 年因欧盟东扩而关闭这一时间段内一直发挥渔业管理组织制订有约束力养护和管理措施的职能。

因此，针对南海区域渔业合作的前景即南海是否会出现区域渔业管理组织的问题，我国首先需要做好关于高度洄游鱼类种群和跨界鱼类种群的历史渔获量记录，因为在其他区域渔业管理组织中捕捞限额的分配多依据历史渔获量进行。② 其次则应以半闭海的"自然特征"为出发点考虑区域性共同管理南海渔业资源的需求。一是，从地中海的经验来看，当高度洄游种群既出现在半闭海内，又出现在相邻大洋时，有必要为此进行协调与合作。因此，我国需要关注中西太平洋渔业委员会(Western & Central Pacific Fisheries Commission)参与南海高度洄游鱼类种群养护和管理的可能性。《中西部太平洋高度洄游鱼类种群养护和管理公约》第 3 条未对功能区域的西部边界进行明确界定，关于是否适用于南海曾产生过争论，最终中西太平洋渔业委员会明确表示的其公约区域不包括南海。无论未来中西太平洋渔业委员会是否会以某种形式参与南海的海洋生物资源养护和管理合作，我国均可借鉴地中海经验，以半闭海的"自然特征"为出发点就总可捕捞量与配额制度、海上非船旗国执

---

① 在南海各沿海国中，印度尼西亚(2009 年 9 月 28 日)与菲律宾(2014 年 9 月 24 日)已批准 1995 年《鱼类种群协定》。

② 周欣超：《"南海渔业资源养护与开发"会议综述》，载《中国海洋法学评论》2012 年第 2 期。

法制度等关键问题形成立场。二是,由于南海面积较大,存在着北部湾及泰国湾这些在地理上明确的次区域,地中海渔业合作实践中的次区域路径值得借鉴。将南海既有的双边与多边渔业合作,如中越之间在北部湾的渔业合作①,转化为"次区域"合作的关键还是在于对"半闭海本身"及其自然特征形成明确的共识。

（四）其他功能性区域合作领域

如第二章所指出的,《公约》为海洋区域合作奠定了因循功能路径发展的路径。南海的功能性区域合作的领域应不局限于《公约》第 123 条所罗列的三个方面。②《南海各方行为宣言》第 6 条可作为构建、推进其他功能性合作领域的指南:

六、在全面和永久解决争议之前,有关各方可探讨或开展合作,可包括以下领域:

（一）海洋环保;

---

① 2004 年 6 月 30 日,《中越北部湾划界协定》与《中越北部湾渔业合作协定》两份协定正式生效。《中越北部湾渔业合作协定》除划定了共同渔区,并规定"缔约双方本着互利的精神,在共同渔区内进行长期渔业合作"外,第 13 条还建立了中越北部湾渔业联合委员会,其职能包括:制定共同渔区的渔业资源养护和管理规定及其实施办法;每年确定缔约各方进入共同渔区的作业渔船数量;解决发生在小型渔船缓冲区内的有关渔业活动的争议;评估协定执行情况等。中越北部湾渔业联合委员会制定的《北部湾共同渔区渔业资源养护和管理规定》,进一步细化了其渔业资源养护和管理职权,包括:(1)确定在共同渔区作业的渔船数量,双方发放相应的许可证(第 3 条);(2)制定禁渔期、禁止使用的捕鱼方式、禁止捕捞的濒危物种等养护措施(第 7 条至第 9 条);(3)适用联合监督检查机制(第 12 条至第 19 条);(4)相应的处罚规定及对暂扣渔船船员的快速释放(第 20 条至第 22 条)。当前中越在北部湾的渔业合作重点是共同渔区的入渔与监督检查,对于跨界种群的养护和管理还需进一步发展。

② 亚太安全合作理事会(Council for Security Cooperation in the Asia-Pacific)2008 年发布的一份名为《亚太地区闭海、半闭海及类似海洋区域海洋合作指南》(*Guidelines for Maritime Cooperation in Enclosed and Semi-enclosed Seas and Similar Sea Areas of the Asia Pacific*)的建议性备忘录中首先注意了《联合国海洋法公约》第九部分的规定,并指出第 123 条的首句鼓励更宽泛的合作,在这份备忘录中所论及的合作领域还包括海上交通线、人道主义援助、搜寻与救助、航行安全、应急计划、海洋法律与秩序、信息分享等方面。CSCAP, *Guidelines for Maritime Cooperation in Enclosed and Semi-enclosed Seas and Similar Sea Areas of the Asia Pacific*, Memorandum 13,2008, pp.1-2, 6-7.

（二）海洋科学研究；

（三）海上航行和交通安全；

（四）搜寻与救助；

（五）打击跨国犯罪，包括但不限于打击毒品走私、海盗和海上武装抢劫以及军火走私。

在具体实施之前，有关各方应就双边及多边合作的模式、范围和地点取得一致意见。

其中"海洋环保"与"海洋科学研究"可视作对《公约》第 123 条的适用。而"海上航行和交通安全"及"搜寻与救助"可归纳为海事安全（maritime safety）问题。南海是连接太平洋与印度洋的海上交通要道，同时与地中海一样，也是海上石油运输的主要线路。当前急需为海事安全合作以及海上溢油应急响应建立长期机制①。如向力基于国际海事组织数据库南海海难事故及其搜救进行实证分析：一方面，南海诸国迄今未进行过任何实质意义上的海上搜救合作；另一方面，在南海诸国所属船舶发生的南海海难事故中，中国在海难事故数、非常严重事故数、严重事故数三项统计上均位居首位。② 针对这一现状，首先可推动区域内国家加入 1979 年《国际海上搜寻救助公约》，其次我国作为主要使用国应确保建立并为维持充分的搜救能力提供服务，在此基础上主导海上搜救合作的开展。

第（五）项可概括为海上安全（maritime security）问题。2004 年《亚洲地区反海盗及武装劫船合作协定》（*The Regional Cooperation Agreement on Combating Piracy and Armed Robbery against Ships in Asia*）是该领域的重要合作机制。该协定是亚洲地区第一份政府间关于打击海盗及武装抢劫船舶的协定，于 2006 年 9 月 4 日生效，已有包括中国在内的 20 个缔约方。③ 该协定在《公约》第 101 条关于海盗行为的定义基础上，突破性地将武装劫船纳入合作范围。在具体机制方面着重于信息共享。2006 年信息共享中心（The

---

① 如前文所提及的，《合作防治在紧急状况下石油及其他有害物质污染地中海议定书》是巴塞罗那条约体系中最早签订的议定书之一。在其他半闭海区域，应急响应也是合作的重点。

② 向力：《南海搜救机制的现实抉择——基于南海海难事故的实证分析》，载《海南大学学报（人文社科版）》2014 年第 6 期。

③ "About ReCAAP Information Sharing Centre", ReCAAP, https://www.recaap.org/about_ReCAAP-ISC, last accessed: Mar. 31, 2020.

ReCAAP Information Sharing Centre)依该协定建立,其任务除便利缔约方的联络点之间交换相关信息外,还包括帮助缔约方在打击海盗与武装劫船的能力建设上形成合作安排。通过这一合作平台,我国可依个案与南海沿海国合作进行打击上述公海上的犯罪行为以及救助受害者的活动。[①] 更多地向其他成员国提供或赞助能力培训可作为我国深化参与的途径之一。

(五)"半闭海"与共同体意识

在"陆上"政治经济区域主义中,"区域"除有其地理基础之外,在更大程度上也是观念的构建。[②] 在海洋区域主义中,"区域内"的身份认同有更为坚实的地理基础,同时又源自以区域合作机制为程序载体的合作实践中形成的对区域性法规的规范认同。本书已阐明"半闭海"是海洋区域合作的地理—法律基础:半闭海的自然特征催生了合作需求,《联合国海洋法公约》中的半闭海条款则为功能性海洋区域合作提供了法律基础。换言之,"半闭海"概念具备催生出共同体意识的可能。

半闭海概念对于我国和南海区域都有重要的意义:我国以建设海洋强国为目标的海洋政策需充分认识我国作为半闭海国家的地理条件;而在维护南海稳定的过程中,区域合作是不可或缺的一环。对于作为半闭海国家的中国而言,在提倡建设"亚洲命运共同体"之际,"半闭海"概念也可以在海洋问题上为共同体意识添砖加瓦。为此,在相关国际场合,《南海行为准则》等拟议中的协议、政治文件及备忘录中,可对"半闭海"概念予以明确的强调。

---

① 《打击亚洲海盗和武装抢劫船只行为的区域合作协定》第 10 条。

② Cf. Jens-Uwe Wunderlich, *Regionalism*, *Globalisation and International Order*, Ashgate Publishing, 2007, pp.48-51.

参考文献

一、资料汇编

1.傅崐成编校:《海洋法相关公约及中英文索引》,厦门大学出版社 2005 年版。

2.北京大学法律系国际法教研室编:《海洋法资料汇编》,人民出版社 1974 年版。

3.王铁崖、田如萱编:《国际法资料选编》,法律出版社 1982 年版。

4.崔利锋、黄硕琳编:《国际渔业条约和文件选编》,海洋出版社 2015 年版。

5.中华人民共和国渔政渔港监督管理局编:《渔业法律法规规章全书》(上册),中国法制出版社 1999 年版。

6.*Official Records of the Third United Nations Conference on the Law of the Sea*, http://legal.un.org/diplomaticconferences/1973_los/dtSearch/Search_Forms/dtSearch.html.

7.United Nations, Division for Ocean Affairs and the Law of the Sea, *Law of the Sea Bulletin*, https://www.un.org/Depts/los/doalos_publications/los_bult.htm.

二、中文著作

1.陈德恭:《现代国际海洋法》,海洋出版社 2009 年版。

2.傅崐成:《南(中国)海法律地位之研究》,123 资讯有限公司 1995 年版。

3.凌青:《从延安到联合国》,福建人民出版社 2008 年版。

4.刘丹:《海洋生物资源保护的国际法》,上海人民出版社 2012 年版。

5.邵沙平主编:《国际法院新近案例研究(1990—2003)》,商务印书馆 2006 年版。

6.王冠雄:《全球化、海洋生态与国际渔业法发展之新趋势》,秀威资讯科技股份有限公司 2011 年版。

7.萧建国:《国际海洋边界石油的共同开发》,海洋出版社 2006 年版。

8.谢琼:《〈联合国海洋法公约〉附件七仲裁条款研究》,武汉大学 2016 年博士论文。

9.薛桂芳:《国际渔业法律政策与中国的实践》,中国海洋大学出版社 2008 年版。

三、中文译著

1.[澳]维克托·普雷斯科特、克莱夫·斯科菲尔德:《世界海洋政治边界》,吴继陆、张海文译,海洋出版社 2014 年版。

2.[比利时]尤利·德沃伊斯特、[中]门镜:《欧洲一体化进程——欧盟的决策与对外关系》,门镜译,中国人民大学出版社 2007 年版。

3.[德]弗里德里希·李斯特:《政治经济学的国民体系》,陈万煦译,商务印书馆 1961 年版。

4.[德]沃尔夫刚·格拉夫·魏智通:《国际法》,吴越、毛晓飞译,法律出版社 2002 年版。

5.[斐济]萨切雅·南丹、[以]沙卜泰·罗森:《1982 年〈联合国海洋法公约〉评注》(第 2 卷),吕文正、毛彬译,海洋出版社 2014 年版。

6.[荷]格劳秀斯:《海洋自由论》,马忠法译,上海人民出版社 2005 年版。

7.[荷]尼科·斯赫雷弗:《可持续发展在国际法中的演进:起源、涵义及地位》,汪习根、黄海滨译,社会科学文献出版社 2010 年版。

8.[加拿大]巴里·布赞:《海底政治》,时富鑫译,生活·读书·新知三联书店 1981 年版。

9.[美]J. R. 麦克尼尔:《阳光下的新事物:20 世纪世界环境史》,韩莉、韩晓雯译,商务印书馆 2013 年版。

10.[美]阿尔弗雷德·塞尔·马汉:《亚洲问题及其对国际政治的影响》,范祥涛译,上海三联书店 2007 年版。

11.[美]汉密尔顿、杰伊、麦迪逊:《联邦党人文集》,程逢如、在汉、舒逊译,商务印书馆 2012 年版。

12.[美]杰拉尔德·丁·曼贡:《美国海洋政策》,张继光译,海洋出版社 1982 年版。

13.[美]理查德·塔克:《战争与和平的权利:从格劳秀斯到康德的政治思想与国际秩序》,罗炯等译,译林出版社 2009 年版。

14.[美]路易斯·B.宋恩等:《海洋法精要》,傅崐成等译,上海交通大学出版社 2014 年版。

15.[美]路易斯·亨金:《国际法:政治与价值》,张乃根等译,中国政法大学出版社 2005 年版。

16.[美]罗伯特·基欧汉、约瑟夫·奈:《权力与相互依赖》,门洪华译,北京大学出版社 2012 年版。

17.[美]约翰·H.杰克逊:《国家主权与 WTO:变化中的国际法基础》,赵龙跃、左海聪、盛建明译,社会科学文献出版社 2009 年版。

18.[南斯拉夫]米兰·布拉伊奇:《国际发展法原则——有关国际经济新秩序的国际法原则的逐渐发展》,陶德海等译,中国对外翻译出版公司 1989 年版。

19.[瑞典]约瑟芬·古斯塔夫森、波基塔·丽斯·里梅尔、安东·厄尔:《欧盟利益相关者参与水资源管理手册——欧盟的实践与经验》,水利部国际合作与科技司、水利部国际经济技术合作交流中心译,中国水利水电出版社 2012 年版。

20.[意]阿戴尔伯特·瓦勒格:《海洋可持续管理——地理学视角》,张耀光、孙才志译,海洋出版社 2007 年版。

21.[意]安东尼奥·卡塞斯:《国际法》,蔡从燕等译,法律出版社 2009 年版。

22.[英]马尔科姆·N.肖:《国际法》(下),白桂梅等译,北京大学出版社 2011 年第 6 版。

23.[英]帕特莎·波尼、埃伦·波义尔:《国际法与环境》,那力等译,高等教育出版社 2007 年第 2 版。

24.傅崐成等编译:《弗吉尼亚大学海洋法论文三十年精选集》,厦门大学出版社 2010 年版。

25.联合国新闻部:《〈联合国海洋法公约〉评介》,高之国译,海洋出版社 1986 年版。

26.联合国新闻部编:《联合国手册》,中国对外翻译出版公司第二编译室译,中国对外翻译出版公司 1981 年第 9 版。

27.欧盟渔业及海洋事务委员会编:《蓝色增长:大洋、海洋和海岸带可持续发展的情景和驱动力》,杜琼玮等译,海洋出版社 2014 年版。

四、中文期刊文章

1.[美]P. S. 菲芮拉:《非洲国家在第三次联合国海洋法会议上对海洋法发展的作用》,罗详文译,载《国外法学》1980 年第 3 期。

2.[萨尔瓦多]R. G. 波尔:《拉丁美洲国家在第三次联合国海洋法会议上的作用和影响》,周忠海译,载《国外法学》1980 年第 3 期。

3.Joshua Owens:《闭海和半闭海制度——北冰洋是半闭海吗?》,载《中国海洋法学评论》2013 年第 2 期。

4.程保志:《从 MOX 核燃料厂争端审视欧洲法院专属管辖权之扩张》,载《武大国际法评论》2008 年第 2 期。

5.钭晓东:《区域海洋环境的法律治理问题研究》,载《太平洋学报》2011 年第 1 期。

6.范志杰:《UNEP 与海洋环境保护》,载《海洋环境科学》1995 年第 2 期。

7.傅崐成:《南(中国)海渔业资源区域合作护养管理研究》,载《中国海洋法学评论》2005 年第 1 期。

8.洪门华:《地区秩序建构的逻辑》,载《世界经济与政治》2014 年第 7 期。

9.贾宇:《南海问题的国际法理》,载《中国法学》2012 年第 6 期。

10.刘丹:《南海海洋环保合作的困境与出路——兼及对"南海仲裁案"相关仲裁事项的辩驳》,载《外交评论》2017 年第 5 期。

11.刘小兵、张海文:《国际渔业管理现状和趋势(二)》,载《中国水产》2008 年第 11 期。

12.刘小兵、张海文:《国际渔业管理现状和趋势(一)》,载《中国水产》2008 年第 10 期。

13.马新民:《南海仲裁案庭外法理斗争:回顾与展望》,载《边界与海洋研究》2017 年第 4 期。

14.阮雯等:《欧盟共同渔业政策发展历程及最新改革浅析》,载《渔业信息与战略》2014 年第 3 期。

15.史春林:《当前影响南海航行安全主要因素分析》,载《新东方》2012 年第 2 期。

16.唐建业:《〈港口国措施协定〉评析》,载《中国海洋法学评论》2009 年第 2 期。

17.吴传华:《土耳其与希腊爱琴海争端解析》,载《西亚非洲》2011 年第 2 期。

18.向力:《南海搜救机制的现实抉择——基于南海海难事故的实证分析》,载《海南大学学报(人文社科版)》2014 年第 6 期。

19.姚莹:《东北亚区域海洋环境合作路径选择——"地中海模式"之证成》,载《当代法学》2010 年第 5 期。

20.叶泉:《当事国在海洋划界前的国际法义务之研析》,载《法学评论》2016 年第 6 期。

21.易先良:《构建开放性的南海区域合作机制——外交部边海司司长易先良在博鳌亚洲论坛 2018 年年会南海分论坛上的主旨演讲》,载《边界与海洋研究》2018 年第 4 期。

22.张丽娜、王晓艳:《论南海海洋环境合作保护机制》,载《海南大学学报(人文社会科学版)》2014 年第 6 期。

23.张相君:《区域合作保护海洋环境法律制度研究》,载《中国海洋大学学报(社会科学版)》2011 年第 4 期。

24.张蕴岭:《东盟 50 年:在行进中探索和进步》,载《世界经济与政治》2017 年第 7 期。

25.赵理海:《〈联合国海洋法公约〉的批准问题》,载《北京大学学报(哲学社会科学版)》1991 年第 4 期。

26.周欣超:《"南海渔业资源养护与开发"会议综述》,载《中国海洋法学评论》2012 年第 2 期。

27.朱建庚:《区域海洋环境保护的模式探析》,载《海洋开发与管理》2013 年第 3 期。

五、英文著作

1.Aaron X. Fellmeht and Macurice Horwitz, *Guide to Latin in International Law*, Oxford University Press,2009.

2. Alan Boyle, Globalism and Regionalism in the Protection of the Marine Environment, in Davor Vidas eds., *Protecting the Polar Marine Environment*:*Law and Policy for Pollution Prevention*, Cambridge University Press,2000.

3.Aldo Chircop, The Mediterranean:Lessons Learned, in Mark J. Valencia eds., *Maritime Regime Building*:*Lessons Learned and Their Relevance for Northeast Asia*, Martinus Nijhoff Publishers,2001.

4.Barbara Johnson, Regionalism and the Law of the Sea:New Aspects of Dominance and Dependency, in Douglas M. Johnstoneds, *Regionalization of the Law of the sea*, Ballinger Publishing Company,1978.

5.Barbara Kwiatkowska,*The 200 Mile Exclusive Economic Zone in the New Law of the Sea*, Martnus Nijhoff Publishers,1989.

6.Barbara Kwiatkowska, The Role of Regional Organizations in Development Cooperation in Marine Affairs, in A.H. Soons eds., *Implementation of the Law of the Sea Convention through International Institutions*, University of Hawaii, 1990.

7.Bob Applebaum, Amos Donohue, The Role of Regional Fisheries Management Organizations, in Ellen Hey eds., *Developments in International Fisheries Law*, Kluwer Law International, 1999.

8.Budislav Vukas, Enclosed and Semi-enclosed Sea, in Budislav Vukas eds., *The Law of the Sea: Selected Writings*, Martinus Nijhoff Publishers, 2004.

9. Budislav Vukas, The Mediterranean: An Enclosed or Semi-enclosed Sea?, in Budislav Vukas eds., *The Legal Regime of Enclosed or Semi-Enclosed Seas: The Particular Case of the Mediterranean*, Zagreb, 1988.

10.BudislavVukas, United Nations Convention on the Law of the Sea and the Polar Marine Environment, in Davor Vidas eds., *Protecting the Polar Marine Environment: Law and Policy for Pollution Prevention*, Cambridge University Press, 2000.

11.CarlSchmitt, *The Nomos of the Earth: in the International Law of the Jus Publicum Europaeum*, trans. by G. L. Ulmen, Telos Press, 2003.

12.Christian Walter, "Chapter VIII Regional Arrangements" in B Simma, DE Khan, G Nolte, and A Pauluseds. *The Chart of the United Nations: A Commentary*, third edition, Oxford University Press, 2013.

13.Claudiane Chevalier,*Governance of the Mediterranean Sea: Outlook for the Legal Regime*, IUCN Centre for Mediterranean Cooperation, 2005.

14. Clyde Sanger, *Ordering the Ocean: The Making of the Law of the Sea*, University of Toronto Press, 1987.

15.D. P. O'Connell, *The International Law of the Sea*, Vol. I, Oxford University Press, 1989.

16.David Attard and Dominic Fenech, The Law of the Sea and Jurisdictional Issues in the Mediterranean, in John B. Hattendorf eds., *Naval Policy and Strategy in the Mediterranean: Past, Present and Future*, Frank Cass Publishers, 2000.

17.David D. Caron, Climate Change and Arctic Governance: Three Images of a Changing Arctic, in Davor Vidas and Peter Johan Schei eds., The*World Ocean in Globalisation*, Martinus Nijhoff Publishers, 2011.

18.David Rosenberg, Fisheries Management in the South China Sea in Sam Bateman and Ralf Emmers eds., *Security and International Politics in the South China Sea: Towards a Cooperative Management Regime*, Routledge, 2009.

19.Division for Ocean Affairs and the Law of the Sea Office of Legal Affairs,*Digest of International Cases on the Law of the Sea*, United Nations, 2006.

20.Edward L. Miles,*Global Ocean Politics: The Decision Process at the Third United*

Nations Conference on the Law of the Sea, 1973-1982, Martinus Nijhoff Publishers, 1998.

21.Erik Franckx, Baltic Sea Maritime Boundaries, in Jonathan I. Charney, L. M. Alexander ed.*International Maritime Boundaries*, Vol.I, Maritnus Nijhoff, 1993.

22.Erik Franckx, Maritime Boundaries in the Baltic Sea: Past, Present and Future, *Maritime Briefing*, Vol.2, No.2, International Boundaries Research Unit, 1996.

23.Erik J. Molenaar, New Maritime Zones and the Law of the Sea, inHenrik Ringbom eds., *Jurisdiction over Ships: Post-UNCLOS Developments in the Law of the Sea*, Martinus Nijhoff Publishers, 2015.

24. Eugénia da Conceição-Heldt, *The Common Fisheries Policy in the European Union: A Study in Integrative and Distributive Bargaining*, Routledge, 2004.

25.Farja Abdullah Ahnish, *The International Law of Maritime Boundaries and the Practice of States in the Mediterranean Sea*, Clarendon Press, 1993.

26.Hanns J. Buchholz, The Baltic Sea: Lessons Learned, in Mark J. Valencia eds., *Maritime Regime Building: Lessons Learned and Their Relevance for Northeast Asia*, Martinus Nijhoff Publishers, 2001.

27.Ian Townsend-Gault, Marime Cooperation in a Functional Perspective, in Clive Schofied eds., *Maritime Energy Resources in Asia: Lagal Regimes and Cooperation*, NBR Special Report No.37, 2012.

28.Ian Townsend-Gault, The Contribution of the South China Sea Workshops: The Importance of a Functional Approach, in Sam Bateman and Ralf Emmers eds., *Security and International Politics in the South China Sea: Towards a Cooperative Management Regime*, Routledge, 2009.

29. Irini Papanicolopulu, The Mediterranean Sea, in D. Rothwell et al. eds., *The Oxford Handbook of the Law of the Sea*, Oxford University Press, 2015.

30.James Harrison,*Making the Law of the Sea: A Study in the Development of International Law*, Cambridge University Press, 2011.

31. Jens-Uwe Wunderlich,*Regionalism, Globalisation and International Order*, Ashgate Publishing, 2007.

32.Joachim Wolf, "Regional arrangements and the UN Charter", in*Encyclopedia of Public International Law*, Instalment 6, Elsevier Science Publishers B.V., 1983.

33.Joseph Christensen, Illegal, Unreported and Unregulated Fishing in Historical Perspective,in Schwerdtner Máñez, Bo Poulsen eds., *Perspectives on Oceans Past*, Springer, 2016.

34.Joseph F.C. DiMento, Alexis Jaclyn Hickman,*Environmental Governance of the Great Seas: Law and Effect*, Edward Elgar, 2012.

35.Joseph S. Nye, Jr., Political Lessons of the New Law of the Sea Regime, in Bernard H. Oxman, David D. Caron, and Charles L. O. Buderi eds.,*Law of the Sea: U.S.*

Policy Dilemma ，ICS Press，1983.

36.Judith Swan，*Summary Information on the Role of International Organizations or Arrangement and Other Bodies Concerned with the Conservation and Management Living Aquatic Resources*，FAO Fisheries Circular No.985，FAO，2003.

37.K. A. Bekiashev et al.，*International Marine Organizations*，Martinus Nijhoff Publisers，1981.

38.Kristine Kern and Tina Löffelsend，Governance beyond the Nation State：Transnationalization and Europeanization of the Baltic Sea Region，in Marko Joas，Detlef Jahn and Kristine Kern eds.，*Governing a Common Sea：Environmental Policies in the Baltic Sea Region*，Earthscan，2008.

39.Kristine Kern，Marko Joas and Detlef Jahn，Governing a Common Sea：Comparative Patterns for Sustainable Development，in Marko Joas，Detlef Jahn and Kristine Kern eds.，*Governing a Common Sea：Environmental Policies in the Baltic Sea Region*，Earthscan，2008.

40.Lawrence Juda，*International Law and Ocean Use Management：The Evolution of Ocean Governance*，Routledge，1996.

41.Lewis M. Alexander，The Management of Enclosed and Semi-enclosed Seas，in Fabbri eds.，*Ocean Management in Global Change*，Elsevier Applied Science，1992.

42.Louis Henkin，*How Nations Behave：Law and Foreign Policy*，Columbia University Press，1979.

43.Ma. Carmen A. Ablan and Len R. Garces，Exclusive Economic Zones and the Management of Fisheries in the South China Sea，in Syma A. Ebbin，Alf Håkon Hoel，and Are K. Sydnes eds.，*A Sea Change：The Exclusive Economic Zone and Governance Institutions for Living Marine Resources*，Springer，2005.

44.Maria Gavouneli，*Functional Jurisdiction in the Law of the Sea*，Martinus Nijhoff Publishers，2007.

45.Maria Gavouneli，New Forms of Cooperation in the Mediterranean System of Environmental Protection，in Myron H. Nordquist，John Norton Moore & Said Mahmoudi eds.，*The Stockholm Declaration and Law of the Marine Environment*，Martinus Niijhoff Publishers，2003.

46.Micheal W. Lodge，The Fisheries Regimes of Enclosed and Semi-enclosed Seas and High Seas Enclaves，in Ellen Hey eds.，*Developments in International Fisheries Law*，Kluwer Law International，1999.

47.Mitja Grbec，*Extension of Coastal State Jurisdiction in Enclosed and Semi-enclosed Seas：A Mediterranean and Adriatic Perspective*，Routledge，2014.

48.Myres S. McDougal and William T. Burke，*The Public Order of the Oceans*，Yale

University Press，1961.

49. Nico Schrijver，*Sovereignty over Natural Resources: Balancing Rights and Duties*，Cambridge University Press，1997.

50.Nilufer Oral，*Regional Co-operation and Protection of the Marine Environment Under International Law: the Black Sea*，Martinus Nijhoff Publishers，2013.

51.Philippe Cacaud，*Fisheries Law and Regulations in the Mediterranean: A Comparative Study*，General Fisheries Commission for the Mediterranean Studies and Reviews No.75，2005.

52.Pitman B. Potter，*The Freedom of the Seas in History，Law，and Politics*，Longmans，Green and Co.，1924.

53.R. P. Anand，*Origin and development of the Law of the Sea: History of International Law Revisited*，Martinus Nijhoff Publishers，1983.

54.R. R. Churchill and A.V. Lowe，*The Law of the Sea*，3rd Ed.，Manchester University Press，1999.

55.Robin Churchill and Daniel Owen，*The EC Common Fisheries Policy*，Oxford University Press，2010.

56.Rosemary Gail Rayfuse，*Non-flag State Enforcement in High Seas Fisheries*，Martinus Nijhoff Publishers，2004.

57.S. C. Vasciannie，*Land-locked and Geographically Disadvantaged States in the International Law of the Sea*，Oxford University Press，1990.

58.Satya N. Nandan and Shabtai Rosenne eds. *United Nations Convention on the Law of the Sea 1982: A Commentary*，Volume III，Martinus Nijhoff Publishers，1995.

59.Shabtai Rosenne and Alexander Yankov eds，*United Nations Convention on the Law of the Sea 1982: A Commentary*，Volume IV，Martinus Nijhoff Publishers，1990.

60.Sherman，K. and Hempel，G. eds.，*The UNEP Large Marine Ecosystem Report: A perspective on changing conditions in LMEs of the world's Regional Seas*，UNEP Regional Seas Report and Studies No.182，United Nations Environment Programme，2008.

61.Stephen D. Krasner，Structural Causes and Regime Consequences: Regimes as Intervening Variables，in Stephen D. Krasner eds.，*International Regimes*，Cornell University Press，1995.

62.Tommy T. B. Koh and Shanmugam Jayakumar，The Negotiating Process of the Third United Nations Conference on the Law of the Sea，in Myron H. Nordquist eds.，*United Nations Convention on the Law of the Sea 1982: A Commentary*，Volume I，Martinus Nijhoff Publishers，2002.

63.Tore Henriksen，Geir Hønneland，Are Sydnes，*Law and Politics in Ocean Governance: The UN Fish Stocks Agreement and Regional Fisheries Management Regimes*，

Martinus Nijhoff Publishers，2006.

　　64.Tullio Scovazzi，Mediterranean and Black Sea Maritime Boundaries，in Jonathan I. Charney and Lewis M. Alexander eds.，*International Maritime Boundaries*，Vol.I，Martinus Nihoff Publishers，1996.

　　65.Tullio Scovazzi，Recent Developments as regards Maritime Delimitation in the Adriatic Sea，in Rainer Lagoni and Daniel Vignes eds.，*Maritime Delimitation*，Martinus Nijhoff Publishers，2006.

　　66.Tullio Treves，The High Seas as Potential Exclusive Economic Zones in the Mediterranean，in Marcelo Kohen et al. eds.，*Perspectives of International Law in the 21st Century*，Martinus Nijhoff Publishers，2012.

　　67.Wilhelm G. Grewe，*History of the Law of Nations：World War I to World War II*，in R. Bernhardt eds.，*Encyclopedia of Public International Law*，Instalment 7，Elsevier Science Publishers B.V.，1984.

六、英文论文

　　1.Adalberto Vallega，A Human Geographical Approach to Semienclosed Seas：The Mediterranean Case，*Ocean Yearbook*，Vol.7，1988.

　　2.Adalberto Vallega，The Regional Approach to the Ocean，the Ocean Regions，and Ocean Regionalisation-a Post-modern Dilemma，*Ocean & Coastal Management*，Vol.45，No.11，2002.

　　3.Aldo E. Chircop，Participation in Marine Regionalism：An Appraisal in a Mediterranean Context，*Ocean Yearbook*，Vol.8，1989.

　　4. Aldo E. Chircop，The Mediterranean Sea and the Quest for Sustainable Development，*Ocean Development and International Law*，Vol.23，No.1，1992.

　　5.Alex G. Oude Elferink，Fisheries in the Sea of Okhotsk High Seas Enclave-The Russian Federation's Attempts at Coastal State Control，*The International Journal of Marine and Coastal Law*，Vol.10，No.1，1995.

　　6.Angela Del Vecchio Capotosti，In Maiore Stat Minus：A Note on the EEZ and the Zones of Ecological Protection in the Mediterranean Sea，*Ocean Development and International Law*，Vol.39，No.4，2008.

　　7.Ann L. Hollick，The Origins of 200-Mile Offshore Zones，*The American Journal of International Law*，Vol.71，No.3，1977.

　　8.Ann L. Hollick，U.S. Oceans Policy：The Truman Proclamations，*Virginia Journal of International Law*，Vol.17，No.1，1976.

　　9.Anne Christine Brusendorff，Case Study：The Success of Regional Solutions in the Baltic，*Sustainable Development Law & Policy*，Vol.7，No.1，2006.

10.Are K. Sydnes, Regional Fishery Organizations: How and Why Organizational Diversity Matters,*Ocean Development & International Law*, Vol.32, No.4, 2001.

11.Baruch Boxer, Mediterranean Action Plan: An Interim Evaluation,*Science*, *New Series*, Vol.202, No.4368, 1978.

12.Baruch Boxer, Mediterranean Pollution: Problem and Response, *Ocean Development and International Law*, Vol.10, No.3-4, 1981.

13.Bernard H. Oxman, The Territorial Temptation: A Siren Song at Sea,*The American Journal of International Law*, Vol.100, No.4, 2006.

14.Boleslaw A. Boczek, International Protection of the Baltic Sea Environment Against Pollution: a Study in Marine Regionalism,*The American Journal of International Law*, Vol.72, No.4, 1978.

15.Boleslaw Adam Boczek, Global and Regional Approaches to the Protection andPreservation of the Marine Environment, *Case Western Reserve University's Journal of International Law*, Vol.16, No.1, 1984.

16.Boleslaw Adam Boczek, Ideology and the Law of the Sea: The Challenge of the New International Economic Order, *Boston College International & Comparative Law Review*, Vol.7, No.1, 1984.

17.Christoph Schewe, Legal Aspects of the Baltic Sea Strategy —International Law in a European Macro -Region,*Baltic Yearbook of International Law*, Vol.10, 2010.

18.Christopher Linebaugh, Joint Development in a Semi-Enclosed Sea: China's Duty to Cooperate in Developing the Natural Resources of the South China Sea,*Columbia Journal of Transnational Law*, Vol.52, No.2, 2014.

19.David Freestone,The North Sea, *International Journal of Marine and Coastal Law*, Vol.8, No.1, 1993.

20.David M. Ong, Joint Development of Common Offshore Oil and Gas Deposits: "Mere" State Practice or Customary International Law? *The American Journal of International Law*, Vol.93, No.4,1999.

21.Davor Vidas, The UN Convention on the law of the Sea, the European Union and the Rule of the Law: What is going on in the Adriatic Sea?, *The International Journal of Marine and Coastal Law*, Vol.24, No.1, 2009.

22.Debora de Hoyos, The United Nations Environment Program: the Mediterranean Conferences,*Harvard International Law Journal*, Vol.17,No.3, 1976.

23.Dhiana Puspitawait, The East/West Archipelagic Sea Lanes Passage Through the Indonesian Archipelago,*Maritime Studies*, Vol.2005, No.140, 2005.

24.Douglas M. Johnston, The New equity in the Law of the Sea,*International Journal*,Vol.31, No.1, 1975.

25.E. Franckx, Regional Marine Environment Protection Regimes in the Context of UNCLOS, *The International Journal of Marine and Coastal Law*, Vol.13, No.3, 1998.

26.Edward D. Mansfield and Helen V. Milner, The New Wave of Regionalism, *International Organization*, Vol.53, No.3, 1999.

27.Elisabeth Mann Borgese, The New International Economic Order and the Law of the Sea, *San Diego Law Review*, Vol.14, No.3, 1977.

28.Ellen Hey, The International Regime for the Protection of the North Sea: From Functional Approaches to a More Integrated Approach, *International Journal of Marine and Coastal Law*, Vol.17, No.3, 2002.

29.Eric R Eissler and Gözde Arasil, Maritime Bounary Delimitation in the Eastern Mediterranean, *The RUSI Journal*, Vol.159, No.2, 2014.

30.Erik Franckx, Maco Benatar, The "Duty" to Co-Operate for States Bordering Enclosed or Semi-Enclosed Seas, *Chinese (Taiwan) Yearbook of International Law and Affairs*, Vol.31, 2013.

31.Evangelos Raftopoulos, The Barcelona Convention System for the Protection of the Mediterranean Sea against Pollution: An International Trust at Work, *International Journal of Estuarine and Costal Law*, Vol.7, No.1, 1992.

32.Fabio Caffio, The Maritime Frontier between Italy and France: A Paradigm for the Delimitation of Mediterranean Maritime Spaces, *Maritime Safety and Security Law Journal*, Vol.2, 2016.

33.H. S. K. Kent, The Historical Origins of the Three-Mile Limit, *The American Journal of International Law*, Vol.48, No.4, 1954.

34.Henrik Ringbom, Regulation of Ship-source Pollution in the Baltic Sea, *Marine Policy*, Vol.98, No.12, 2018.

35.Hermanni Backer et al. HELCOM Baltic Sea Action Plan —A Regional Programme of Measures for the Marine Environment Based on the Ecosystem Approach, *Marine Pollution Bulletin*, Vol.60, 2010.

36.Hugh Kirkman, The East Asian Seas UNEP Regional Seas Programme, *International Environmental Agreements: Politics, Law and Economics*, Vol.6, No.3, 2006.

37.Hugh Kirkman, The East Asina Seas UNEP Regional Seas Programme, *International Environmental Agreements: Politics, Law and Economics*, Vol.6, No.3, 2006.

38.J. C. Phillips, The Exclusive Economic Zone as a Concept in International Law, *The International and Comparative Law Quarterly*, Vol.26, No.3, 1977.

39.J. E. Carroz, The Management of Living Resources in the Baltic Sea and the Belts, *Ocean Development and International Law Journal*, Vol.4, No.3, 1977.

40.J. S. Nye, Ocean Rule Making from a World Politics Perspective, *Ocean Develop-*

ment & *International Law*, Vol.3, No.1, 1975.

41.James E. Bailey, The Unanticipated Effects of Boundaries: the Exclusive Economic Zone and Geographically Disadvantaged States Under UNCLOSIII, *IBRU Boundary and Security Bulletin*, 1997, Spring.

42.Jamie K. Murphy, FAO'S General Fisheries Commission for the Mediterranean: a New Role, a New Role Model, *Drake Journal of Agricultural Law*, Vol.12, No.2, 2007.

43.John D. Negroponte, Who Will Protect Freedom of the Seas?, *Department of State Bulletin*, Vol.86, No.2115, 1986.

44.John Norton Moore, The Law of the Sea and The New International Economic Order, *Public Law Forum*, Vol.3, 1983.

45.John R. Stevenson and Bernard H. Oxman, The Third United Nations Conference on the Law of the Sea: The 1974 Caracas Session, *The American Journal of International Law*, Vol.69, No.1, 1975.

46.Joshua H. Ho, Enhancing Safety, Security, and Environmental Protection of the Straits of Malacca and Singapore: The Cooperative Mechanism, *Ocean Development & International Law*, Vol.40, No.2, 2009.

47.Lawrence Juda, The Exclusive Economic Zone: No-Claimant States, *Ocean Development and International Law*, Vol.19, No.6, 1988.

48. Lewis M. Alexander and Robert D. Hodgson, The Impact of the 200-Mile Economic Zone on the Law of the Sea, *San Diego Law Review*, Vol.12, No.3, 1975.

49.Lewis M. Alexander and Robert D. Hodgson, The Role of the Geographically-Disadvantaged States in the Law of the Sea, *San Diego Law Review*, Vol.13, No.3, 1976.

50.Lewis M. Alexander, New Trends in Marine Regionalism, *Ocean Yearbook*, Vol.11, 1994.

51. Lewis M. Alexander, Regional Arrangements in the Oceans, *The American Journal of International Law*, Vol.71, No.1, 1977.

52.Lewis M. Alexander, The Ocean Enclosure Movement: Inventory and Prospect, *San Diego Law Review*, Vol.20, No.3, 1983.

53.Lewis. M. Alexander, Regionalism and the Law of the Sea: The Case of Semi-enclosed Seas, *Ocean Development and International Law*, Vol.2, No.2, 1974.

54.Louis Henkin, Politics and the Changing Law of the Sea, *Political Science Quarterly*, Vol.89, No.1, 1974.

55.Maki Tanaka, Lessons from the Protracted Mox Plant Dispute: A Proposed Protocol on Marine Environmental Impact Assessment to the United Nations Convention on the Law of the Sea, *Michigan Journal of International Law*, Vol.25, No.2, 2003.

56.Malgosia Fitzmaurice, The Helsinki Conventions 1974 and 1992, *The International*

Journal of Marine and Coastal Law, Vol.13, No.3, 1998.

57.Marie-Christine Aquarone, French Marine Policy in the 1970s and 1980s, *Ocean Development and International Law*, Vol.19, No.4, 1988.

58.Mark J. Valencia, Regional Maritime Regime Building: Prospects in Northeast and Southeast Asia, *Ocean Development & International Law*, Vol.31, No.3, 2000.

59.Mark W. Janis, The Role of Regional Law of the Sea, *San Diego Law Review*, Vol.12, No.3, 1974.

60.Marko Prem, Implementation Obstacles of the ICZM Protocol and Mitigation Efforts, *Journal of Coastal Conservation*, Vol.14, No.4, 2010.

61. Martti Koskenniemi, Environment Cooperation in the Baltic Region, *Tulane Journal of International and Comparative Law*, Vol.1, 1993.

62.Mikko Tulokas, The Baltic Sea and Pollution, *Scandinavian Studies in Law*, Vol. 25, 1981.

63.Milton O. Haughton, et al, Establishment of the Caribbean Regional Fisheries-Mechanism, *Marine Policy*, Vol.28, No.4, 2004.

64.Nicola Ferri, Current Legal Developments: General Fisheries Commission for the Mediterranean, *The International Journal of Marine and Coastal Law*, Vol. 24, No. 1, 2009.

65.Nien-Tsu Alfred Hu, Semi-enclosed Troubled Waters: A New Thinking on the Application of the 1982 UNCLOS Article 123 to the South China Sea, *Ocean Development & International Law*, Vol.41, No.3, 2010.

66.Nurit Kliot, Cooperation and Conflicts in Maritime Issues in the Mediterranean Basin, *GeoJournal*, Vol.18, No.3, 1989.

67. Pablo Cubel, Transboundary Movements of Hazardous Waste in International Law: The Special Case of the Mediterranean Area, *The International Journal of Marine and Coastal Law*, Vol.12, No.4, 1997.

68.Patricia A. Bliss-Guest, The Protocol Against Pollution from Land-Based Sources: A Turning Point in the Rising Tide of Pollution, *Stanford Journal of International Law*, Vol.17, No.2, 1981.

69. Peter Ehlers, The Helsinki Convention, 1992 Improving the Baltic Sea Environment, *The International Journal of Marine and Coastal Law*, Vol. 8, No. 2, 1993.

70.Peter M. Haas, Do Regimes Matter? Epistemic Communities and Mediterranean Pollution Control, *International Organization*, Vol.43, No.3, 1989.

71.Peter M. Haas, Save the Seas: UNEP's Regional Seas Programme and the Coordination of Regional Pollution Control Efforts, *Ocean Yearbook*, Vol.9, No.1, 1991.

72.Robert Y. Jennings, An international Lawyer Takes Stock, *The International and Comparative Law Quarterly*, Vol.39, No.3, 1990.

73.Salvino Busuttil, The Future of the Mediterranean, *Ocean Yearbook*, Vol.10, 1993.

74.Sarika Cullis-Suzuki, Daniel Pauly, Failing the high seas: A global evaluation of regional fisheries management organizations, *Marine Policy*, Vol.34, No.5, 2010.

75.Shalva Kvinikhidze, Contemporary Exclusive Fishery Zones or Why Some States Still Claim an EFZ, *The International Journal of Marine and Coastal Law*, Vol.23, No.2, 2008.

76.Terry Healy and Kenichi Harada, Editorial: Enclosed and Semi-Enclosed Coastal Seas, *Journal of Coastal Research*, Vol.7, No.1, 1991.

77.Thomas M. Franck, Mohamed El Baradei, George Aron, The New Poor: Land-Locked, Shelf-Locked and Other Geographically Disadvantaged States, *N.Y. U. Journal of International Law and Politics*, Vol.7, No.1 1974.

78.Toivo Miljan, The Baltic Sea: Mare Clausum or Mare Liberum? *Cooperation and Confilict*, Vol.9, No.1, 1974.

79.Ton Ljlstra, Development of Resource Jurisdiction in the EC's Regional Seas: National EEZ Policies of EC Member States in the Northeast Atlantic, the Mediterranean Sea, and the Baltic Sea, *Ocean Development and International Law*, Vol.23, No.2, 1992.

80.Tullio Scovazzi, New Ideas as Regards the Passage of Ships Carrying Hazardous Wastes: The 1996 Mediterranean Protocol, *Review of European Community & International Environmental Law*, Vol.7, No.3, 1998.

81.Tullio Scovazzi, The Amendments to the Protocol for the Protection of the Mediterranean Sea against Pollution from Land-based Sources, *International Journal of Marine and Coastal Law*, Vol.11, No.4, 1996.

82.Tullio Scovazzi, The Mediterranean Marine Mammals Sanctuary, *The International Journal of Marine and Coastal Law*, Vol.16, No.1, 2001.

83.Tullio Scovazzi, The Recent Developments in the "Barcelona System" for the Protection of the Mediterranean against Pollution, *The International Journal of Marine and Coastal Law*, Vol.11, No.1, 1996.

84.Tullio Treves, Irini Papanicoloupulu, The Law Applicable on the Continental Shelf and in the Exclusive Economic Zone: The Italian Perspective, *Ocean Yearbook*, Vol.25, 2011.

85.Umberto Leanza, The Delimitation of the Continental Shelf of the Mediterranean Sea, *The International Journal of Marine and Coastal Law*, Vol.8, No.3, 1993.

86.Uwe K. Jenisch, The Baltic Sea: The Legal Regime and Instruments for Co-operation, *The International Journal of Marine and Coastal Law*, Vol.11, No.1, 1996.

87.W. Gordon East，The Mediterranean：Pivot of Peace and War，*Foreign Affairs*，Vol.31，No.1，1952.

88.Yoshifumi Tanaka，Zonal and Integrated Management Approaches to Ocean Governance：Reflections on a Dual Approach in International Law of the Sea，*The International Journal of Marine and Coastal Law*，Vol.19，No.4，2004.

89.Zhiguo Gao and Bing Bing Jia，The Nine-Dash Line in the South China Sea：History，Status，and Implications，*The American Journal of International Law*，Vol.107，No.1，2013.

图书在版编目(CIP)数据

半闭海的海洋区域合作:法律基础与合作机制/郑凡著.—厦门:厦门大学出版社,2020.8
(厦门大学海洋政策与法律研究丛书 / 傅崐成主编)
ISBN 978-7-5615-7468-3

Ⅰ.①半… Ⅱ.①郑… Ⅲ.①海洋经济－区域经济合作－海洋法－研究 Ⅳ.①D993.5

中国版本图书馆 CIP 数据核字(2020)第 120348 号

出 版 人	郑文礼	
责任编辑	李　宁	
出版发行	厦门大学出版社	
社　　址	厦门市软件园二期望海路 39 号	
邮政编码	361008	
总　　机	0592-2181111　0592-2181406(传真)	
营销中心	0592-2184458　0592-2181365	
网　　址	http://www.xmupress.com	
邮　　箱	xmup@xmupress.com	
印　　刷	虎彩印艺股份有限公司	
开本	720 mm×1 000 mm　1/16	
印张	15.25	
插页	2	
字数	280 千字	
版次	2020 年 8 月第 1 版	
印次	2020 年 8 月第 1 次印刷	
定价	88.00 元